浙江省哲学社会科学规划
后期资助课题成果文库

本真性的日常生活如何可能
——科西克日常生活批判理论研究

Benzhenxing De Richang Shenghuo Ruhe Keneng
kexike Richang Shenghuo Pipan Lilun Yanjiu

程广丽 著

中国社会科学出版社

图书在版编目(CIP)数据

本真性的日常生活如何可能：科西克日常生活批判理论研究／程广丽著.
—北京：中国社会科学出版社，2016.3
（浙江省哲学社会科学规划后期资助课题成果文库）
ISBN 978－7－5161－8432－5

Ⅰ.①本… Ⅱ.①程… Ⅲ.①科西克，K.（1926～2003）－哲学思想－研究 Ⅳ.①B524

中国版本图书馆 CIP 数据核字(2016)第 138257 号

出 版 人　赵剑英
责任编辑　朱华彬
责任校对　胡新芳
责任印制　张雪娇

出　　版　中国社会科学出版社
社　　址　北京鼓楼西大街甲 158 号
邮　　编　100720
网　　址　http：//www.csspw.cn
发 行 部　010－84083685
门 市 部　010－84029450
经　　销　新华书店及其他书店

印刷装订　北京市兴怀印刷厂
版　　次　2016 年 3 月第 1 版
印　　次　2016 年 3 月第 1 次印刷

开　　本　710×1000　1/16
印　　张　16.25
插　　页　2
字　　数　265 千字
定　　价　59.00 元

目　录

第一章

引　论

第一节　研究的缘起

黑格尔（Friedrich Hegel，1770—1831）曾经在《哲学史讲演录》中非常精辟地指出："我们可以说，当一个民族脱离了它的具体生活，当阶级地位发生了分化和区别，而整个民族快要接近于没落，内心的要求与外在的现实发生了裂痕，旧有宗教形式已不复令人满足，精神对它的现实生活表示漠不关心，或表示厌烦与不满，共同的伦理生活因而解体时——哲学思想就会开始出现。"① 对发达工业社会进行人本主义视角下的文化批判，或者说，马克思主义的人本化是20世纪哲学的一大景观。德国著名存在主义哲学家雅斯贝尔斯（Karl Theodor Jaspers，1883—1969）在《现时代的人》（*Die geistige Situation der Zeit*，1931）一书的导言中指出："一个多世纪以来，关于人类处境问题已经变得比以往任何时候都更加紧迫了。各代人都依据他们自己的观点，努力去解决这个问题，但在过去的那些日子里，只有少数人对我们的精神世界所面临的危险产生过忧虑。而现在，自从世界大战以来，这种危险的严重性对每个人都变得显而易见了。"② 另一位存在主义大师海德格尔（Martin Heidegger，1889—1976）也认为："对世界作为被征服的世界的支配越是广泛和深入，客体之显现越是客观，则主体也就越主观地，亦即越迫切地突现出来，世界观和世界学说也就越无保留地成为一种关于人的学说，变成是人类学。毫不奇怪，

---

① ［德］黑格尔：《哲学史讲演录》第1卷，贺麟、王太庆译，商务印书馆1995年版，第115页。

② ［德］雅斯贝尔斯：《现时代的人》，周晓亮等译，社会科学文献出版社1992年版，第1页。

唯有在世界成为图像之际才出现人道主义。”① 也就是说，人们早已看到，在繁华、富裕以及政治权力的后面，西方社会经历着一个衰败及“人性堕落”（弗洛姆语，Erich Fromm，1900—1980）的过程。马克思哲学革命的实质，就是实现了哲学研究范式的一个重大转向，即从此前的重点专注自然科学、认识世界到重点关注人自身的生存问题和发展问题，以及人类自身的真实生活境遇问题。马克思坚持认为，哲学的根本使命不是在书斋里建构概念和演绎逻辑，而应当关注人类的命运，关注活生生的人类社会生活现实。而且，唯有从人类社会生活的实际中发现的问题和矛盾，才可能构成维系哲学生命的根本。失去了对人的真实生活境遇的思考，哲学也就失去了成长的动因和存在的根基。现象学大师胡塞尔（Edmund Husserl，1859—1938）之所以在晚年提出并重点关注生活世界理论，从根本上看，是因为他对当时欧洲社会现实“生活危机”的困顿和思考，并希冀以现象学为根本的研究方法，来建立一门具有严格科学意蕴的生活世界哲学。胡塞尔之后，许多哲学大师沿着他所开辟的这条路径，在揭示现时代人的真实的生活矛盾、剖析人的悲戚命运中进行着自己的努力。

笔者之所以将科西克（Karel Kosik，1926—2003）日常生活批判理论这一带有浓厚存在主义（existentialism）、新“人本主义”（humanism）现象学色彩与基调的日常生活批判哲学作为研究的对象，是因为他所批判的人的日常生活的异化现象其实已经普遍浸透于当今中国社会的现实中，而在当前的中国学界，人们对这一问题的关注度还远远不够。

一　研究背景

（一）日常生活批判理论研究在中国的兴起

一直以来人道主义（humanitarianism）与马克思主义之间都有着极为密切的联系。立足于历史唯物主义的基本立场，马克思将处于社会关系中的人视为具体的、现实的人，主张在改变现存的社会关系、消灭私有制中去寻求消除人的异化的具体路径。因此，以唯物史观为基本的理论凭依，马克思建立起了最为彻底的人道主义。近年来，随着中国学界对“西方马克思主义”（Western Marxism）以及“新马克思主义”（New Marxism）研究的不断深入，“日常生活批判理论”（The critique theory of everyday life）

① ［德］海德格尔：《林中路》，孙周兴译，上海译文出版社2004年版，第11页。

作为一种新型的文化哲学理论，以西方马克思主义和新马克思主义的重要组成部分的理论姿态开始进入中国马克思主义研究者们的视野当中。从根本上看，“这种矛盾的文化景观引发了现代社会的文化焦虑感和危机感，这是一种在无边际的、充满不确定性的世界中失去依托、丧失确定的标准和依据的茫然无措的焦虑和困惑，是一种在茫茫荒原上寻找生存之指路灯塔时身心疲惫、长途跋涉的迷惘”①。即是说，日常生活批判理论是从根本上思考这样一个问题：我们生活的世界究竟是什么样子？人与这个世界的关系究竟怎样？这个世界是怎样维系着我们的日常生活的？作为一种理论转向和思想类型，日常生活批判理论从重心上开始关注人，关注生活在这个世界上的“主人”。这正如伽达默尔（Hans－Georg Gadamer，1900—2002）所概括指出的那样：“思想不再关心它自身和作为客体的世界之间的关系，转而关心它自身和通过主体或‘定在’而生活于其中的世界之间的关系。”② 衣俊卿教授指出：“日常生活批判并不是关于生活中某些具体哲理的阐发，而是一种植根于人类历史和生活世界的哲学立场，是文化哲学的一种新视野或特殊领域。”③

20 世纪 90 年代以来，以黑龙江大学为突出代表的研究团队对日常生活批判理论这一独特的学术领域进行了开拓性的探讨，取得了一定的学术成果。此后，伴随着全球化的不断加深以及中国改革开放步伐的不断加快，日常生活批判理论的研究也在其他的高等院校以及科研机构得以不断拓展和深化，许多研究者的硕士论文或博士论文对此进行了探讨。毋宁说，在当前学界关于现代性批判理论研究的里程碑上，日常生活批判理论已经成为在新的历史条件下反思启蒙理性与工业革命的一个重要理论标识。

（二）科西克日常生活批判理论的冷落

过去的 30 多年里，特别是 21 世纪以来的十几年，国外马克思主义研究在我国学术界已经成为最重要、最受关注的研究领域之一，中国学界大多数集中于对西方马克思主义者的典型代表人物如卢卡奇（Ceorg Lukacs，

---

① 衣俊卿等：《20 世纪的文化批判：西方马克思主义的深层解读》，中央编译出版社 2003 年版，第 14—15 页。

② ［德］伽达默尔：《哲学解释学》，夏镇平译，上海译文出版社 1994 年版，第 55 页。

③ 衣俊卿：《开拓文化哲学的新领地：日常生活批判》，《哲学动态》1995 年第 1 期。

1885—1971）的日常生活批判哲学、列斐伏尔（Henri Lefebvre，1901—1991）的日常生活批判理论、阿格妮丝·赫勒（Agnes Heller，1929— ）的日常生活批判理论等进行了相对普遍而深入的研究。在整体的研究格局中，笔者发现，我国当前对国外马克思主义研究呈现出发展不平衡的状态，同时对东欧马克思主义的典型代表人物如亚当·沙夫（Adam Schaff，1913—2006）、阿格妮丝·赫勒以及伊凡·斯维塔克（Ivan Sviták，1925—1994）等进行了一定的探讨。毋庸置疑，这些研究成果奠定了中国日常生活批判理论的重要理论根基，并形成了新时期中国日常生活批判理论的新指向。然而，从总体上看，作为东欧新马克思主义的重要代表和组成部分、同样具有重要地位的科西克却似乎没有那么“热闹”而“有效”地进入研究者的视野当中，甚至在很大程度上，科西克思想是作为一个“被遗忘了的角落”而出现的。正如衣俊卿所说，这一研究状况已经成为我国学术界关于世界马克思主义研究中的一个比较严重的“短板”。这一点，无论从对当前的研究成果、研究现状的分析和论证事实中，还是从对基于研究现状基础之上的未来研究趋向的预测上，以及从研究队伍、研究人员的数量上，都可以找到现实的有力的证据。这一状况与科西克自身的理论地位的重要性是极不相称的。因此，完整地把握科西克日常生活批判理论的思想主旨，是当前中国学术界不容忽视的重大学术任务。

二 研究对象

作为东欧新马克思主义的典型代表，捷克斯洛伐克著名哲学家科西克立足于对经典马克思主义理论的阐释与发展的视角，提出了其独具特色的日常生活批判理论，这一理论从根本上是一种社会批判理论和生存哲学。

（一）东欧新马克思主义

1982 年，我国著名学者徐崇温首次提出“西方马克思主义”这个概念，之后，中国学界开始了对它的广泛和深入的思考和研究。由于这一概念自身的复杂性，一直以来，学界对这一问题的定义域始终未能达成共识。因为从根本上看，“西方马克思主义”自身很难说是一个具有统一思想体系的完整流派，毋宁说，它只能被看成一个内容极其庞杂、学说极其丰富而从根本上又有着共同理论基调和倾向的学术派别或思想运动。总体上说，“西方马克思主义”拒绝将马克思主义进行意识形态化的解释，反对第二国际诸多思想家们标榜的哲学框架；坚持将自己看作马克思主义的继承者和发展者，往往在某些方面对经典马克思主义内容有着突出的贡献和创新。正因为如此，我们经常将西方马克思主义的发展视为不平衡的和非同一化的，尽管大多数西方马克思主义者坚持着马克思的批判精神和创新意识，但他们立足于现代资本主义世界工业文明和社会变革所带来的种种问题，并对其进行深刻反思，在资本主义社会不断发展、不断暴露出新的社会问题的时代境遇下，以自己的方式诠释着马克思主义，也继续着对资本主义社会的深入剖析和批判。

相对于“西方马克思主义”这一带有普遍性意义的称谓来说，“东欧新马克思主义”被很多学者用来界定西方国家出现的那种不同于旧式马克思主义（既包括第二国际也包括苏联的马克思主义）的新的理论倾向，且在称谓上也很不统一，如“东欧的马克思主义”、“人道主义马克思主义”、“改革主义者”、“异端（heterodoxy）理论家”、“左翼理论家”，等等，因此也被称为“非正统的马克思主义者”、“持不同政见的马克思主义者”或“异端的马克思主义者”。也就是说，之所以称之为“新”马克思主义，是因为他们对经典马克思主义的理解与阐释和传统的相比，是一种“另类”的别样的阐释。最具代表性的是戈尔曼主编的《新马克思主义传记辞典》和衣俊卿等撰写的《20世纪的新马克思主义》，还有论者称新马克思主义是西方马克思主义在苏东学术界的重要延伸。[①] 笔者在此更愿意将这个概念做一个狭义的界定，即20世纪五六十年代出现在东欧的、不同于苏联正统马克思主义的理论探索。代表性流派包括南斯拉夫“实践派”、波兰人道主义者、匈牙利“布达佩斯学派”等。在逻辑上，我们可以将“东欧新马克思主义”看作西方马克思主义人本主义逻辑的理论回响。他们把“人的自我、人格绝对化，当作独立存在的精神根和创造外部世界的精神力量。其特点是尊重人格、人性，渴望人的自由，留意人的生活”[②]。

具体说来，东欧新马克思主义是有其特定的内涵与规定性的。衣俊卿多次指出，在划定东欧新马克思主义的范围时，必须严格选取那些从基本理论取向到具体学术活动都基本符合20世纪“新马克思主义”范畴的流派和理论家。典型的如南斯拉夫实践派的彼得洛维奇（Gajo Petrovic，

---

① 参见张一兵、胡大平《西方马克思主义哲学的历史逻辑》，南京大学出版社2003年版。

② 魏义霞：《生存论》，黑龙江人民出版社2002年版，第130页。

1927—1993)、弗兰尼茨基（Predrag Vranickic，1922—2002）等；匈牙利布达佩斯学派的阿格妮丝·赫勒、费赫尔（Ferenc Feher，1933—1994）、马尔库什（Gyorgy Markus，1934— ）等，波兰的新马克思主义代表人物亚当·沙夫、科拉科夫斯基（Leszak Kolakowski，1927—2009）等，捷克斯洛伐克的科西克、斯维塔克等。这些哲学家虽然分属不同的国度，各有不同的研究领域，但是共同的历史背景、共同的理论渊源、共同的文化境遇以及共同的学术活动形成了他们共同的学术追求与理论定位，使他们形成了一个以人道主义批判理论为基本特征的新马克思主义学术群体。

从时间上看，东欧新马克思主义大致经历了前后两个时期；从研究主题上看，东欧新马克思主义也和西方马克思主义一样，始终将关注的重点放在对现代社会资本主义工业文明的反思与批判上。他们前期的理论研究大多集中于苏联"斯大林化"模式的批判与反思，并对那个高度集中的社会体制进行了激烈批判和抨击，而之后的东欧新马克思主义将关注的重点置于批判的主题上。特别是从20世纪60年代开始，东欧新马克思主义的诸多流派开始通过对马克思思想的深入研究，结合东欧社会主义革命和建设的社会现实，提出了诸多颇有建树的理论，尤其对社会主义革命和建设条件下的诸多社会现实问题，如社会的官僚体制问题、人的异化问题、社会的意识形态问题等，进行了深入的研究和思考，这方面尤为突出的是南斯拉夫的"实践派"。布达佩斯学派的思想家们则将马克思的"需要"理论进一步深入，创造性地提出了"激进民主制"的思想。波兰的著名马克思主义哲学家亚当·沙夫则重点关注了社会主义革命的异化问题，并秉承马克思主义的人道主义立场对这种异化现象进行了批判。捷克著名哲学家科西克也对当时东欧特别是捷克的政治危机问题给予了大量的思考和关注，并从哲学上对这些危机进行了深刻阐释。因此，总体来看，东欧新马克思主义以异化、激进民主、技术理性、意识形态、日常生活等为核心话语，对东欧的社会生活现实给予了批判与思考，形成了独具东欧地域特色的现代化批判理论。

（二）科西克其人及其著作概况

科西克，1926年生于捷克斯洛伐克首都布拉格，捷克斯洛伐克新马克思主义哲学家和作家，"捷克斯洛伐克存在人类学派"的创始人，捷克斯洛伐克人道主义马克思主义学派的最主要的理论家，东欧新马克思主义的著名代表人物。其父是捷克人，早在学生时代，他曾参加反对纳粹占领捷克斯洛伐克的抵抗运动而被盖世太保、秘密警察逮捕入狱。第二次世界大战结束后，科西克先后在列宁格勒大学和布拉格的查尔斯大学完成哲学专业课程的学习，对西方哲学具有浓厚兴趣。大学毕业后，科西克回到布拉格，来到捷克斯洛伐克科学院哲学研究所从事研究工作，不久，担任捷克斯洛伐克作家协会理事，同时兼任协会周刊《文学新闻》编委会委员。科西克于1958年出版了自己的第一部著作《激进的捷克民主主义》。1963年以前在捷克斯洛伐克科学院哲学研究所工作，1963年开始应聘担任查尔斯大学文学系哲学教授，这一年出版了著名的《具体的辩证法》。1967年参加了捷克斯洛伐克第四届作家代表大会，同"存在人类学派"其他代表一起，对东欧社会主义制度提出了系统批判，要求不受限制地讨论人权、自由和民主化问题；之后又出席了捷共第14次特别代表大会，积极支持杜布切克关于建设"人道社会主义"的改革纲领，并被大会选为中央委员。科西克在理论界的活动对"布拉格事件"起了巨大推动作用。1968年科西克担任《烈火》杂志主编，同时他也是南斯拉夫《实践》杂志国际版的编委之一。1968年在捷克斯洛伐克第14次特别代表大会上科西克当选中央委员，"布拉格之春"被镇压之后，由于持不妥协的理论立场，他被开除党籍并免去一切官方职务。同年，科西克发表《我们的政治危机》。1969年科西克被软禁，从此剥夺了工作权利和发表文章的权利达20年之久。在这期间，科西克依靠为学生辅导外语等过着十分俭朴和艰苦的生活。即便这种情况下，他也没有放弃自己的哲学研究。1977年他又签名支持"七七宪章运动"，以要求保护人权为名，对捷共当局表示不满。也由于这一特殊原因，科西克的许多著作无法正常出版，直到1982年才发表著作《新马克思主义：现代激进民主主义》。

"哲学家"不是一个赞誉哲学研究成就的名词，而是对这样一些人的统称，这些人就是胡塞尔所说的："受到以往的真正伟大的哲学家熏陶的、为真理而生、按我们自己的真理而活，并只愿这样生存的哲学家。"①与其他东欧著名哲学家一样，科西克有着扎实的马克思主义理论功底以及丰富的哲学史知识，立足于马克思的著作中寻找和探索着社会主义的真谛以及马克思主义的真理，以打破官僚主义占据主导的异化世界。科西克的

① ［德］胡塞尔：《胡塞尔选辑》，张庆熊译，上海三联书店1997年版，第993页。

主要著作有《激进的捷克民主主义》、《具体的辩证法》、《我们的政治危机》，以及《人和哲学》、《个人和历史》、《人是什么》、《哈塞克和卡夫卡论荒诞世界》等论文。1983年在贝尔格莱德发表了塞尔维亚文版本的科西克文集《危机的辩证法》，1995年发表了他的论文《现代性的危机》的英文版。这两部论文集主要收录了科西克20世纪60年代关于人道的社会主义的研究成果。在这些著作中，他不仅影射和批驳了俄罗斯的大国沙文主义，而且对苏联和东欧的社会主义制度从理论上提出了质疑。如《哈塞克和卡夫卡论荒诞世界》这篇论文，被看作"对东欧'社会主义'现实中官僚主义荒诞现象的间接起诉"，特别是《具体的辩证法》一书，吸收了胡塞尔的现象学和海德格尔的存在主义，同时又接受了"西方马克思主义"和东欧"新马克思主义"其他派别的影响，从哲学、政治和文化上加以综合，对马克思主义基本原理做了"修正"。

科西克最重要的著作是《具体的辩证法》和论文集《现代性的危机》。他得以发表的著作很少，但是这并不影响他在20世纪的重要学术地位。他的名著《具体的辩证法》是东欧新马克思主义最具思辨色彩、最富有深刻意蕴和影响最为深远的著作之一，以至于一些学者认为，这部著作可以同卢卡奇的《历史与阶级意识》相媲美。1963年，《具体的辩证法》一经出版就获得了普遍关注，引起了学术界的广泛讨论。从国际上看，20世纪60年代就陆续出版了《具体的辩证法》的意大利版、荷兰文版、塞尔维亚文版、斯洛文尼亚文版、西班牙文版、葡萄牙文版，此后，又陆续出版了它的英文版、法文版、希腊文版、俄文版、日文版、中文版。《具体的辩证法》成书于20世纪50年代末至60年代初，正值东欧由于1956年开始的非斯大林化而逐步向西方文化开放的时期。如前所述，亚当·沙夫在其《人的哲学》中从探讨存在主义在波兰流行的原因入手开始建构马克思主义的人的哲学，而科西克则在《具体的辩证法》中直接显露出他从术语上到思想上受存在主义特别是海德格尔的深刻影响。正因为如此，一些研究者直接称他的理论为"海德格尔马克思主义"。

《具体的辩证法》以其独到的学术深度在整个西方马克思主义文本史上占据着极为重要和关键的一席。南斯拉夫著名哲学家弗兰尼茨基曾指出，科西克的《具体的辩证法》为了掩饰其爆炸性的政治意义而采用了简练的“往往是格言式的表达法”[1]，也有学者称，《具体的辩证法》是通过“现象学和存在主义”重新描述了马克思的唯物辩证法。[2] 这进一步增加了读者阅读理解上的困难，也导致了不同研究者对具体辩证法的不同理解和解释。正如科西克在该书中指出的那样：“从某种意义上讲，某一著作的历史就是它的解释史。”[3] 因此，我们现在所要做的工作就是立足于科西克的经典文本，在新的时代背景下对其进行理解和阐释，使其理论魅力得以完整释放，进而为更好地推动马克思主义研究做出应有的贡献。

目前笔者能够拥有的科西克第一手文献资料有两个：一是1989年由傅小平翻译的《具体的辩证法》；另一本重要著作也即科西克的一篇论文《现代性的文集》还没有翻译成中文，由于语言所限，笔者只能参照英文版进行阅读学习。

（三）科西克日常生活批判理论的哲学性质

胡塞尔明确提出哲学必须回归生活世界，因为生活世界是哲学的“一个持久的有效性的基础，一个不言而喻的一劳永逸的源泉”[4]。从渊源上看，“日常生活批判理论”作为一个哲学流派是由法国著名哲学家列斐伏尔所开创的。列斐伏尔以敏锐的眼光和独到的视角，将进入消费社会后的人的异化作为自己的理论观照点，并以法国南部农村所呈现出来的外在景象为例，获得了对消费社会里人的命运的新的理论关切。日常生活批判旨在揭露日常生活中的异化现象，戳穿其虚假性，进而激起更多人起来反抗异化，并消灭这种虚假性。从根本上看，科西克日常生活批判理论深受存在主义大师海德格尔的影响，在深入解读马克思主义思想的基础上，科西克创造性地试图将马克思与海德格尔的思想结合起来，实现存在主义与马克思主义的深入对话，进而实现这两种哲学的融合与互补。正因为如此，科西克被学术界叫作“存在的马克思主义者”。因为在科西克这里，同样是遵循着对人的异化命运的悲天悯人般的同情，但他拒绝像黑格尔那样以

① ［南斯拉夫］弗兰尼茨基：《马克思主义史》第2册，胡文建等译，人民出版社1992年版，第41页。

② 参见［美］皮科纳《〈具体的辩证法〉英译序言》，《国外社会科学动态》1982年第8期。

③ Karel Kosik, *Dialetics of the Concrete A study on Problems of Man and World*, Dordrecht and Boston: D. Reidel Publishing Company, 1976, p. 94.

④ ［德］胡塞尔：《生活世界现象学》，倪梁康、张廷国译，上海译文出版社2002年版，第258页。

抽象的方式给这个世界以及这个世界的人们提供某些抽象的科学法则，而是将思想观念与意识的再生产根植于人的日常生活世界当中，根植于马克思关于实践的革命性意义之中。也就是说，日常生活批判理论既是科西克现代性批判理论的重要组成部分，也是科西克现代性批判理论的理论基础。

科西克的日常生活理论继承马克思的生活实践观，师承卢卡奇的日常生活本体理论，形成了独特价值取向的日常生活理论。他把日常生活世界看作一个由“自在现象”构成的“伪具体世界”加以批判和超越，把人的日常生活异化提升到本体论的地位，主张对异化了的日常生活进行剖析和变革，从而使人超越伪具体的现象世界，成为具体的生成的实在。伪具体世界虽然是一种客观的存在真实，但它不是不可以改变的，摧毁这个伪具体世界的思想“武器”就是他所谓的对马克思主义辩证法发展了的“具体总体”的辩证法。从根本上看，“具体总体”的辩证法的核心在于辩证的思维与革命的实践，也就是说，首先通过辩证的思维融解拜物教化的形象世界，以透视实在和“物自体”，通过人类的革命—批判的实践使本真意义上的人类社会实践创新显露出来。每个人都占有自己的文化，在真理实现的道路上成为实在的存在，实现主体与客体的双重解放。通过构建具体总体的现实生活世界，使现代生活世界成为具体的生成。消除人的异化存在，拯救现代性的危机，这是科西克对异化的现代生活世界开出的药方。

从根本上看，科西克日常生活批判理论的独创性在于，他透过人们社会生活的经济现象和日常生活现象，体悟到这些现象背后所隐含的理性文化现象，并将这些现象作为一个“总体”现象进行深入思考，进而指出这些现象更深层的实在的本质，以一个严肃的思考者来运用哲学的本体论和辩证法，以海德格尔的存在现象学来直面生活现象。这一对日常生活世界结构的解读和日常生活的现象学批判，对现代性批判理论具有独特的贡献，是日常生活批判理论的深化与提升。

第二节 研究现状与研究意义

一 研究现状

科西克的理论为一些人否定社会主义制度而追求个人绝对自由，提供了理论依据，因而在国内外产生了强烈反响，引起了许多学者的重视。捷克斯洛伐克一些哲学家批评他的观点具有“黑格尔化的假唯物主义倾向”；苏联哲学家指责他的作为“具体辩证法”的表现形式的“实践”同反映论相对立，只是人本主义的创造活动。也有一些学者认为，《具体的辩证法》甚至可以同卢卡奇的《历史和阶级意识》相媲美。总体看来，国内外学者的研究成果集中于以下几个方面。

（一）关于科西克对马克思现代性批判理论的解读

国外学者大多立足于科西克对马克思现代性理论的解读，提出了自己的价值判断，他们大多肯定了科西克的解读立场，如美国学者保罗·皮科纳（Paul Piccone）研究科西克思想的专著《卡列尔·科西克和他的〈具体的辩证法〉》认为，科西克“忠实地根据马克思的观点成功地提出了我们时代的伟大哲学问题”。张一兵教授认为，科西克的深刻之处在于，他站在许多大师如黑格尔、马克思等的肩膀上，深刻揭露了资本主义社会中人的异化境况，并对这种人造物代替人、客体僭越主体的现象进行了尖锐的批判，指出资本主义社会是一个颠倒了的现象世界和物化世界。① 李宝文博士在其新著《具体辩证法与现代性批判——科西克哲学思想研究》②中以现代性为总的问题域，以中东欧主要是捷克斯洛伐克的历史与现实为具体背景，以人的问题为主线，在辩证法与存在论的双重维度及其相互关系中阐释科西克关于现代性问题的独到见解，并运用他的具体总体的批判观及其实践哲学的本真向度展开现代性批判。③

（二）关于科西克日常生活理论的研究

张一兵教授指出，科西克面对历史现实本身，以一种真正面对历史具体的批判的辩证法，直接在经济现象、日常生活现象甚至是构架化的理性文化现象的背后指认出所谓真正的实在本质。科西克反对自认为能绕过现象“直达”本质的胡塞尔式的乌托邦，以海德格尔的存在现象学和马克思的批判理论来直面现象。刘怀玉教授认为，科西克的日常生活批判是一种乌托邦追求，因为人的实践归根到底是人的自由的表现过程，而历史与

① 参见张一兵《科西克的哲学逻辑构架》，《学术研究》2001 年第 4 期。

② 参见李宝文《具体辩证法与现代性批判——科西克哲学思想研究》，黑龙江大学出版社 2011 年版。

③ 参见李宝文《现代性的危机与人道社会主义的诉求》，《求是学刊》2010 年第 1 期。

自由的实现过程并不是同一的，因而可以说，寻求对现实进行超越的乌托邦主义精神是科西克哲学思想的显著特征，尽管这种乌托邦的表现形式不再是神学或者代替理性主义，而是以当下的具体的日常生活活动为载体。但是从根本上看，“具体的辩证法”是一种排斥历史而以“应该”主宰一切的不切实际的理想。① 潘宇鹏、曹丽则分析了科西克“具体辩证法”的批判对象是人的异化的存在，即“伪具体世界”。“伪具体世界”直接表现为人们的日常生活，它是一种调节人类生活的节律，本质上是人的造物脱离了人自身，成为某种自主性的、与人相对立的异己力量。② 张金鹏认为，科西克将具体总体提升到了本体论地位，通过对伪具体的摧毁的论述，提出了他的通达具体总体的途径。这是人类摆脱伪具体和拜物教操持世界而实现其本真存在的过程，是具体总体的实现和人的最终解放的过程。王恒认为，科西克日常生活社会理论的思想主旨是把海德格尔语境中的“烦”进行了社会历史化的解读，并且对资本主义社会现实进行了“无历史”的解读。陈爱华则具体分析研究了科西克日常生活批判理论的一个重要概念“伪具体世界”的结构和要素，认为科西克对资本主义社会拜物教化实践的分析体现着其理论的新高度。

（三）关于科西克辩证法的研究

科西克的辩证法问题是中外学者关注的重点和核心问题。他们立足于科西克《具体的辩证法》的文本，从不同视角对科西克的辩证法思想进行了解读。南斯拉夫著名哲学家弗兰尼茨基称它“是对一个拜物教化的哲学世界的意义重大的突破”。美国学者保罗·皮科纳认为，科西克的辩证法是一种将“具体存在”与“现象学”融合起来，进而对马克思的唯物主义辩证法进行重新阐释的辩证法，这一做法使得科西克的辩证法具有“爆炸性的内容”。美国学者齐默尔曼（Ethel Merman）认为，科西克强调总体性规定的本体论特征是黑格尔和青年卢卡奇的逻辑前延；同时对科西克摧毁伪具体世界的途径进行了分析，认为“这种因推卸责任而导致的日常生活的无名性，仅仅靠社会结构的变革是无以终止的”，这就要求个人真正承担起存在的责任，最终才可能真正解放自己。衣俊卿指出，科西克

---

① 参见刘怀玉《建构现代生活界“具体乌托邦”图景的新人本主义历史观》，《学术研究》2001 年第 4 期。

② 参见潘宇鹏、曹丽《论科西克的日常生活批判》，《西南大学学报》2009 年第 3 期。

通过对具体范畴的界定、伪具体世界的批判、具体的总体的探讨，是关于人的实践及其总体的哲学人本学，属于当代哲学和当代文化的产物。潘宇鹏分析了科西克理论中具体的辩证法的理论渊源和核心思想，以马克思主义的科学立场对科西克的具体的辩证法进行了理论解读。这种辩证法的批判锋芒直指由资本主义生产方式造成的人的抽象的生存状况，所要揭示的是人类超越资本的统治、实现"具体存在"也就是人的全面发展的现实道路。

（四）关于用马克思的立场和方法反照科西克思想的研究

以马克思的科学立场和方法解读科西克的思想，是中国诸多学者关注的重心。他们大多认为，科西克作为马克思主义发展史上的有突出贡献的思想家，对马克思主义的发展和深化是值得肯定的，但由于其研究问题的片面性，科西克对发展马克思主义的贡献是有限的，其思想的片面性致使其思想的深刻性大为逊色。仰海峰指出，从马克思历史现象学视角重新审视科西克，这可以使我们站在一个较高的高度上去审视科西克思想，进而发现其中存在的问题，因此有助于我们今天能够更好地理解马克思哲学的本真精神。周宏指出，科西克是富有存在主义色彩的马克思主义。马克思主义对世界二元分裂的成功扬弃，体现了其学说的实践精神和科学精神。杜以芬认为，科西克哲学中的"伪具体世界"和"实在世界"都不是我们今天所说的客观存在的世界，而是胡塞尔、海德格尔头脑中的那个意识领域的世界。这种带有浓厚存在主义色彩的西方马克思主义决定了他从根本上找不到恰当的方法实现对二元分裂的超越和批判。刘力永指出，科西克对于历史唯物主义的理解和阐释存在着深刻的不足。孔桂春、薛晓源则站在唯物辩证法的基础上考察西方存在主义的马克思主义辩证法，指出了哪些背离了马克思主义的基本原则，哪些提出了有益于借鉴以及深入思考的思想。

纵观当前国内外关于科西克思想的研究成果，笔者认为，学界对于科西克思想研究还处于起步阶段。特别在国内，虽然科西克的著作在国外已经被翻译成多种语言发行出版，但其中文译著目前仅有一部。在许多研究者那里，科西克的名字更是鲜有耳闻。这主要表现在以下几个方面。

首先，对科西克思想研究或解读的片面性。虽然在国外，有一些学者较早开始了对科西克思想的研究，但这种研究却更多地局限于他的《具体的辩证法》这一代表性文本内，因而无法对其全部思想获得较为完整的认识。因为从根本上看，局限于其著作单一文本的理解往往限制着研究的视野和问题的展开。

其次，对科西克日常生活批判理论缺乏深入的研究。虽然有学者将科西克的日常生活批判理论进行了一定的阐释，但却缺乏系统的深入研究，并没有将其置于马克思主义的视野下进行比较研究。因为从根本上看，如果仅仅把科西克日常生活批判理论局限于东欧社会主义国家内部来理解，就不能正确估计其日常生活世界理论对于当代发展马克思主义哲学的重大意义。因此，无论是对科西克日常生活世界理论本身还是对其研究意义的认识，都有待于进一步深化。

二　研究意义

科西克日常生活批判理论是一种存在主义人本现象学。将这一问题置于当今的时代背景下进行研究，是有着极为鲜明的理论意义和现实价值的。

（一）理论意义

首先，科西克日常生活理论研究凸显了马克思现代性批判理论的新视野，丰富和发展了马克思主义的基本理论。科西克日常生活批判理论旨在批判资本主义社会人的异化现象，呼唤人的革命性实践，进而实现对资本逻辑的超越，最终实现人的自由与解放，达到人的全面发展的状态，这从根本上与马克思哲学的旨趣是一致的。科西克区分了实践的不同形态，提出了“操持”概念，用以指称发达资本主义条件下高度异化的实践形式，这在一定程度上丰富了马克思主义的内涵。因而，以马克思主义的科学立场对科西克的日常生活理论进行解读、审视和批判，有助于我们从理论深层上理解科西克，发现科西克思想中存在的问题，以科西克理论的局限、失误和不足来反衬马克思主义的实效性和说服力，增强我们对马克思主义科学理论的有效认同。

其次，有助于更好地推动马克思主义中国化、时代化与大众化的进程。从理论上看，科西克努力克服西方马克思主义人本主义的缺陷。众所周知，西方马克思主义出于批判第二国际经济决定论的考虑，片面夸大人的主体性，将人看作绝对的主体，从而使其理论显露出“人类中心主义”的倾向。科西克则认为，人并不是纯粹主观性的存在，而是一种“人类学”意义上的广阔的客观存在。哲学上的辩证法关注人及其在宇宙中的位置，追问和思考人如何历史地在世界总体上存在，从而展示了超越主客二元对立思维模式、探索人与世界融合无间天人一体的哲学新境。科西克的日常生活理论的现实背景是来自前东欧社会主义时期不可多得的关于日常生活批判的学术资源，因而为研究当代社会主义进程中的现代性问题，更好地推动中国化、时代化、大众化的进程中的马克思主义研究奠定了坚实的理论基础，提供了重要的思想资源。

（二）现实价值

有助于引导当代中国大众文化的合理走向，构建中国特色的日常生活批判理论图式与实践。本书力图以马克思主义的科学方法和立场对科西克日常生活理论进行解读与审视，辨析出科西克日常生活理论的思想主题、理论旨归与价值取向，反思其日常生活理论对重构当代中国日常生活的意义，进而为构建当代中国科学的文化批判精神、发挥日常生活在人追求自由和解放中的作用提供有价值的参考。以马克思主义的科学立场对科西克的日常生活理论进行解读、审视和批判，有利于更好地明晰和解决马克思主义理论在中国现代社会转型的实践运用中存在的种种问题和困境。从科西克关于具体存在的日常生活的构想中汲取营养，以大众文化的微观领域研究入手，在日常生活的层面上批判地考察文化中的个体如何展开自己的消费、交往、思考和生存，把文化背景带入公共的社会生活之中，消解自在自发的传统日常生活世界对于现代化进程的文化阻滞力，以构建更加科学合理的适合当前中国国情的日常行为和日常生活图式，是研究科西克日常生活理论的现实价值之所在。

三　创新之处

第一，从理论渊源上梳理了科西克日常生活批判理论的思想资源与现实背景，使科西克日常生活批判理论的支撑性内容得以完整展现。

第二，从主要内容上阐释了科西克日常生活批判理论对马克思生活世界理论的拓展与深化，以及对马克思生活世界理论的背离与倒退，从本体论、认识论和方法论上挖掘出科西克的日常生活批判理论究竟在哪些方面发现发展了马克思，又在哪些方面偏离了马克思。

第三，批判性地分析了科西克日常生活批判理论对当前构建中国大众化文化批判的借鉴意义，以及这一借鉴的有限性。

第三节　研究思路与研究内容

一　研究思路

本书的核心内容是以科西克日常生活批判理论为总的问题域，以东欧特别是捷克斯洛伐克的历史与现实为主要的依托背景，以人的生存论为主线，在认识论与本体论的双重维度及其相互关系中阐释科西克关于日常生活批判理论的独特见解，运用马克思辩证唯物主义与历史唯物主义的根本立场、观点和方法对科西克的日常生活批判理论进行解读。并在此基础上，厘清主体、理性、异化实践、存在、启蒙、辩证法、现代性等哲学范畴，批判性分析科西克日常生活批判理论的具体内容与理论指向，阐明人的存在的精神实质与辩证内涵。

二　研究框架

从整体上看，科西克的日常生活批判理论是现代社会状况下人的异化境遇的一种独特的哲学审视和思考。立足于马克思的批判精神，科西克借助于海德格尔的存在主义学说，建构起独特的日常生活批判理论，目的是在理论上为现代人消除异化、解除危机指明一条道路。据此，本书以马克思辩证唯物主义与历史唯物主义为根本研究方法，遵循“科西克是如何界定日常生活图式及其特征的”、“科西克对人的异化现象持什么样的立场”以及“科西克日常生活批判理论的最终出路是什么”的内在逻辑线索，对科西克日常生活批判理论进行阐释和研究。

以整体性的视野对科西克日常生活批判进行逻辑架构，本书致力于将科西克日常生活批判理论置于现代性批判理论的视野之内进行检视，在逻辑框架上，全书共分为引论、正文和结语。第一章主要介绍本书研究的缘起意义，包括本书的研究背景、研究对象、研究现状及研究意义；并在此基础上阐明本书的研究思路、研究框架、研究方法和研究内容。第二章以科西克日常生活批判理论的哲学资源为主线，在黑格尔、马克思、青年卢卡奇、海德格尔、列斐伏尔等人那里获得了深厚的理论资源和思想支撑；同时，捷克斯洛伐克自身争取解放与自由的民族运动，以及东欧同时代思想家如亚当·沙夫、斯维塔克等人也对科西克的思想产生重要影响。第三章主要从本体论的角度来阐述科西克的日常生活批判理论，即日常生活的形而上学，继而揭示出“伪具体世界”是日常生活的主导生存样态和生存模式，日常生活的构成要素与一般图式。第四章从认识论的视角出发，以“具体”、“总体”、“具体总体”为重点范畴，将科西克的“具体总体”的辩证法作为解析其日常生活批判理论的主导性方法，并在这一基础上，寻求异化日常生活的摧毁与具体实在的构造即本真性日常生活的具体路径。第五章是充分运用辩证唯物主义与历史唯物主义，将科西克的日常生活批判理论与马克思的生活世界理论进行理论辨识，从关注的具体内容、研究问题所运用的具体方法以及主导话语的实质等方面进行比较性阐释，从而在理论上辨明科西克的日常生活批判理论对马克思的生活世界理论究竟做出了多少有益的、可贵的贡献，同时有哪些方面背离了马克思的原本立场、观点和方法，并分析出其背离的主要原因。最后，在结语中，对科西克日常生活批判理论所延伸出的意义内涵以及未来走向进行了理论上的预测。

三 研究方法

为了充分展示科西克日常生活批判哲学的理论全貌，本书选取了科西克最近 30 年围绕人的存在问题、人与世界的关系问题以及现代性问题写作的两部英文著作作为研究的基础。选择从科西克所一贯秉持的“批判”立场切入，目的在于对科西克的日常生活批判理论予以全方位的观照，阐释科西克日常生活批判理论的思想主旨和理论内涵。

第一，历史现象学的方法。在对科西克日常生活批判理论的解读中，运用马克思历史唯物主义的基本方法，以“历史”为基本尺度进入科西克日常生活批判理论的哲学话语当中，将科西克的日常生活批判理论置于历史的问题与历史的尺度之内进行检视。同时，对科西克的日常生活批判理论进行逻辑层面的分析，将科西克日常生活批判理论的历史结构与逻辑结构有机结合起来进行研究。

第二，文化哲学的方法。文化哲学是对历史地生成的人的存在方式进行文化层面的解读与研究的一种新的哲学方式，它关注人的异化状态是如何存在的问题，这里有两个基本维度：一是以总体性的视野对科西克的日常生活批判理论进行探讨；二是在具体的层面对科西克的日常生活批判理论与其他思想家的日常生活批判理论进行比较和分析，通过比较的研究方法凸显科西克日常生活批判理论的独特性。

第三，范畴分析的方法。科西克所研究的“日常生活”并不是一般意义上的“日常生活”，它是哲学层面或者哲学意义上对我们“平日”所生活的日常生活世界的批判性反思、深层考量和哲学反思，科西克的日常生活批判理论是一种形而上学哲学，它由许多个哲学范畴组成。因而，对构成日常生活批判理论的诸多范畴如“伪具体世界”、“具体总体”、“平日”、“历史”、“实在”等范畴进行哲学解析，是本书采用的另一个主要分析方法。

第四，阐释批判的方法。“批判”不是传统意义上我们所理解的简单的“批驳”或反驳，而是一种研究方式，是一种辩证分析和研究问题的方法，或者态度。康德将其解释为“分析”、“辨析”、“划界限”等含义，其实质就在于阐释性的分析和研究，将关注的重心放在揭示人的行为和思想的基础之上。“批判的观念不寻求用较高级的语句取代低效的语句，也不寻求把注意力集中在结果上。它的目的是触及问题的核心，揭示我们的行为和思想所源出的基础，并在这个基础上，证明一切都不是准确无误和井然有序的。”①

四　研究内容

本书运用马克思辩证唯物主义与历史唯物主义的基本立场、观点和方法，立足于科西克对马克思思想的基本解读所建构的日常生活批判理论，围绕着科西克关于人的存在和人的命运的主题进行理论运思，对科西克的日常生活批判理论进行逻辑结构与历史结构的整体解析，以期对中国日常生活批判理论提供积极的有益的借鉴与启示。总体来看，本书的研究内容主要有四方面。

第一，运用逻辑与历史统一的视角，对科西克日常生活批判哲学的理论资源、思想支撑与现实背景进行深层解读，在隐形的逻辑支撑与显性的话语表达上，对科西克哲学所包含的黑格尔、马克思、青年卢卡奇、海德格尔、后现代的基本语境，捷克斯洛伐克自身的民族解放运动现实，以及同时代其他思想家的影响与渗透进行梳理和阐释，为完整把握科西克日常

① Karel kosik, *The Crisis of Modernity*, Edited by James H. Satterwhite, Boston and London: Rowman & Littlefied Publishers, 1995, p. 32.

生活批判理论提供了必不可少的思想根基。

第二，立足于马克思的辩证唯物主义与历史唯物主义，在解读科西克的哲学与日常生活批判的内在关系上对科西克的日常生活批判理论进行解读，指出科西克的日常生活批判理论从根本上看就是一种文化哲学，即哲学自身所特有的一种对人的存在异化现象的微观领域内的批判与反思，也是新人本主义现象学的时代性建构。

第三，以马克思的生活世界理论为基本参照，充分挖掘科西克日常生活批判理论，并将这一理论与马克思的生活世界进行理论辨识，解读科西克以“伪具体世界”为核心的哲学本体论，以“具体总体”为主导的哲学辩证法的方法论，以及以“总体性”为主要方式的认识论模式。同时，把科西克的“伪具体世界”的本体论思想以及“具体总体”的辩证法思想及其二者内在的联系统一于其日常生活批判理论当中，并以其存在论与辩证法作为批判的根本视域，对科西克日常生活批判理论进行辩证解析。

第四，将科西克的日常生活批判理论置于现代性批判理论的框架内进行比较和分析，使之与当代各种现代性批判思潮结合与融通起来，进而对其文化哲学的视角对人的存在的异化现象获得更加宽阔视野的认识。

第二章

科西克日常生活批判理论的思想资源与现实背景

“新康德主义”的创始人文德尔班（Windelband，1848—1915）指出：“人是有历史的动物，人的文化生活是一种世代相承，愈积愈厚的历史联系。”① 毋庸置疑，任何一个思想理论的形成和发展都是由其重要的背景支撑起来的，都必定是在一定的时代背景和历史语境中形成和发展起来的，深受那个时代占主导地位的思想的滋养，并感染着那个时代的精神气质，在诸多思想家们的共同影响下逐步得以形成。科西克的日常生活批判理论也不例外。众所周知，自马克思开始，现代性批判成为哲学不可逾越的一个重要主题，从各个视角对现代社会工业文明所带来的种种矛盾和问题展开的批判成为整个20世纪乃至21世纪初期哲学的核心话语。胡塞尔对欧洲科学世界的危机进行了深入反思，指出了人的生活世界被科学世界所挟制的不良后果。“在我们这一时代，进步的神话似乎在很大程度上已经没有任何吸引力。取而代之的是现代性神话本身。未来几乎已经变得跟过去一样空洞和不真实了。”② 面对“生活世界的殖民地”（哈贝马斯语）境况，许多思想家开始了这一领域的思考与探索。作为一个生活在去“斯大林化”过程极其缓慢和艰难的国度的哲学家，深受马克思和海德格尔思想影响的科西克，将现代性批判的话语与日常生活领域结合在一起，指出了人的日常生活异化的基本图式和现实。

作为一位现代性哲学家，科西克的日常生活批判理论有着极为丰厚的思想资源和现实背景。在隐形的逻辑基础、显性的话语主导、承袭的理论

---

① ［德］文德尔班：《哲学史教程》，罗达仁译，商务印书馆1993年版，第127页。

② Matei Calinescu, *Five Faces of Modernity: Modernity Avant Garde, Dacadent, Kitsch, Postmodernism*, Durham, NC: Duke University Press, 1987, p. 47.

载体和哲学参照系上，黑格尔、马克思、卢卡奇和海德格尔都起着极其重要的作用，扮演着不可或缺的思想角色。另外，捷克斯洛伐克以及东欧各国为了争取独立与思想解放的民族运动，以及同时代东欧其他一些著名思想家的哲学思想，也构成了科西克日常生活批判理论的现实背景。由此，科西克依托19—20世纪现代性各种错综交织的文化批判话语背景，沿着批判分析到价值选择的路径，构建起了独特的日常生活批判理论。

第一节　科西克日常生活批判理论的思想资源

葛兰西指出，任何哲学都是“一个时代的哲学，不可能是任何系统的趋向和个别体系。它是一切个别哲学和哲学趋向加上科学意见、宗教和常识的总和”①。张一兵教授也指出：“以直接性的方式阅读科西克的《具体的辩证法》，是不可能通达其文本真境的，因为作者在书中埋下了太多的理论逻辑前设。这是大多数马克思主义学者在建构哲学文本时经常玩的小把戏，这也相应造成了这些文本在传统马克思主义哲学研究者中广泛的不可入性和无解性。”② 的确，作为一位现代性批判意义上的哲学家，科西克的日常生活批判理论有着深厚的哲学资源与思想支撑。在理论资源上看，如果从本体论和辩证法维度对其理论进行解读认识，我们就会发现，无论是隐形的内在逻辑支撑还是显性的主导性话语力量，黑格尔的具体分析方法、马克思关注生活世界的现实分析与批判维度、青年卢卡奇批判物化的历史主体辩证法、海德格尔的“此在”关系本体论、列斐伏尔日常生活批判话语的理论转向以及后现代语境下对“宏大叙事”手法的拒斥等都是科西克日常生活批判理论的重要思想来源。而且从整体上看，这些思想资源都统一并整合在科西克的理论中。

一　黑格尔“具体”分析的研究方法

众所周知，康德哲学革命的核心就是对从前哲学的一次清算和综合，它抬高了理性的地位，把世界一分为二：感性的具体的经验世界与理性的抽象的先验世界。在这里，先验的理性世界统摄着具体可观的现象世界。

① ［意大利］葛兰西：《实践哲学》，徐崇温译，重庆出版社1990年版，第139页。

② 张一兵：《文本的深度耕犁》第1卷，中国人民大学出版社2004年版，第188页。

康德这种将世界二元分裂的做法遭到了黑格尔的批判，他站在一个较高的层面上，将“具体”视为哲学本体语境的一种规定，它丰富而具体，主要指抽象自身在扬弃自我的过程中的一种逻辑的具体，且具有历史的规定性。黑格尔的这一认识成为马克思哲学中“从抽象到具体”的思想支援。从根本上看，黑格尔的“绝对理念”是一种深层的隐形支配，它虽然有时表现为具体的物或自然物质，成为具体的感性存在，但总体来说，在黑格尔的辩证法中，这种感性具体的绝对理念是一种极为神秘的“理性的狡计”。在辩证法的不断运动中，个人的感性的具体的活动不断在否定和扬弃着自身，运动的最后，绝对的理念再度成为历史性的具体规定。因此，黑格尔的“从抽象到具体”，实际上就是“绝对理念”的历史实现，也是主体对客体的异化本身。也就是说，在黑格尔的语境中，只有扬弃了异化的感性具体才是历史的具体，也才是真正实现了自由的那个“逻辑原一”。黑格尔将处于本体地位的“具体总体”置于至高无上的地位，是因为在他心里，这个“具体总体”就是上帝协助人实现自身目的的绝对圣灵。纵观黑格尔整个哲学的发展历程，可以发现，黑格尔先从“具体”的社会历史现实出发，特别是在耶拿时期经济学的研究经历，为他日后研究哲学、建构抽象的成熟的哲学体系做着必要的准备和奠基工作，这是典型的“从具体到抽象”逻辑。在《精神现象学》中，黑格尔指出，人们对象的认识必定是从直面事物的表象开始的，这其中，人的自我意识是极为重要的，但人的自我意识最终又必然以概念的形式出现。因此，从根本上说，真正的起点只能是抽象的概念。黑格尔把这种认识运用到《逻辑学》当中，他从抽象概念开始，继而到具体概念，最后又上升到世界的抽象化理解。整个逻辑思路最终的逻辑点就是具体的抽象，也就是在他心中至高无上的“绝对理念”。对此，帕金森有一个概括是精到的：“最高的思维形式导致这样一种体系，在其中个别没有被抹杀，而是被保存着，这就是把它叫作‘具体的’所包含的意思。总之，认识中的每一次进展都是从较不完全到比较完全、从抽象到相对具体的进展，黑格尔把这个观点凝练成《精神现象学》序言中的一句名言：‘真理是总体。’”① 无疑，借助于“具体”的认识，黑格尔将人的精神的发展置于十分重要和崇高的

① ［英］帕金森：《卢卡奇的马克思主义与黑格尔主义》，《马列主义研究材料》1985 年第 4 期。

位置，人只有在自我的精神意识里才能完整地把握自己，认识自己。“意识在自我意识里，亦即在精神的概念里，才第一次找到它的转折点，到了这个阶段，它才从感性的此岸世界之五色缤纷的假象里并且从超感官的彼岸世界之空洞的黑夜里走出来，进入到现在世界的精神的光天化日。”①

黑格尔把哲学当作逻辑学，也把逻辑学当作哲学。在他的逻辑学中，哲学本体意义上的“具体”概念被清晰地表现出来，且与他对真理的理解结合在一起。黑格尔认为，绝对精神是一种最高形式的辩证运动，是完善的和具有内在同一性的辩证运动，在其运动发展的各个阶段，每个形式都在不断扬弃的运动中保存着自身。因此，可以说，人的认识就是一个从抽象上升到具体的过程，而人们的思维就是将这一运动过程中，各个阶段、各个形式和各个部分之间的内在联系清晰地揭示和再现出来。作为一种思维着的活动自身，哲学最终表现为具体的总体，以及“具体总体”的真理。在“具体总体”之外，所有的存在都是不可理解的东西。据此，笔者认为，在黑格尔的哲学中，“具体”就是认识的具体，或者思维的具体。思维自己构成自己，否定自己，也扬弃自己。然而在这一过程中，思维却越来越丰富和具体起来，进而最终将自己完整而统一地建构起来。同时，思维也在这一运动中不断地批判自己、反思自己，超越自己从前已经获得的那些规定性，进而能够在更高的层次上重新建构自己，周而复始，绵延不绝，思维最终获得了更加真实、丰富和完善的自己，也在不断反思自我和重构自我的过程中，实现了“具体总体”的目标。

科西克对实践的把握的特点是将实践的对象放到具体的历史环境中来考察，因而他所说的历史的总体化是一种具体的总体化，而不是抽象的总体化。他的具体辩证法要还原的就是在具体历史现实中的辩证运动过程，这是一种具体的生成性的自我批判和超越的辩证法。显然，科西克受到了黑格尔“具体总体”的影响，同时又和马克思一样将绝对观念具体的总体颠倒为历史的总体。这种颠倒和马克思达成一致。其实人生也是一个不断总体化的过程，我们每一天都在告别过去，同时每一天又都在憧憬着未来，不管过去是好是坏，只要我们将其很好地转化和运用，结果会有转机，至少还是有成功的希望的。重要的是不要放弃希望和努力。这种希望和努力就是总体化过去的精神力量。科西克将“具体的辩证法”作为日

① ［德］黑格尔：《精神现象学》上，贺麟译，商务印书馆1979年版，第122页。

常生活批判理论的根基，也是他重新定位“人与世界关系”的重要的本体规定。因此，在这里，“具体”是历经黑格尔、马克思的一个新的本体规定，而“世界”则是从马克思颠覆形而上学和海德格尔哲学新的基础本体论意义上出发的东西。《具体的辩证法》的理论主旨被标注为“关于人与世界问题的研究”。这里的“具体”规定是历经黑格尔、马克思的一个新的本体规定，似乎是过去青年卢卡奇那个历史辩证法的替代物；“世界”是从马克思颠覆形而上学和海德格尔哲学新的基础（关系）本体论意义上出发的东西。这种人本主义的社会现象学主要表现在《具体的辩证法》的第一章，这是科西克以人本学的马克思主义对黑格尔《精神现象学》的改写。

二　马克思关注生活世界的现实分析与批判向度

在一定意义上说，近现代哲学之间所发生的哲学视野的转换是近代哲学的理论困境和现实遭遇的产物。近代哲学的世界观是一种科学主义的世界观，它是以牛顿力学为代表的近代自然科学的自然观的哲学化，把世界视为某种外在于人的、与人无关的、可计算的、本质既定的存在，而人只是这个客观世界的渺小旁观者。这种本质主义的世界观把人们对外部世界的认识归结为对事物的初始条件和状况的探寻，归结为对原初创造者和固定本质的追问，所有这些意味着对人的现世、对此时此地人的存在状况的漠不关心。因而可以说是一种简化生活或遗忘生活的哲学。因此，对黑格尔这位虽然拖着一根庸人的辫子但却凝聚着古典哲学高峰思想的人物进行批判，就成为现代意义上的哲学家所不得不面对的事情。而在以存在主义为代表的现代西方人本主义思潮看来，黑格尔哲学把人的情感、意志、想象、体验等个人的全部丰富性都异化给了超个体的“普遍理性”，而“没有为个人及其生存留下空间”①。“将传统哲学视为表面的、经验的和远离生活的东西，而对它显然不满——这就是存在主义的核心。”② 黑格尔以“绝对精神”的辩证发展所展现出的历史必然性，不仅是纯粹的虚构，而且是对个体生命价值的否定。人本主义思潮认为，个体的存在是矛盾的：

① ［捷克斯洛伐克］科西克：《具体的辩证法》，傅小平译，社会科学文献出版社 1989 年版，第 131 页。

② ［美］考夫曼：《存在主义》，陈鼓应译，商务印书馆 1987 年版，第 2 页。

一方面，个体的生存具有不可重复性，面对着“死亡”这一此在“最本己的、无所关联的、确知的、而作为其本身则是不确定的、不可逾越的可能性”①，人的生存总是无意义的；另一方面，人又具有自我超越性。人的生存是自为性的，这构成了人区别于世界上一切“自在的”存在者的根本之处。因此，人的存在价值就不应该是对世界或历史的终极本质的寻求，而应该是实现自身存在的意义。

与存在主义不同，马克思是从实践的观点出发展开对黑格尔的质疑与超越的。他认为以黑格尔为代表的整个传统哲学的最本质特征在于，“哲学家主要是以个人头脑中的思辨活动去追求思维把握和解释世界的全体自由性”②。这一论断有两方面的含义：一方面，传统哲学的目标在于追求“思维把握和解释世界的全体自由性”，哲学家总是力图在最深刻的层次和最彻底的意义上说明世界、解释世界、把握世界内在的统一性；另一方面，传统哲学设定的目标与实现这一目标的手段之间则是分离的。黑格尔曾明确地意识到：“全体的自由性，与各个环节的必然性，只有通过对各环节加以区别和规定才有可能。”③ 思维把握和解释世界的全体自由性，必须以思维认识世界的各个环节的规定性为前提，必须“还是愿意受某种建立在通晓思维历史及其成就的基础上的理论思维形式的支配”④，对于世界的无限丰富性的把握，只能实现于人类历史发展过程中的全部科学。马克思以人的实践活动作为其全部理论的出发点。人在摆脱任何抽象的规定之后，他只能存在于社会关系当中。实践活动是一个社会的、历史的展开过程，在这个过程中，人对世界的真理性认识总是相对的。人的实践活动现实地实现了思维与存在、主观与客观具体的、历史的统一，同时又不断地打破这种暂时性的平衡，趋向于更高水平的统一。因此，人类实践活动的历史性展开才是实现思维的全体自由性的现实基础。

马克思所面对的研究对象是资本主义生产的“总过程”。“异化劳动”(Entfremdet Arbeit) 与资本的对立导致了人的异化境遇，马克思所创立的“关于历史的科学”的目的是用来揭示资本主义社会中人的生存状态，并

---

① ［德］海德格尔：《存在与时间》，陈嘉映、王庆节译，生活·读书·新知三联书店1987年版，第297页。

② 孙正聿：《理论思维的前提批判》，辽宁人民出版社1997年版，第225页。

③ ［德］黑格尔：《小逻辑》，贺麟译，商务印书馆1997年版，第56页。

④ 《马克思恩格斯文集》第9卷，人民出版社2009年版，第460页。

为最终超越这一状态而实现人的自由解放进行着艰辛的理论努力。从整个西方哲学发展史来看，马克思的理论努力对他以后的哲学思想的发生发展产生了重要的、不可估量的影响。众所周知，在历史唯物主义语境中，现实的人是马克思科学异化理论的前提。而所谓“现实的人”，就是指那些在社会实践中从事物质生产劳动的活生生的具体的人，是自由自觉地进行着劳动创造的有血有肉的生命个体。并且，马克思把哲学批判转向对生活世界殖民化问题的考察，批判资本主义生活世界的非人化生存状况，要求通过克服和消灭资本主义私有制和劳动异化来建立“自由人的联合体”，以保障每一个人都能够获得充分、自由、全面的发展。正如阿格妮丝·赫勒所言：“马克思……成为这个被进步观念打上烙印的世纪里最有代表性的现代性理论家。”① 因此，笔者认为，马克思立足于现实的人的物质生产活动，立足于人们在物质生产活动中所形成的各种社会关系本身，深入透彻地批判了之前的思想家的错误之处，指出人是社会存在物，是处于一定的经济关系、政治关系和社会关系包围中的现实的存在物。“人并不是抽象地蛰居在世界之外的存在物。人就是人的世界，就是国家，社会。”② 这一判断正是他批判费尔巴哈等人本主义思想家的有力依据。马克思纠正了费尔巴哈哲学中自然界与人的单面关系，深刻地指出了自然界虽然对人来说具有基础地位，但是从根本上说，自然界也是人和人的历史的结果。

科西克哲学秉承了马克思的批判精神以及对现实世界中的现实的人的关注立场，高度重视实践的积极作用，深入剖析了资本主义社会里人的异化问题，以及人如何摆脱物的奴役、最终实现自由全面发展的问题。科西克的理论努力与马克思的价值立场是一致的，他强调，要实现的人的自由解放，达到“具体实在”，必须诉诸辩证的思维与革命的实践，超越“资本逻辑”的控制，最终通过控制资本而消灭资本自身。科西克“具体的辩证法”的逻辑前提是资本逻辑的世界历史总体，是马克思哲学语境中的具体总体的历史性生产。如上所述，马克思将人的存在视为感性的存在物而拒斥抽象的存在，而科西克正是沿着这一理路来思考资本主义社会现实状况的人的异化，且在这种现实的历史境遇中剖析着人的异化的根本原

① ［匈牙利］阿格妮丝·赫勒：《现代性理论》，李瑞华译，商务印书馆 2005 年版，第 46 页。

② 《马克思恩格斯选集》第 1 卷，人民出版社 1995 年版，第 1 页。

因，思考着消除异化的有效路径。也就是说，科西克坚持马克思对资本主义社会状况下异化理论的认识，结合着当下资本主义经济社会的现实，深刻批判了现存的资本主义制度下物假扮人进而奴役人的境况，指出了日常生活世界里人被物所“总体性”控制的现实，并为从根本上消除异化、最终实现人的自由解放进行着严肃的思考。

三　青年卢卡奇批判物化的历史总体—主体辩证法

对人的存在的命运的深切关怀，对资本主义社会的深刻批判，构成了马克思历史辩证法的核心主题。马克思主义的哲学革命之后，以卢卡奇为代表的西方马克思主义者沿着这条路径，继续着自己的思考与探索。众所周知，深受马克思《〈政治经济学批判〉导言》、《资本论》等经典著作的影响，青年卢卡奇在新的历史推进下对马克思“商品拜物教”理论和异化理论进行了新的解读，提出了著名的“物化”（Reification）概念，用来标明现代资本主义社会状况下人们生活世界的殖民地化问题。青年卢卡奇指出：“物化是生活在资本主义社会中的每一个人的必然的、直接的现实。”① 资本主义社会使人们对物的追求达到了极致，人们的日常生活被“商品拜物教”所支配和分解，从而过着“非人化”的生活。因此，现代资本主义社会的日常生活现实就是物化生活，或者说，物化生活是现代人“生活世界殖民地化”的一个突出表现。

按照卢卡奇的说法，“异化问题”是凸显在我们时代里的一个极为关键的核心问题。并且，卢卡奇还认为，哲学与现实生活的密切关系不言而喻，哲学是对具体生活的抽象化表达，离开了现实生活的灵感与“生活兴趣”（哈贝马斯语），哲学就失去了生机与活力。卢卡奇以一种形象的比喻来表述哲学与生活的关系：“人只能追猎一只存在的兔子，只能采集一颗存在着的草莓等等。”② 青年卢卡奇对马克思的辩证法进行了分析和解读，他指出，“总体范畴，整体对各个部分的全面的、决定性的统治地位，是马克思取自黑格尔并独创性地改造成为一门全新科学的基础方法的

① G. Lukacs, *History and Class Consciousness*, London, 1971, p. 197.

② 俞吾金、陈学明：《当代国外马克思主义哲学流派新编》，复旦大学出版社2002年版，第51页。

本质”[①]。在卢卡奇看来，马克思的辩证法将总体的地位看得高于各个环节，在社会历史运动中，各个独立的事件总是难以独立，而总是诉诸这些独立事件的综合，在实践的基础上，人们的认识最终构成一个整体。也就是说，马克思的辩证法并不仅仅指明了认识的对象，而且也标明了认识的主体与客体之间的相互统一性的总体特征。于是，青年卢卡奇根据主客体的相互作用，将辩证法的主体指认为能够充当资本主义社会掘墓人的无产阶级，认为无产阶级通过改造世界的实践活动克服客体，因此，无产阶级的实践就有着极为重要的现实意义，在实践的作用下，资本主义社会的物化局面最终能够得以打破。在这一基础上，青年卢卡奇认为，辩证法的“总体性”内涵包括理论和实践的总体性，且这正是马克思的辩证法为什么能够深入资本主义社会矛盾的切入点和关键点。青年卢卡奇明确指出：“总体性在马克思那里具有认识的显在和潜在的两大特征。”[②] 因此，只有实现对现代社会的“总体性”批判与超越，历史唯物主义才能获得真正的发展。“如果对于每一个生活在资本主义社会中的人来说，物化是必然的直接的现实的话，那么它的克服也只能采用这样的形式：不断地、一再地努力通过与具体表现出的全部发展的矛盾具体联系起来，通过认识到这些矛盾对于社会发展所具有的固有意义，从实践上打破存在的物化结构。”[③] 也即实现一种“总体性革命”，资本主义的物化才能被彻底打破。但是需要指明的是，异质于马克思考察资本主义生活世界状况的观察视角，青年卢卡奇忽视了马克思的异化劳动概念，以“总体性”辩证法来思考克服异化的具体路径，希冀以“阶级意识”尤其是无产阶级的阶级意识来对抗现代资本主义社会里人的物化生活。因此，从根本上说，失却了对社会物质生产发展状况的关注，青年卢卡奇的“物化”理论很难在实践中成为无产阶级和劳动人民实行阶级革命，进而推翻资本主义制度、实现自由幸福生活的有力武器。

将马克思的辩证法解读为理论与实践相结合起来的“总体性”辩证法，青年卢卡奇无疑高扬了“无产阶级意识”的“伟大”作用，认为无产阶级的最终自由与解放无法脱离他们的阶级觉醒和阶级意识。这也构成

---

① ［匈牙利］卢卡奇：《历史与阶级意识》，杜章智等译，商务印书馆 1992 年版，第 76 页。

② 同上书，第 45 页。

③ 同上书，第 290 页。

了青年卢卡奇对辩证法“总体性”的理解和把握。科西克深受卢卡奇的“总体性辩证法”的影响，在仔细阅读马克思辩证法的基础上，提出了他的“具体总体”的辩证法概念。美国学者齐默尔曼明确指出：“科西克有关总体的观点受到卢卡奇总体性观点的影响，特别是《历史与阶级意识》一书的影响。”① 衣俊卿认为，科西克的“具体”概念是一种“实体性的存在”②，是一种“具体性的存在”，它已经不再作为一种功能性的概念或属性而存在了。“具体”所直接面对的对象就是资本主义社会推进下人的异化境遇，而最终要实现的目标也是直接而具体的——无产阶级的解放，人的全面自由发展，这应该是科西克“具体”的辩证法的思想要旨和根本指向。因此，可以说，青年卢卡奇的“总体性”辩证法与科西克的“具体总体”的辩证法具有内在的一致性和关联性。但需要指出的是，在继承卢卡奇哲学成果的基础上，科西克又对其人类中心主义倾向进行了深刻批判，做出了巨大超越。卢卡奇哲学直接针对的是第二国际对马克思哲学的庸俗化理解，以及随之造成的对人的主体性的消解。出于强调人的自由自觉本性的考虑，卢卡奇提出了他的历史辩证法、主客体相互作用的辩证法，但却将“这种方法只限用于历史和社会领域”③，不承认自然辩证法的存在，否定了自然界的自在性，将之完全纳入社会历史领域。科西克不同意卢卡奇将历史与自然截然二分的观点，他认为人是“在世界之中的”，“人无论什么时候都同时既在自然之中又在历史之中”④，人是一种“宇宙论—人类学”的存在，设想一种没有人的实在哲学，或者一种没有世界的人的哲学，都不过是无意义的虚构。在终极意义上，自然的辩证法和人的实践的辩证法是一致的，“二者是不能绝对地、严格地区分开来的，它们的不同，基本只是论述侧重点和具体内容的不同。自然的辩证法着眼点在于辩证法的普适性特征，就范围来讲当然涵盖人类实践的辩证法，它作为人类实践所立足于其上的深刻基础而存在，具有客观性的特征。而人类实践的辩证法是人对自身实践活动的自我观照，不但具有客观

---

① ［波兰］齐默尔曼、高地：《科西克的海德格尔式的马克思主义》，《哲学译丛》1984年第5期。

② 衣俊卿：《人道主义批判理论》，中国人民大学出版社2005年版，第208页。

③ ［匈牙利］卢卡奇：《历史与阶级意识》，燕宏远译，商务印书馆1992年版，第5页。

④ ［捷克斯洛伐克］科西克：《具体的辩证法》，傅小平译，社会科学文献出版社1989年版，第189页。

性的特征，也具有主观性的特征，即它同时作为客观辩证法和主观辩证法的特征"①。

借助于青年卢卡奇的历史总体—主体辩证法，科西克采用一种现象学的方法，对马克思的《资本论》进行了深入解读，并阐释了自己对这本书的理解。科西克指出："马克思的《资本论》，是在区分错误意识和对事物的真实把握的基础上，以严密的方法建立起来的体系。在研究中，概念把握实在主要运用以下几对范畴：现象—本质、形相世界—真实世界、现象的外部表现—现象的规律、现实存在—隐藏着的本质内核、可见的运动—真实的内部运动、观念—概念、错误意识—正确意识、教条化的观念体系（'意识形态'）—理论和科学。"②

科西克解释说："战后马克思主义与唯心主义的最主要的哲学论战是围绕总体性问题展开的。"③ 他认为，"总体性"概念"在论辩中区别辩证法与形而上学的中心概念"④。这里的"总体性"显然是青年卢卡奇语境中的那个关于"总体"的观点。青年卢卡奇曾经指出："不是经济动机在历史解释中的首要地位，而是总体的观点，使马克思主义同资产阶级科学有决定性的区别。"⑤ 如果我们把经典马克思主义理论仅仅视为方法，那么"辩证方法不管讨论什么主题，始终是围绕着同一个问题转，即认识历史过程的总体"⑥。在这里，总体显然不是指事物或事实的简单相加，或者它们之间的内在的普遍联系。科西克认为，如果我们把属于本体论的问题置于认识论的位置来对待，并且以认识论的视角来看待本体论的问题，这种做法会导致哲学的庸俗化，最后的结果只能是哲学的枯萎而死。因此，"总体"首先是一个本体的概念和范畴，它原本是思维与存在的统一，也是理论与现实的内在统一。而且从根本上说，"总体"标明的是人对历史的把握和创造，因为"只有在这种把社会生活中的孤立事实作为历史发展的环节并把它归结为一个总体的情况下，对事实的认识才能成为对

① 赵海峰：《阿多诺"否定的辩证法"研究》，黑龙江人民出版社2003年版，第8页。

② ［捷克斯洛伐克］科西克：《具体的辩证法》，傅小平译，社会科学文献出版社1989年版，第40页注4。

③ 同上书，第42页。

④ 同上书，第21页。

⑤ ［匈牙利］卢卡奇：《历史与阶级意识》，燕宏远译，商务印书馆1992年版，第76页。

⑥ 同上书，第85页。

现实的认识"①。沿着青年卢卡奇在《历史与阶级意识》中创设的思维方式，科西克在《具体的辩证法》中"具体"而详尽地论述了"具体总体"历史发生学过程。

因此可以说，科西克的"具体"概念是要从根本上回答"什么是实在"的哲学问题，它将世界从前对世界超验本质的关注转向对人的存在方式的关注，集中于"社会实在"的形成过程问题。科西克认为，"具体性"的认识是社会实在得以产生的基础，人是社会实在的主体，人在实践中创造着社会实在。那么，如何认识社会实在的具体性？这是一个理论上的占有过程，是对事实的批判、解释和评价，是对事实的客观内容和意义的揭示。在这里要防止两种倾向：一是把历史看作某种超验本质的逻辑展开过程，从而导致绝对理性主义；二是非批判地对事物进行"客观的"、"价值中立"的描述，从而导致对现实的消极认同。

不仅如此，与青年卢卡奇一样，科西克也把"总体性"（totalizing）理解为"具体的总体"。众所周知，青年卢卡奇试图努力纠正第二国际理论家们对马克思主义的片面性理解。一些第二国际的理论家将马克思主义当作狭隘的"经济决定论"来对待，或者认为马克思主义就是一种对客观现实世界进行描述的实证科学。毋庸置疑，这种认识势必会将辩证法的意义理解为一种对自然界的直接性描述，把自然界当作永恒不变的、超自然的法则来对待。结果是，人作为社会历史主体的地位被抹杀了，成为一种消极纯粹的被动性存在。康德哲学集中体现了这一矛盾：自然本体与精神本体尖锐对立，主体性原则与客体性原则互不相容。后康德哲学都致力于实现两极对立本体的统一，这种探索的积极成果反映在黑格尔的作为主体与客体、思维与存在统一体的绝对精神中。黑格尔的概念辩证法以绝对精神的辩证发展为现代哲学开辟了一条"本体中介化"的道路，卢卡奇正是沿着这一道路前进的。一方面，自然、客体是内在于历史中的。在人类实践活动的历史发展过程中，自然存在日益失去其自在性质而纳入实践范围内，客体、自然并非是人之外的、与人相对立的物自体，而是内在于人的实践过程、作为人类实践的构成环节而存在的，"自然本质上是一个社会历史范畴"②。另一方面，主体、思维也不是与人类实践相外在的，

① ［匈牙利］卢卡奇：《历史与阶级意识》，燕宏远译，商务印书馆1992年版，第56页。

② 同上书，第153页。

它们同样是实践的环节，是社会性、历史性的实践过程的结果。对此科西克指出："人类历史是连续不断地对过去的总体化。在这个总体化过程中，人类实践对过去的各种要素进行整合，从而把它们保存下来。在这个意义上说，人类实在不仅是新事物的生产，而且也是旧事物的批判的辩证的再生产。总体化就是生产和再生产的过程，是保存和更生。"① 这段文字是论述历史的总体化比较集中而明显的部分，科西克对总体化的界定很有自己的特点。总体化奠基于人类的实践活动，人类的实践有两个向度：一是继承性，即人类实践总是从一定的历史情境出发，它总是面对一定的客观历史条件，受对象自身的规律的制约，在实践的结果中，历史性的对象总能得到一定程度的保存，实践不能完全主观化，这一点和马克思承认社会化的自然的优先性是一致的；二是批判性，人类实践总代表人类自身的本质力量，实践总把过去存在的一切因素按照现在人类的要求进行整合，因而实践总意味着改变和创造。

四　海德格尔的"此在"关系本体论

黑格尔的精神现象学预设了一个关于人的本质的不言自明的前提，即人是理性的动物。海德格尔认为，理性主义及非理性主义都是对人的始源存在的疏离。它使哲学外在于人的存在而丧失自身。因而哲学回到历史性的"此在"（Dasein）是"思"的事业之本然要求。与马克思和青年卢卡奇的异化理论不同的是，海德格尔的关于"此在"的异化理论则将关注的目光转向了个体自身对于现实生活的内在体验的阐释上，因而在总体上可以说脱离了社会层面的思考。海德格尔认为，本真的与非本真的生活构成了"此在"的两种生存状态。在资本主义社会里，人的本真的存在消失了，物化的世界遮蔽了人的这种本真，人"被抛"到一个"常人"世界里沉沦着，被物化了的世界牵制着，无法自已。海德格尔指出："决定性的事情并非摆脱以往的束缚而成为自己，而是在人成为主体（Subjekt）之际人的本质发生了根本的变化。"② 因此，人的生存是一种异化的生存，

---

① ［捷克斯洛伐克］科西克：《具体的辩证法》，傅小平译，社会科学文献出版社1989年版，第107页。

② ［德］海德格尔：《林中路》，孙周兴译，生活·读书·新知三联书店2004年版，第89页。

而哲学家的任务，就是要思考如何使人摆脱物化世界的束缚，回归到本真的自由的世界里。对此，海德格尔运用“回到事物本身”的现象学方法，对人的异化状况进行了淋漓尽致的揭露，形成了独特的“此在”关系本体论。

海德格尔认为，“一切存在者，只要不是上帝，就是 enscreatum [受造物]”①。这里的“造物主”决不是“上帝”，而是“此在”。海德格尔的“此在”关系本体论认为，“此在”的存在结构是一种“在世界之中存在”的状态，这在本原的意义上道出了人的存在的“社会性”。他明确指出：“因为在世存在属于此在的基本构成，存在的此在本质上就以处于世界内的存在者之中的方式而和他人共在，作为在世存在，它从来不是首先处于世界上的现成之物当中，然后才将其他人揭示为他们的成员。相反，作为在世存在，它就是和他人的共在，这和他人是否和如何实际上与它在与他人共在中遭遇世内的事物，相反，与他人共在意味着和其他的在世存在——在世中共在……换言之，在世存在方面，共在以及在一中间有着同样的本原性。”② 甚至当“此在”处于“无聊”之时，反而更能彰显其“共在”性：“……这种无聊启示出存在者整体。”③ 我们发现，在海氏语境中，“社会”就是“与他人共在”，虽然海德格尔很少使用“社会”一词。“与他人共在”不应被理解为作为现成存在者的自己与同样现成存在的他人“在一起”，而是指“此在”在向……操劳之际，让其他此在式存在者一同前来照面。此在向来已经如此生存。海德格尔将异化描述为人生存的必经过程。现实中的人不是自由地选择如何存在的。“此在”即“这种存在者，就是我们自己向来所是的存在者，就是除了其他可能的存在方式以外还能够对存在发问的存在者。我们用此在这个术语称呼这种存在者”④。在这里，“此在”的“非本真”存在就是一种“沉沦”。海德格尔认为：“沉沦并不表示任何消极的评价，而是意味着：此在首先通常寓于它所烦忙的‘世界’……此在首先已从它自身脱落、即从本真的能自己

① [德] 海德格尔：《存在与时间》，陈嘉映、王庆节译，生活·读书·新知三联书店 1987 年版，第 115 页。

② 洪汉鼎：《现象学十四讲》，人民出版社 2008 年版，第 249 页。

③ [德] 海德格尔：《路标》，孙周兴译，商务印书馆 2000 年版，第 127 页。

④ [德] 海德格尔：《存在与时间》，陈嘉映、王庆节译，生活·读书·新知三联书店 1987 年版，第 232 页。

存在脱落而沉沦于‘世界’。”[①] 因此，对于异化生存状况的消除过程就是人的本真的生存状况的获得过程。“无家可归变成了世界命运。因此有必要从存在的历史的意义去思此天命。马克思在基本而重要的意义上从黑格尔那里作为人的异化来认识到的东西，和它的根子一起又复归为新时代的人的无家可归状态了。这种无家可归状态是从存在的天命中在形而上学的形态中产生，靠形而上学巩固起来，同时又被形而上学作为无家可归状态掩盖起来。”[②] 海德格尔认为，马克思的历史辩证法正是对人的“天命”（Fate/Destiny）也即人的无家可归状态的揭示。

可以说，科西克的日常生活批判理论的基本逻辑架构得益于卢卡奇，但是从整体上看，他的基本精神和理论内核是海德格尔的。他强调辩证法的总体是具体的，人是实践主体中的人，是历史主体的真正存在者。科西克的“具体总体”的根本指向其实就是海德格尔的“本真”的个人存在，也即从非本真性（The inauthentic）向本真性（The authentic）的转变过程。深受海德格尔的影响，科西克认为“人类历史是连绵不断的对过去的总体化……总体化就是生产和再生产的过程，是保持和再生”[③]。而卢卡奇则更强调“历史的本质恰恰在于那些结构形式的变化”[④]。显然，科西克这里的语气、用词和叙述方式都有极其明显的海德格尔的印记。这一点也可以从他的著作中大量引用海德格尔的哲学术语中较为明显地看出来。在《具体的辩证法》中，科西克借用了海德格尔的“烦”概念，并将这一概念加以社会历史化的解读，明确指出：“经济的最原始最基本的存在方式是烦。”[⑤] 并且，科西克更进一步，把“烦”当作人类经济活动的基本方式来看待，人由于受经济拜物教化实践的影响，其存在的基本方式就是“烦”。因此，科西克借用卢卡奇的哲学逻辑，对海德格尔哲学进行了生存论的阐释，或者可以说，科西克在用海德格尔哲学来解读马克思。有

---

① ［德］海德格尔：《存在与时间》，陈嘉映、王庆节译，生活·读书·新知三联书店 1987 年版，第 175 页。

② 孙周兴：《海德格尔选集》上，上海三联书店 1996 年版，第 383 页。

③ ［捷克斯洛伐克］科西克：《具体的辩证法》，傅小平译，社会科学文献出版社 1989 年版，第 107 页。

④ ［匈牙利］卢卡奇：《历史与阶级意识》，燕宏远译，商务印书馆 1992 年版，第 233 页。

⑤ ［捷克斯洛伐克］科西克：《具体的辩证法》，傅小平译，社会科学文献出版社 1989 年版，第 46 页。

学者指出，在“海德格尔的否定思辨中，绝对并没有消失，只是成为一种被批判的改造了的东西，僵死的实体存在（存在者）变成了功能性的存在，这个存在仍然是在主体上最优先的东西。这也就是说，绝对哲学没有死亡，反而在海德格尔的哲学中凭借着思辨的诗意的涂脂抹粉得以盛大复活”①。“《存在与时间》和《历史与阶级意识》的读解及互涉的历史早已构成科西克的哲学源点。”②

“伪具体世界”是一个“沉沦”和异化了的世界，也是我们要超越的世界。对于这个世界的摧毁，科西克提出了三种方式，即辩证的思维、人类革命的实践以及真理的实现。很显然，强调真理的实现也就是为了凸显人的本真性现实呈现，这与海德格尔异曲同工。科西克将海德格尔的“本真的—非本真的”概念运用在《具体的辩证法》当中，以“伪具体—具体”用来说明个体的真实存在。科西克以海德格尔的本真状态与非本真状态来阐释真实的个体和存在本身，并在“常人”与“烦”的分析中实质贯彻着这个思路。实际上，海德格尔的生存论哲学已经超越了传统的思维模式，“烦”本身是“此在”的一种生存状态，人在被物化的虚假世界中忙碌着，也在被自己所烦忙的状态中遮蔽着自身。在这里，本真的自我消失了，常人掩盖了一切。海德格尔指出，所谓本真性的现实性，“都是在这种状态中，出自这种状态并反对着这种状态来进行的”③。在科西克这里，常人的存在是被当作认识论来对待的，或者是辩证法的思辨而存在的。所以，无论是海德格尔还是科西克，“本真”的存在都不仅仅是一个静态的实体性，而且是一个积极的、“是其所不是”的“去存在”的能动性。但是需要说明的是，科西克似乎对海德格尔将现代技术给人们带来的“上手性”关系的表述很不满，他认为，在现代性技术的“装具”作用下，人们其实是生活在一种“操持”的物化世界中的。为此他还嘲笑海德格尔：“一把锤子不是装具而是器具，它并不能显示出一个制约其功能的装具系统整体，它只代表生产者的极为狭小的圈子。”因此，“在农作物、锤子和手锯的家长制的世界里，要了解由20世纪现代化工业世界所

---

① 张一兵：《无调式的辩证想象》，生活·读书·新知三联书店2001年版，第132页。

② Martin Jay, *Marxism and Totality*, Berkeley and Los Angeles, California: University of California Press, 1984, pp. 5, 333.

③ ［德］海德格尔：《存在与时间》，陈嘉映、王庆节译，生活·读书·新知三联书店1987年版，第206页。

创造的装具和设备的问题是不可能的”。①

因此，科西克面对历史现实本身，以一种真正面对历史具体的批判的辩证法，直接在经济现象、日常生活现象甚至是构架化的理性文化现象的背后，指认出所谓真正的实在本质。这可以称之为批判社会现象的具体现象学。科西克反对那种自认为能绕过现象“直达”本质的胡塞尔式的僭妄，而是以海德格尔的存在现象学和马克思的批判理论来直面现象。他认为，“忽略了现象形态也就关闭了认识实在之门”②。张一兵教授曾经指出，科西克的整个思想受海德格尔影响极深，甚至可以说，就是海德格尔思想在东欧的“翻版”。因此，海德格尔的存在主义、人本主义，特别是关于人的异化的“此在”关系本体论思想，是科西克日常生活批判理论的主导性话语渗透和理论驱使。

五　当代西方马克思主义对“宏大叙事”语境的拒绝

建立在柏拉图传统上的西方哲学是一种“宏大叙事”（grand narrative）的学问。这种哲学观隐喻着“只要了解关于真理、善、理性的更多的知识，就一定能更加坚信真理，做更多的善事或更显理性”。利奥塔（Jean－Francois Lyotard，1924—1998）在《后现代状况》一书中指出，科学借助了哲学的两类叙事方式：思辨的叙事和解放的叙事。这两类叙事成为知识合法化叙事的两大版本，由此产生了关于人性解放的神话和关于所有知识的统一性的神话，它们共同构成了以科学主义为主导的现代主义。在后工业社会和后现代文化中，宏大叙事失去了可信性，没有一种语言游戏能够包含其他的语言游戏，“这些语言没有共同的元语言，系统一主体的设想是一个失败，解放的设想与科学毫无关系”。③“宏大叙事”拆解为“小叙事”带来了技术理性的解构。这种理论与科西克的论述路径是不同的，但二者殊途同归。在利奥塔看来，马克思的辩证唯物主义类似于黑格尔的思辨唯心主义，追求一种“元话语”来支撑其主张；而“打碎国家旧机器，建立无产阶级政权”的革命理论，则类似于第二种叙事。

① ［捷克斯洛伐克］科西克：《具体的辩证法》，傅小平译，社会科学文献出版社 1989 年版，第 50 页。

② 同上书，第 46 页。

③ ［法］利奥塔：《后现代状况》，车谨山译，生活·读书·新知三联书店 1997 年版，第 85 页。

后者宣称，社会主义不过就是“自主的”主体实践斗争的产物，而无产阶级正是这一必然进程中的历史主体，该阶级能够在科学理论指导下，从异化和压迫中解放出来。因此，利奥塔指出：“当代社会（后工业社会）与文化（后现代文化）中，知识的合法性问题是以不同的方式来形成的。宏大叙事已经失去了它的可靠性，无论它采取什么样的统一方式，无论它是否为‘思辨的叙述’或是‘解放的叙述’……我们不再求助于宏大叙事，来使后现代科学的话语合法化。但是，小型叙述，特别是在科学中，仍然是想象和创造的精华形态。”① 后现代主义著名哲学家凯尔纳（Douglas Kellnel）和贝斯特（Steven Best）指出，“微观政治关注日常生活实践，主张在生活风格、话语、躯体、性、交往等方面进行革命，以此为新社会提供先决条件，并将个人从社会压迫和统治下解放出来”②。在这一基本语境下，萨特、列斐伏尔、鲍德里亚、弗洛姆等在批判资本主义异化现实、彰显人学空场的同时，对处于日常生活世界中的人给予充分的关注。列斐伏尔与鲍德里亚均深刻地指出，在消费社会中，消费异化必然导致真正需求的丧失，消费过程中始终存在的仅仅是虚假的欲望而已，而处于其中的人，只能以符号的物象化意识形态与拜物教的形式，无意识地沦为原本属于自己的社会创造物的奴隶。也正由于此，阿多诺愤怒地指出：“任何总体都是虚伪的！”③

与胡塞尔和海德格尔批判资本主义的思维路径不同，列斐伏尔在新的历史条件下对马克思的异化理论进行了新的解读和阐释。他指出，在消费社会里，人的异化是全面的，其中以日常生活世界的异化最为严重。因为在现在，资本主义社会统治和奴役结构从物质生产—经济域向消费—符码域转换，“日常生活表现为一种批判的日子已经来到，成为高级活动（这些活动创造了所谓的意识形态）已经受到了批判”④，也即维特根斯坦（Ludwig Wittgenstein，1889—1951）所说的，一种新的“生活形式”（Lebensform）出现了。在传统哲学理论中，日常生活一直被当作“非哲学的”和“非真理的”存在而被排除在哲学的视野之外。这种情形是很

---

① 冯俊等：《后现代主义哲学讲演录》，商务印书馆2003年版，第543页。

② ［美］凯尔纳、贝斯特：《后现代理论》，张志斌译，中央编译出版社2001年版，第30、150页。

③ 参见张一兵《无调式的辩证想象》，生活·读书·新知三联书店2001年版，第52页。

④ H.，Lefebver，*Critique of Evergday Life*，Volume Ⅰ，Verso，1991，p. 94.

消极、很危险的。如果哲学远离“非哲学的”日常生活，它就会陷入自我矛盾和自我破坏。因此，应当建立起对现代世界的日常生活进行批判的哲学，“解决问题的办法是尝试建立日常生活的清单和分析，以便揭示日常生活的歧义性——它的基础性和丰富性，它的贫乏和丰饶，用这种非正统的方式可以解放出作为日常生活内在组成部分的创造力”①。因此，列斐伏尔的日常生活理论从诞生之日起就具有历史性和现实批判性，它既摆脱了现象学的平面化束缚，也摆脱了纯粹个体性的局限。具体而言，列斐伏尔从既然状态和应然状态两个层面来界定日常生活。在他看来，一方面，日常生活是人的感性存在方式，是总体的人的总体的生活方式，这是日常生活的应然状态；另一方面，日常生活又是乏味、阴暗、同样重复的行为，这是日常生活的既然状态。日常生活批判的意义就在于突破既然状态达到应然状态。列斐伏尔的日常生活批判实质围绕着这两条主线展开。应然作为可能性的存在，提出了日常生活批判的目标，既然状态是批判的对象，是需要具体分析的存在。在列斐伏尔那里，资本主义社会的日常生活世界便是应该被超越的既然状态。批判资本主义社会的日常生活世界，努力实现日常生活世界的总体性目标，这是列斐伏尔日常生活批判的归宿。正如列斐伏尔所说：“日常生活批判——批判的且积极的——必须为真正的人道主义扫清道路，这种人道主义因为了解人类而信任人类。”②

在这样一种对“宏大叙事”的拒绝语境下，列斐伏尔认为，日常是一个哲学概念，它不可能在哲学之外被理解。哲学也不能遗忘平凡甚至平庸的生活。“哲学不应被当作栅栏，也不能为了提升世界、为了固化平常琐碎的和郑重其事的区别，而将存在的观念、深刻的内涵、实质孤立地置于一边，将事情浅薄的外表、清楚的表现孤立地置于另一边。”③“思”不仅是对思想的反思活动，而且是对人与世界的多种多样关系的思考。因而从事日常生活研究的哲学家不是笛卡尔式的理性主义者，他们必须“恢复感性在意识和思想中的权力”，通过丰富的感觉来更好地引导理性。只有

① H.，Lefebvre，*Everyday Life in the Modern World*，Harper & Row，Publishers，1971，p. 13.

② H.，Lefebver，*Critique of Evergday Life*，Volume Ⅰ，Verso，1991，p. 252.

③ Henri Lefebvre，*Everyday Life in the Modern World*，translated by Sacha Rabinovitch，New Brunswick and London：Transaction Publishers，1984，p. 14.

这样哲学才有可能“完成这正在衰退的世界和社会的革命性变革的微小部分”。[①] 现代资本主义社会是一个被控制消费的官僚社会，现代性的弊端突出表现在消费意识的垄断、社会现实的“去意义化”（即社会越来越倾向于无意义化）倾向，而日常生活所体现出来的保守性与重复性则为这些现代性弊端提供了土壤，保证了它们的生存。“日常生活与现代性相互彰显与掩饰，赋予了对方合法性并彼此和平共处。”[②] 现代社会以符号世界取代真实世界，形成了对人们的控制，这样的社会是一个恐怖的社会。日常生活的人们习惯于接受既存的事实，人们的视线范围不超过既存现象的领域，体现为日常生活的直接性幻觉。但事实却是，日常生活的直接性掩盖了表象之后的深层含义。“恐怖主义坚持这一幻觉，坚持批判思想的零点”[③]，以此取消批判和反思。可以说，现代世界的日常生活就这样被一种文化顺从主义的氛围笼罩。要实现日常生活世界的总体性，就必须超越日常生活的直接性和惰性特征。如何超越直接性和惰性特征呢？这便需要借助中介的批判功能。在列斐伏尔这里，能够行使批判功能的中介就是个体无产者，他们包括妇女、青年学生、知识分子等少数派。因为资产阶级同化了工人阶级，却未能同化以上社会群体。这些和个体无产者“意识到无产阶级作为阶级存在，意识到它的社会存在，并因而意识到作为整体的社会和它的行动，所以，也就意识到了它的政治未来，并已经超越了无产者的环境”[④]。因此，列斐伏尔的日常生活世界理论宣告了现代西方哲学的一个新的发展方向，表明了哲学回归生活世界的理论倾向。在他的日常生活批判理论引导下，哲学话语开始更多地关注人的内心世界，更多地寻求人生的价值和意义，而不是像过去那样沉溺于神秘的实体世界来理解现实的人。这里需要指出的是，无论是列斐伏尔还是德赛图（Michel De Certeau），无论是鲍德里亚还是科西克，其共性都是将人的现实生活理解为日常生活或者日常交往，却忽视了人们赖以生存的物质生活、人的现实的实践活动，因而从根本上说，他们所研究的生活世界只能是人的“文化生活世界”，带有极强的主观性。

---

① Henri Lefebvre, *Rhythmanalysis: Space, Time and Everyday Life*, London and New York: Continuum, 2004, p. 26.

② H. Lefebver, *Everyday Life in the Modern World*, The Athlone Press, 2000, p. 25.

③ Ibid. p. 187.

④ H., Lefebver, *Critique of Evergday Life*, Volume Ⅰ, Verso, 1991, p. 143.

总起来看，科西克在黑格尔、马克思、青年卢卡奇、海德格尔、当代对“宏大叙事”语境的拒绝等混合型语境中建构起了独具特色的哲学架构，深刻揭露了资本主义条件下人在经济王国中的异化命运。站在几位大师的肩膀上，科西克以自己犀利的笔调揭示出，在现时代资本主义生产方式下，在这个作为造物主的人的世界里，现象与实质混淆了，现象僭越为本质并扮演着康德意义上的“物自体”角色。经济活动中的“经济人”假扮成真实的社会客体，哲学概念被日常生活的概念掩盖，“历史具体”被“伪具体”吞没。因此，呈现在人们面前的是一个是非混淆、主客颠倒的伪具体世界，因而也是一个需要批判和反思的世界，是一个需要借助我们的辩证思维和革命实践去努力打倒的拜物教现象世界，科西克的哲学理论有助于还原真实的具体历史总体，实现人与客体的双重解放。

第二节　科西克日常生活批判理论的现实背景

黑格尔认为：“哲学的任务在于理解存在的东西，因为存在的东西就是理性。就个人来说，每个人都是他那时代的产儿。哲学也是这样，它是被把握在思想中的它的时代。妄想一种哲学可以超出它那个时代，这与妄想个人可以跳出他的时代，跳出罗陀斯岛，是同样愚蠢的。”① 基于时代精神对家的渴望和对分裂与漂流的厌倦，精神现象学的使命就在于“将人类从其沉溺于感性的、庸俗的、个别的事物中解救出来，使其目光远瞻星辰”②。黑格尔委婉地、曲折地表达了人的提升和超越的要求，逻辑地、思辨地给出了他所处时代面临的问题及其解决道路。无疑，作为一个生于斯长于斯的哲学家，科西克的哲学思想来源于东欧特别是捷克斯洛伐克“斯大林式”和“去斯大林化”的社会现实，成长于他对捷克斯洛伐克以及东欧社会现实的批判性社会革命运动。这样的现实背景使得科西克的日常生活批判理论具有很大的丰富性和更深的批判精神。从整体上看，科西克的日常生活批判理论是20世纪新马克思主义现代性批判的重要组成部分。在讨论的核心论域上，科西克的日常生活批判哲学与西方马克思主义所关注和探讨的问题具有很大的同质性和共同点，但在具体的研究问题

① ［德］黑格尔：《法哲学原理》，范扬等译，商务印书馆1961年版，第12页。

② ［德］黑格尔：《精神现象学》上卷，贺麟译，商务印书馆1979年版，第5页。

上，科西克自身的哲学特色是极为明显的。

一 捷克斯洛伐克的“布拉格之春”与思想解放运动

对于任何一个有所作为的思想家来说，以往思想家的理论沉淀与文化精华都会对其产生不可忽视的重要影响。也就是说，前人的深刻思想在历史与时代的共同作用下，渐渐成为另一种新生理论的土壤，滋养并哺育着后来的新生的思想家们。黑格尔对此指出：“我们可以说，当一个民族脱离了它的具体生活，当阶级地位发生了分化和区别，而整个民族快要接近于没落，内心的要求与外在的现实发生了裂痕，旧有宗教形式已不复令人满足，精神对它的现实生活表示漠不关心，或表示厌烦与不满，共同的伦理生活因而解体时——哲学思想就会开始出现。”① 这表明，除了前人或同时代优秀思想家的重要思想积淀，一种新的哲学思想生长的另一个重要“养料”就是这一民族共同的现实的“具体生活”。因此，东欧新马克思主义的出现与东欧各国的具体的现实生活境遇紧密相连。

20 世纪的西方哲学发展可以简要地概括为一种文化批判理论，它将批判现代性的矛头直指发源于古希腊的理性文化，认为这一文化在客观上已经造成了技术理性与价值理想的现实分裂，从而导致科技力量对人的奴役的加深，在这种状况下，当代人的生活境遇发生变化，陷入一种危机与困境当中去了。西方工业社会最早产生的存在主义、社会批判理论、海德格尔主义等思潮波及社会主义的东欧，这使得东欧学者面对共同的社会问题时，很快就产生了共鸣。从时间上看，整个东欧新马克思主义诞生于 20 世纪 50 年代。在这个时期，一个非常重要的现实背景就是，高度集权、严重教条化的“斯大林主义”逐步在东欧各国遭到极大程度的怀疑与批判。因而，自苏共“二十大”后，整个东欧各国的知识界不约而同地举起反对和讨伐“斯大林主义”的旗帜，并强烈呼吁一种人道的、民主的社会主义国家的到来。和科西克差不多同时代的、捷克斯洛伐克另一位重要哲学家斯维塔克对此这样说道：“在二十大之后如果有人没有经历

① ［德］黑格尔：《哲学史讲演录》第 1 卷，贺麟、王太庆译，商务印书馆 1995 年版，第 54 页。

过一定程度的怀疑主义，那么他就没有什么是值得骄傲的。”① 基于“斯大林主义”对东欧各国带来的负面影响，也基于东欧各国对于民主、人道社会主义国家的渴望，东欧新马克思主义者们认识到，“斯大林主义”的盛行是导致人的主体性地位丧失的主要根源，要想重新确立人与世界—宇宙的关系，回复人的主体性地位，就必须在哲学领域率先将关注的重点指向人，指向人的现实的生存境遇问题。“苏南冲突”之后，东欧各国人民开始了“去斯大林化”的艰难过程。而在思想文化领域，思想家们开始认识到远离马克思主义的斯大林模式的种种弊端，于是开始深入研究马克思主义，试图寻求马克思主义的本真精神和实质内涵，以促使马克思主义在本国回归。这在客观上促使东欧新马克思主义理论思潮的迅速成长。从研究内容上看，东欧新马克思主义者们大多立足于马克思主义的基本理论，着眼于本国国家社会主义革命运动的理论与实践。因此，一场轰轰烈烈的思想解放运动就此开始。人的问题也因此成为众多新马克思主义哲学关注的核心问题。20 世纪 70 年代之后，由于历史和现实的原因，一些哲学家逐渐将自身研究的视野扩大，研究的主题也由本国逐步蔓延到对整个资本主义社会的反思与批判。

作为东欧整个社会主义阵营中最发达的一个国家，捷克斯洛伐克自身的国情也是特殊的。同样由于深受“斯大林式”体制的毒害，捷克斯洛伐克的一些思想家开始对这一模式深恶痛绝，并开始积极努力寻求一条适合本国社会主义发展道路的新模式。在这种状况下，捷克斯洛伐克的“新马克思主义”开始成长起来，并在推动“布拉格之春”中起着至关重要的作用。1968 年“布拉格之春”的爆发，将东欧反对斯大林主义的运动推向了高潮。作为捷克斯洛伐克新马克思主义的典型代表人物，科西克立足于将马克思理论从斯大林主义的扭曲状态中解放出来，打碎那种“官方”头脑中那个“决定论”、机械化了的辩证唯物主义与历史唯物主义，主张将人的因素、人的主体性地位纳入到对马克思的理解与认识中，进而恢复捷克斯洛伐克社会主义实践的活力。基于此，科西克坚持将哲学视为一种批判性思维的存在，而拒绝将其视为一种为机械、僵化、封闭的社会制度辩护的工具。他明确指出，辩证法的实质是具体存在的，因而其合理

① Ivan Sviták, *Man and his world—A Marxian View*, Translated by Jarmila Veltrusky, New York: Dell Publishing Co., Inc., 1970, p. 36.

形态只能是“具体存在的辩证法”。这种辩证法的力量在于对“虚假总体”与“伪具体世界”进行深入剖析和深刻批判，将“虚假总体”与“伪具体世界”的表象与实质揭示出来，最终引导人们通过革命性的实践活动去摧毁“虚假总体”和“伪具体世界”，为人们实现创造一个新的“具体总体”的世界、获得自由与解放贡献智慧。从根本上看，科西克的“具体的辩证法”对资本主义生产方式和生产体制下对人的奴役与摧残即使人成为僵化、片面化和单一化的存在事实进行反思与批判，并为人们展望一个“具体存在”的生成性世界，人的能力最终获得全面的发展。

总体上看，在此起彼伏的一系列政治事件动荡起伏的状况下，伴随着“苏共二十大”、“国际共运论战”、“波兰事件”、“匈牙利事件”、“布拉格之春”等的相继爆发，以及马克思的一些过去所不为人知的著作、手稿及书信的相继发表，东欧新马克思主义者们开始以一种新的视角审视马克思主义，不再遵循苏联对马克思主义的解读模式，在客观上打破了苏联所形成的那种马克思主义哲学突袭，于是，原有的一些教条性的东西被摒弃了，研究的论域被扩展开来了，研究的视角也被不断扩大，许多主题得到明显的更新，原有的那种沉闷刻板的哲学理论遭到质疑和批判。表现在东欧，就是形成了独具特色的新马克思主义理论。

二　现代社会工业化时代人的异化境遇

马克思指出，资本的出现创造出一个崭新的世界，这个崭新的世界就是现代工业化时代的到来。众所周知，自20世纪五六十年代以来的以电子信息技术为主导的科技革命，覆盖了全世界的各个地方。它在客观上带来了整个社会一系列新的变化和结果，社会生产力得到快速发展，劳动人民的物质条件得到极大改善，社会的所有制形式得到改变，阶级结构也发生了巨大变化，出现了所谓“国家资本主义”、“人民资本主义”以及“福利社会”。在这种情况下，马克思主义哲学的发展遇到了前所未有的挑战——人们被眼前的暂时繁荣迷惑，进而对马克思主义所指认的资本主义最终必然灭亡的断言提出了质疑——马克思主义的生命力是否还在，马克思主义哲学该何去何从就成为一个摆在现实面前的重大时代课题。于是，无论是资本主义国家还是社会主义国家的马克思主义者们，开始纷纷思考着关于马克思主义发展及其未来命运的重大问题。无疑，这一思考在客观上对马克思主义的发展起了重要的推动作用。

另外，我们看到，工业化给人们带来了物质的繁荣与富足，但也带来了前所未有的矛盾和问题。“现代技术的本质在我们称之为座架（Enframing）的东西中显现出来。”① 在海德格尔看来，技术的“持存”（Bestand）带来的人的生存世界的危机，因此，当经济危机、环境危机、政治危机、文化危机以及由此带来的人的精神危机等错综复杂地交错在一起向现代社会袭来的时候，人们发现，工业化的真实面貌是如此复杂如此多面而让人五味杂陈。马尔库塞（Herbert Marcuse，1898—1979）认为：“今天，这一私人空间已被技术现实所侵占和削弱。大量生产和大量分配占据个人的全部身心，工业心理学已不再局限于工厂的范围。在几乎机械式的反应中，潜化的各种不同过程都好像僵化了。结果，不是调整而是模仿，即个人同他的社会、进而同整个社会所达到的直接的一致化。”② 这个发达工业社会带来的是人的“单向度”或者“规训社会”（福柯语）后果，也即人的生活世界的殖民地后果。因此，“生活世界的日益殖民化导致了善与恶、真与假、美与丑意义的解体，判断事物的标准的模糊，以及人与人关系的破坏。司法、经济、政治、教育等行政管理领域形成了各自特有的规则，已经与最初的宗旨发生异化，它们寄生于生活世界，仅仅遵循技术原则。原来建筑在人与人相互协调和理解之上的生存价值在全面的外部干预和控制之下彻底丧失，生活世界的合理结构被严重侵蚀。这已经成为现代资本主义社会最大的弊病”③。这一后果也在客观上印证了马克思当年“技术的胜利，似乎是以道德的败坏为代价换来的”④ 这一判断的正确性与前瞻性。

维特根斯坦（Ludwig Wittgenstein，1889—1951）明确指出：“时代的疾病要用改变人类的生活方式来治愈，哲学问题的疾病则要以改变人类的思维方式和生活方式来治愈，而不是用某个人发现的药物来治愈。”⑤ 无疑，维特根斯坦的“生活形式”概念与胡塞尔的“生活世界”概念一样，

---

① M. Heidegger, *Question Concerning Technology*, Happer Clophon Books, 1977, p. 23.

② ［美］马尔库塞：《单向度的人》，刘继译，上海译文出版社 2008 年版，第 10 页。

③ 章国锋：《关于一个公正世界的“乌托邦”构想》，山东人民出版社 2001 年版，第 113 页。

④ 《马克思恩格斯文集》第 2 卷，人民出版社 2009 年版，第 580 页。

⑤ 尚志英：《寻找家园——多维视野中的维特根斯坦语言哲学》，人民出版社 1992 年版，第 203 页。

其价值旨归都在于对陷入实证主义世界当中进而面临多重危机的现代人的日常生活提出警示，从而呼唤一种有价值的、有意义的生活的回归。英国社会学家杰拉德·德兰蒂（Gerard Delanty）对此指出："自 80 年代早期以来，现代性的观念已经变成为范围广阔的社会科学家和政治学家所关注的核心问题之一，它构成了一个有关社会、文化和政治理论探索的框架。当然这并不新鲜，因为现代性是自启蒙运动以来在社会和政治思想中最重要的问题之一。换言之，现代性的观念总是为许多思想家反思他们时代的文化特性和社会变化方向，提供了一个思想上的或历史性的参照系。这也许表明，现代性的动机既包含了一个文化观念——亦即启蒙的规划，又包含了一个特定的文明复杂结构，是欧洲/西方社会现代化的过程。更具体地看，我们可以说现代性导致了一个文化规划和社会规划。"① 也就是说，从现代性与文化的内在关系思考现代性的实质，是更好地理解现代性、批判现代的一条理路。因此，文化批判作为现代性批判的一个重要的组成部分，已经成为越来越多的思想家的"自觉性"选择。这是科西克进行其日常生活批判理论研究的基本的现实语境。作为东欧新马克思主义的典型代表人物，科西克的日常生活批判理论从根本上说就是对现代社会工业文明所带来的种种矛盾和问题的一种理论反应与哲学思考。

现代社会工业化的突出表现是科学技术的发展。卢卡奇认为，现代社会技术理性的膨胀与盛行导致了人的异化，"如果我们纵观劳动过程从手工业经过协作、手工工场到机器工业的发展所走过的道路，那么就可以看出合理化不断增加，工人的质的特性即人的个体的特性越来越被消除"②。科技的迅猛发展使得人们的日常生活都被科技所控制，其结果是：人在技术面前显得束手无策，无计可施了，成为技术的奴隶。对于科西克来说，捷克斯洛伐克当时的社会意识形态、官僚体制、大众媒体、消费社会、科技理性对人的全面操纵，等等，都是现代工业化对人的控制和奴役的突出表现。科西克将现代工业化对人的控制与奴役当作现代工业社会的一种通病来看待，认为这一状况的出现并不是社会制度所造成的。技术的"操控"带来的是人的日常生活的不断异化，不断加深着"虚假总体"的形成。也就是说，对于当前社会出现的各种危机来说，最为紧要的问题是对

① 周宪：《审美现代性批判》，商务印书馆 2005 年版，第 4 页。

② ［匈牙利］卢卡奇：《历史与阶级意识》，杜章智译，商务印书馆 1992 年版，第 149 页。

于社会根本问题的追问与反思，因此没有必要去区别资产阶级民主与共产主义民主。从整个社会的现实情况来看，当前社会出现的最大变化莫过于社会已经发生分裂的社会现实。在分裂开来的两端，是两个处于不平等地位的生活群体：一边是没有任何权利的、被任意操控着的人民群众，另一边却是高高在上、掌握着国家权力的统治者或精英阶层。然而，那些统治者或精英阶层却通过操控中介媒体、意识形态以及大众文化等"总体性"手段来操控一切，进而维护着他们在全球的霸权地位。在意识形态上，他们往往大肆宣扬着自由和民主，标榜为了人民大众的利益。斯维塔克对此这样说道："一方面由经济资本、军事机器和政治机构中的代表组成的精英集团产生了；另一方面，人民大众被变成了操控的对象。自然大众们必须被给予住房、电视媒体、汽车等这些大众文化，这样这些会笑的机器人才能够被大众娱乐媒体所控制，因此也能自愿地接受精英和他们的实际权力的拜物教。"① 在科西克看来，"总体性"被操控成为一个"虚假的总体"、"恶的总体"，人民大众的自由几乎成为一句空话，人在虚假和颠倒中生存着，这是技术的进步，也是时代的悲哀。科西克因此提出，要想推翻这种操控，祛除人的异化生存境遇，就必须将实现人的自由、凸显人的意义问题提到时代最紧迫问题的高度来看待，进而复归本真的人性。

那么，在这种虚假的总体性中，人如何才能摆脱这一状况而重获自由呢？科西克认为，以往许多批判理论从根本上看都是一种虚假的社会批判，要想真正突破被操控了的社会现实，需要一种新的"人道主义"的精神来重新诠释马克思主义。因此可以说，整个新马克思主义正是在这样一种背景下成长起来的。正如美国著名社会学家丹尼尔·贝尔所说的那样，"这是知识界精力的一次新的突然爆发，它产生了各种各样的问题，在许多不同的领域中引起了修正主义的争论"，并且，"对马克思学说的探讨和重新解释已经涉及到每一个领域……主要的出发点是哲学。在这里，叫做'经典马克思主义'的东西一直是最热烈争论的主题和彻底修正的对象"②。科西克解释说，所谓"人道主义的马克思主义"与斯大林

① Ivan Sviták, *Man and his world—A Marxian View*, Translated by Jarmila Veltrusky, New York: Dell PublishingCo., Inc., 1970, p. 137.

② ［美］丹尼尔·贝尔：《当代西方社会科学》，范岱年等译，社会科学文献出版社 1988 年版，第 108、112—113 页。

主义所强调的哲学体系有着根本的不同，它是立足于马克思主义理论的根本而得出的一个新的结论。虽然列宁和斯大林都把马克思的基本理论与本国的实际情况结合在一起，最终成功地实现了无产阶级革命。但是他们的这一成功模式并不可以在东欧各国进行推广，因为东欧的具体国情与苏联的国情是不同的，东欧有着极为悠久的人文主义传统，工人阶级的文化素质也普遍较高。其实，无论是列宁的社会主义革命理论还是斯大林的社会主义建设理论，从根本上看都与马克思的理论有着很大的差异。在科西克看来，马克思的理论是与工人阶级的根本利益紧密结合在一起的理论，它有着深厚的欧洲人文主义传统，因此，对这一理论的最好的现实性说明就是工人阶级的“自治”。而这与将社会变革的主导性力量放在工人阶级的先锋队身上的列宁主义是不同的，更与寄托在少数精英身上的斯大林主义是相异的。科西克认为，将马克思主义不断意识形态化的做法其实是严重曲解马克思理论本身，进而也严重违背了马克思精神，它打着马克思的旗号，实质上是各集团之间的利益相争。在这种情况下，马克思思想中的人道主义精神被无端地抹杀了。为此，科西克呼吁，重返马克思的本真思想，推动社会民主化的进程，克服现代工业社会的弊端，就需要唤醒人民大众的意识与斗志，摧毁那个虚假的总体性。

因此，为了破除对斯大林主义的迷信，为捷克斯洛伐克社会主义提供新的理论支撑，科西克从哲学的批判性入手，通过对意识形态进行批判，提出哲学的任务在于确立人在世界中的主体地位。在此前提下，一方面，通过对艺术和诗等文化问题的探讨，揭示出艺术的本质就是人的本质，艺术彰显了人丰富的潜能和本质，艺术的问题就是人的问题，即人是创造性的、自由的存在。另一方面，他发现了现实工业社会存在着全面操控人、限制人的自由和创造性的现实。在反思本国社会主义理论和实践的基础上，他希望借助于马克思的人道主义精神来反抗克服总体性国家对社会和人的全面操控。科西克对马克思主义人道主义内涵的挖掘和强调突出了他对人作为历史主体地位的重视，同时也是他对斯大林主义摧毁人的主体地位的强烈不满与反抗的直接反映。他对马克思主义人道主义方面的认识其实不是一个孤立的历史现象，20 世纪的许多哲学家也都行进着和他类似的这一思路。然而，凸显人的主体地位，张扬人的创造性价值，欲求人的自由与解放，把人作为一个文化的主体来看待，在社会主义现实实践的基础上来反抗工业社会对人的异化境遇的操控，却成为科西克独特的理论视角。因此，也只有将科西克的理论放在20世纪马克思主义理论发展的坐标上在共性中发现其个性，以其个性丰富新马克思主义的共性，才能准确定位其意义和历史地位。

综上所述，作为反对斯大林教条主义的东欧新马克思主义的杰出代表，科西克的“具体总体”正是对因果决定论的批判，对“正统”意义上的那种僵化、机械的思维模式的拒绝。科西克在反思本国社会主义理论与实践的基础上，提出了独具特色的日常生活批判理论。毋庸置疑，作为一种“异端的”、“非正统的”哲学，这一理论是现时代社会现实的产物，是对现代社会工业文明的深刻反思的结果，也是对东欧社会变革的呼应。它呼唤人们正视被异化了的日常生活世界，正视这个“伪具体世界”、“虚假总体”统治人的日常生活世界的可怕后果，从而在意识上起来革命，通过辩证的思维与革命的实践，最终戳穿虚假，还原真实，让“具体实在”得以完满生成。我们不得不说，在一个“去斯大林化”如此艰难的国度和年代里，科西克这位深沉的哲人，能够坚持马克思主义的立场，以哲学为武器，对捷克斯洛伐克以及东欧乃至整个资本主义生产方式进行揭露与批判，是如此的不易和难能可贵。南斯拉夫“实践派”（Practics Faction）著名哲学家马尔科维奇（Mira Markovi'c）曾经这样表达着他们的尴尬境遇：“不允许自己的感情把自己置于右翼力量的控制之下，也不允许自己落入简单化的、非此即彼的思想意识形态模式中；另一方面，他们又完全不同于其他的富有创造性、因而必须是异端的马克思主义者。”①无疑，这应该是科西克、斯维塔克等东欧其他马克思主义者所遭遇的真实境况。

---

① 张一兵、胡大平：《西方马克思主义哲学的历史逻辑》，南京大学出版社2003年版，第181页。

第三章

“伪具体世界”：日常生活的生存模式

安东尼·吉登斯（Anthony Giddens，1838— ）指出：“现代性以前所未有的方式，把我们抛离了所有类型的社会秩序的轨道，从而形成了其生活形态。在外延和内涵两方面，现代性卷入的变革比过往时代的绝大多数变迁特征都更加意义深远。在外延方面，它们确立了跨越全球的社会联系方式；在内涵方面，它们正在改变我们日常生活中最熟悉和最带个人色彩的领域。”① 马歇尔·伯曼（Marshall Berman，1940— ）则以一种犀利的笔触描绘了现代性背景下人们的日常生活图景：“今天，全世界的男女们都在分享着一种生命体验模式——时间与空间、自我与他人、生活中的种种可能性与危险的体验。我把这些体验总称为‘现代性’。成为现代的就是发现我们自己处在一个预示着冒险、权力、欣喜、发展和自我变化的环境——同时又处于一个威胁着摧毁我们所拥有的一切、我们所知道的一切和我们所是的一切的世界。现代环境和体验冲破地理与种族、阶级与民族、宗教与意识形态的界限，在这一点上，可以说现代性统一了全人类。但是这是一个似是而非的统一，是纷争中的统一，它把我们推进了一个持续分裂与更新、抗争与矛盾、困惑与苦恼的大漩涡。成为现代的也就是成为如马克思所说的‘一切坚固的东西都烟消云散了’的宇宙的一部分。”② 自黑格尔将异化问题“第一次被看作是生存于世界并面对着世界的人的地位的根本问题”③ 来看待以来，人的异化问题就被置于一个非常重要的地位来看待。众所周知，“西方马克思主义”作为一个哲学流派诞生以来，

---

① ［英］安东尼·吉登斯：《现代性的后果》，田禾译，译林出版社 2000 年版，第 4 页。

② 周宪：《哈贝马斯等文化现代性精粹读本》，中国人民大学出版社 2006 年版，第 22 页。

③ ［匈牙利］卢卡奇：《历史与阶级意识》，杜章智等译，商务印书馆 1992 年版，第 19 页。

就开始了他们对马克思主义的解读历程。尽管自卢卡奇、葛兰西与科尔施等西方马克思主义的开启者一直到今天盛行的形形色色的“后现代”的马克思主义，其理论主张虽然纷繁复杂，但从整体上来看，他们在诠释马克思、批判资本主义的共同语境中，将关注的理论重点放在了对资本主义社会的文化批判上。他们紧密结合现时代的社会背景，以经典马克思主义理论为基本依据，直面资本主义社会的种种矛盾和问题，在不断的理论创新中丰富和发展着马克思主义。他们在实践中提出了许多新的概念和新的方法，试图在新的时代背景下不断激活马克思主义，使之能够成为广大劳动人民进行无产阶级革命的精神武器。以卢卡奇为典型代表的西方马克思主义者们不遗余力地关注社会历史主动性和主体性的问题，为实现探求更好的社会变革路径和斗争策略而不懈努力着。在这里，第二国际的思想家们对马克思主义的片面理解被他们自觉摒弃，经济决定论和机械反映论的思想路线被批判，他们将关注的重点放在了大众文化和日常生活领域，并在此方面进行了崭新的、有益的积极探索。他们认为，对日常生活领域进行重点关照的“文化”已经不再是社会发展的装饰品和附属物，也不再是一种可有可无的消极活动，毋宁说，反映人们真实日常生活境况的“文化”与“文化批判”已经成为一种有力的力量，成为一种根植于社会内部的物质实践和生产活动，它不仅能够显示出整个社会存在的“总体性”，而且更进一步，还能够真实再现人的实践的“主体性”，还原本真的人的存在境遇。从根本上看，文化不仅是一种理想，还是一种现实的力量和动力。在此背景下，19 世纪末 20 世纪初，许多西方学者的研究视野不约而同地由外在自然转向了日常生活批判，这与笛卡尔以来的西方理想主义的危机息息相关。理想主义在打破中世纪的黑暗、重新张扬人性方面起到了积极作用。但是理性主义所崇尚的科学主义精神却在历史的发展中日益膨胀，并带来了一系列的危机。只有突破理性思维，将研究的视野由外在的自然界转向人的生活世界才能为之寻找到出路。于是，“日常生活”（daily/everyday life）理论便在这样的背景下应运而生了。卢卡奇以“物化”（materialization）来概述异化（alienation）的日常生活，并将这个世界看作一个具有“直接性”的世界，因而也是一个需要深入反思和深刻批判的世界；在列斐伏尔那里，全面异化了的日常生活世界被他称为“平庸”的世界，而要想摧毁和打破这一世界，最为现实的路径就是用“非平庸”的眼光和意识来认识和看待这个平庸的世界；阿格妮丝·赫勒则认为，我们生活于其中的日常生活世界是一个“自在”的世界，也是一个需要我们反思和突破的世界，而突破的目标就是摧毁日常生活的“自在性”，重建一个“自为”的、“自由”的、“个性”的新世界。总之，我们每个人都栖身于其中的这个世界是如此重要的世界，它与我们的衣食住行息息相关，但这个世界又是一个如此不完美的异化了的世界。面对这个有着“直接性”、“平庸性”与“自在性”等特征的世界，我们需要有足够正确的意识与足够强大的力量来批判和改造它，从而建构起一个消除异化的新世界，为实现人的自由解放而铲除羁绊，铺平道路。这样一来，哲学就“成为这样一个文化领域，在这里人们可以脚踏根基……从而发现生命的意义”①。

正是在这样的日常生活哲学批判的基本理论语境下，科西克这位曾经担任捷克斯洛伐克共产党第14次特别代表大会的中央委员、随后又被视为“异端”的东欧新马克思主义的典型代表、海德格尔式的存在主义哲学家，以对日常生活的现象学层面展开了自己的现代性批判理论。科西克认为，哲学的天职在于揭示事物的本来面目，真正的哲学不应该将其逻辑起点定位于某种关于人的生存的理论的研究，而应该着眼于人的具体的生存方式，将人在世界上的实际生存状况作为研究的起点。为此，科西克立足于现代人的异化状况，提出了自己的日常生活批判理论，构建了日常生活批判哲学。他反对那些将马克思主义哲学进行教条化、庸俗化、机械化解读的做法，认为马克思主义哲学从根本上看其实就是一种关于“总体性”概念的哲学；他以现象学所秉持的“回到事物自身”的方法论进入，以“具体总体”为核心概念，并将其置于总体性的地位来看待。科西克指出，现时代的社会主义国家与资本主义国家一样，日常生活的“虚假的具体性”已经成为一种客观现实，然而人们却对于这一真实处境并非知情。导致这一现状的原因主要有两个方面：一是人们未能对马克思哲学本身获得正确的理解与认识；二是人们对于真理的获得本身就是一个难题。在这种情况下，哲学就必须“向存在开放”，以“实践”作为中介，在人们获得关于实践的正确认识下恢复自身。科西克指出：“人的意识既是‘反映’，又是‘设计’；它既记录，也构造和计划，它既反映也预期，既

① ［美］理查德·罗蒂：《哲学与自然之镜》，李幼蒸译，生活·读书·新知三联书店1987年版，第1—2页。

是感受的，也是能动的。让‘事物本身’表达自己，不附加任何东西，只是让事物按其本来面目存在——这需要一种特殊的活动。”[①] 在实践的基础上人得以创造世界，然而人的理解总是会将宇宙或自然的“总体性”包含进来。科西克认为，一旦人对自己的存在以及他自身对于存在的作用达到一种十分充分的理解与领悟时，人就等于实现了自身，获得了真正的自由与解放。

科西克用“伪具体世界”这一哲学术语代替马克思当年使用的“异化”与卢卡奇所使用的“物化”概念，来指称当代人日常生活陷入了“殖民地”的真实境况，并用这一概念来展示日常生活的总体特征，以及日常生活内在机制的具体运行状况：“物统治人、产品统治生产者、神秘的主体统治真实的主体、客体统治主体。”[②] 同时，在科西克这里，“伪具体世界”作为日常生活异化的核心概念，已经明确表示出哲学家自己对日常生活批判理论的价值判断，即对现实世界中“哲学被庸俗地设想为现存状况的表现，而不是现实的真理”[③] 的现象的深恶痛绝。我们看到，与其他众多哲学家一样，在打破一个旧世界的同时，科西克重构了一个新世界，那就是：只有通过辩证的思维与革命的实践去摧毁人的异化，人的本真性存在才能够得以恢复和还原。

第一节　日常生活的形而上学

在列斐伏尔的语境中，现代意义上的日常生活是这样被定义的：“日常生活与一切活动关系密切，它涵盖了有差异和冲突的一切活动；它是这些活动会聚的场所，是其关联和共同基础。正是在日常生活中才存在着塑造人类——亦即人的整个关系——它是一个使其构型的整体。也正是在日常生活中，那些影响现实总体性的关系才得以表现和得以实现，尽管总是以部分的和不完全的方式，诸如友谊、同志之谊、爱情、交往的需求、游戏等等。”[④] 在西方哲学史上，古希腊哲学家巴门尼德（Parmenides）被认

① ［捷克斯洛伐克］科西克：《具体的辩证法》，傅小平译，社会科学文献出版社 1989 年版，第 12 页。

② 同上书，第 2 页。

③ 同上书，第 102 页。

④ Henri Lefebvre, *Critique of Everyday Life*, London: Verso, 1991, p. 97.

为是开启了理想主义传统的奠基人物。柏拉图（Plato，约前427—前347）对人们经常说和写的“存在”（einai，英译being，德译sein，中译在“存在”之外，还有“是”、“有”）虽然人们以为知，却并非熟知。他指出：“当你们用到是或存在这样的词，显然你们早就知道这些词的意思。不过，虽然我们也曾以为自己是懂得的，现在却感到困惑不安。”之后，存在主义大师海德格尔对此颇有感慨，他在《存在与时间》卷首引述柏拉图的这段话后继而发问道：“我们用‘是’或‘存在’意指什么？我们今天对这个问题有了答案了吗？没有。所以现在要重新提出存在的意义的问题。”① 海德格尔认为，2000多年的西方哲学发展历程表明，柏拉图“是”或“存在”的问题一直没有得到深入的探究，这不得不应该引起人们足够的重视和反思。海德格尔自己认为，他自己的哲学正是对柏拉图问题的理论探索，是对“是”或“存在”问题的深刻觉悟。

一般说来，所谓“日常生活”即是指“以个人的家庭、天然共同体等直接环境为基本寓所，旨在维持个体生存和再生产的日常消费活动、日常交往活动和日常观念活动的总称，它是一个以重复性思维和重复性实践为基本存在方式，凭借传统、习惯、经验以及血缘和天然情感等文化因素而加以维系的自在的类本质对象化领域”②。即是说，日常交往活动与日常观念都是日常生活的具体表现样态。雅斯贝尔斯在《时代的精神状况》的开篇就指出：“今天的人失去了家园，因为他们已经知道他们生存在一个只不过是由历史决定的、变化着的状况之中，存在的基础仿佛已被打碎。”③ “生存是我所是的一切以及可能变得对我具有意义的世界上的一切都绕着旋转的轴心。”④ 只有生存才能提示人本身的真正存在以及整个世界的存在。海德格尔也明确指出：“任何一个时代，没有像当前时代这样多地懂得人，但任何时代也没有像今天这样少地懂得什么是人的问题；任何时代，人的问题都没有像我们当代一样，成为如此重大的问题。”⑤ 他

① ［德］海德格尔：《存在与时间》，陈嘉映、王庆节译，生活·读书·新知三联书店1987年版，第1页。

② 衣俊卿：《现代化与日常生活批判》，人民出版社2005年版，第33页。

③ Karl Jaspers, *Man in the Modern Age*, London: George Routledge & Sons, Ltd., 1933, introduetion 2.

④ 刘放桐：《新编现代西方哲学》，人民出版社2000年版，第360页。

⑤ 曹锦清：《现代西方人生哲学》，学林出版社1988年版，第143页。

们对现代人的存在做出分析和诊断，以便治疗这颗支离破碎的心灵。西美尔（Georg Simmel，1858—1918）指出，“即使是最为普通，不起眼的生活形态”，也是对更为普遍的社会和文化秩序的表达。哲学原本就是植根于生活世界的文化精神的外显，它同现实的生活世界并不遥远。大多数西方马克思主义者更是主张生活是始源的，哲学是生活的升华，生活的境界也是哲学的境界。哲学批判要始终服务于祛除生活世界殖民化现象和重建生活世界的意义。

“日常生活的形而上学”是科西克日常生活批判理论的前提和基础。科西克认为，马克思主义哲学关注的重心就是对“具体存在何以可能”的探讨与回答。具体说来，他所理解的“具体存在”是一个价值旨归，是相对于资本主义生产条件下人的片面化、单一化和抽象化状况相对立的另一个状态，是祛除了片面和抽象之后的自由和解放，以及人的能力的全面发展的完满状态。也就是说，“具体存在”是用来批判资本主义社会生产方式所带来的严重后果的，即由“伪具体世界”所包围和覆盖了的“日常生活世界”。在这个“非本真”的虚假世界里，原本由人制造出来的物脱离了人自身，甚至僭越了人的主体地位，作为一种“自主性”的异己力量与人相对立和对抗着，因而，这个由“伪具体世界”所支配着的日常生活世界是一个需要我们批判和超越的世界。可以说，对“日常生活的形而上学”进行的思考，对日常生活异化境遇的分析与批判，构成了科西克日常生活批判理论的核心内容。在《具体的辩证法》这一代表性文本中，科西克表示，他在解读经济时发现，不管人们是否研究经济规律，都无一例外地生活其中，并以自己的方式认识着这个似乎十分熟悉了的世界。但是，科西克提醒我们说，我们自身生活于其中的生活世界并非是我们想象的那样熟悉，也即黑格尔所言的“熟知未必真知”。基于此，科西克采取一种独特的方式——把日常生活重新“陌生化”起来，将我们习以为常的日常生活纳入哲学的层面和高度进行审视，继而进行形而上学的思考和哲学批评。

一　伪具体世界：科西克哲学本体论的前提预设

马克思指出：“如果事物的表现形式和事物的本质会直接合而为一，

一切科学就都成为多余的了——感到很自在。”① 同时，在马克思看来，哲学的基本功能是一种对现存事物和现实世界进行无情批判的强大武器，因而表征着自由精神，体现着思考的魅力。没有了反思与批判，哲学就失去了生命力。沿着马克思所开创的大无畏的批判精神，海德格尔以自己的人本主义解读模式将哲学阐释为一种关于人的存在或生存的本体论。他明确指出：“只有把哲学研究的追问本身就从生存上理解为生存着的此在的一种存在可能性，才有可能开展出生存的生存论结构，从而也才有可能着手进行有充分根据的一般性的存在论问题的讨论。”② “生存着的此在”显然是人的存在。因此，除却了对真实的人的存在的关注，哲学就从根基上失去了意义和价值。“开展出生存的生存论结构”即主要回答“什么是人”的问题。“因为作为历史性的人，追问人的独特的存在的问题就不得不从‘人是什么？’这种形式变成‘人是谁？’这种形式。”③

一般说来，存在主义世界观的一个基本特征就是从人的方面特别是人的行为活动方面来理解人的存在和人存在于其中的世界，他们惯于将世界一分为二，在此岸世界里苦苦遥望着彼此可见或不可见的幸福。现代存在主义哲学的创始人克尔凯郭尔（Soren Aabye Kierkegaard，1813—1855）把世界分为世俗世界和宗教世界，孤独的人因而处于这两个分裂的世界当中而痛苦着，他不得不生活在世俗世界里，但对那个上帝居住着的精神世界情有独钟；只有一面在世俗世界里真实体验自己的存在，一面在自己精神栖息的宗教世界里孤立无助着。海德格尔的“此在”关系本体论看上去建构的是一个“一元”的现象本体论，但实际上，当他把人的存在划分为本真的与非本真的存在之后，世界也就被他分裂开来了：一边是一个非本真的、现象包裹实质、虚假遮蔽真实的世界，另一边是一个本真的、现象被实质所还原、虚假被真实所澄明了的世界。雅斯贝尔斯则根据人们存在状态的不同，认为由人的理性精神占据主导所呈现的世界是一个现实世界，而这个世界的背后也即人的内心深处还有另一个世界，那就是“超越存在”本身的彼岸世界，是一个抽象的存在本身。人只有在超越存在本身

① 《马克思恩格斯文集》第7卷，人民出版社2009年版，第925页。

② ［德］海德格尔：《存在与时间》，陈嘉映、王庆节译，生活·读书·新知三联书店1999年版，第16页。

③ Heidegger, *Einfiihrungindie Metaphysik*, Tübingen: Niemeyer, 1976, s. 110.

之后才能感悟到它的存在，进而倾听到它的呼唤。因此，这个超越存在的世界也即人的内心深处的世界也是真正的生存世界。著名宗教哲学家马丁·布伯（Martin Buber，1878—1965）认为，人们生存的世界是一个分裂了的世界，由于人们的态度和行为所致，世界被分裂为“我—你”与“我—它”两个世界，这两个世界既是同体的，又是异质的。其中，“我—它”世界由于淹没人与自然灵性而被当作非合理的世界，也是应当被我们自觉扬弃的世界；而“我—你”世界因为本真地表现了人与自然灵性的关系，因而是前者扬弃的结果，是一个值得我们期待和向往的世界。

就这样，沿着存在主义的基本思路和惯用思维方法，科西克仔细辨析了人的思维方式和实践活动，把世界分为两个既同在又对立的世界，那就是：作为现存的和现实的、现象占据主导地位的“形相”世界和作为未来的和理想的、本质占据主导地位的“实在”世界。科西克把它们分别称为“伪具体世界”和“物自体世界”。很显然，科西克在这里还承袭了康德的二元思维模式。在其著作《现代性的危机》与《具体的辩证法》中，科西克详细描述了日常生活中人的全面异化命运，并提出了克服现代性危机的共同的人道社会主义诉求。整体看来，科西克的本体论建构是在“伪具体的世界及其结构”下展开的。无论是本质世界还是现象世界，都是作为客观实存意义上的本体而存在的。笔者发现，在这里，卢卡奇的社会存在本体论成了科西克建构其日常生活批判理论的隐形支配逻辑前提。因为对于卢卡奇来说，能够成为哲学唯一本体的只能是人的社会实践建构而成的历史存在本身，而科西克正是把握了这一点，将由人的实践活动建构的两个世界也即现象世界与本质世界都置于本体论的地位来认识。科西克的理论创新是明显的，他认为，由于人的不同的历史境遇和实践活动，我们会面对两个不同形式的“实在世界”——现象的“伪具体世界”与本质（本真）的“具体实在世界”。科西克在这里明确指出，由于现象的“伪具体世界”也是一个客观存在的世界，因此，人们的主观性的辩证思维自然会从两种不同的实践活动中获得两种不同的认识形式或认识结果，也即概念与观念。

在《具体的辩证法》中，科西克详细具体地阐释了“伪具体世界”的本质与内涵，以及它在人的日常生活世界中所占据的重要地位。科西克认为，从总体上看，“伪具体世界”与“物自体世界”也即“具体实在世界”是两个虽然相互联系但却性质不同的世界。具体实在的世界是人的真实世界，是一个本质得到澄明了的世界，因而是属于人的“原一”的真正的栖息之地和心灵家园，是真理汇聚的世界，因此就是一个本该如此这样的世界。然而，与此相对应的另一个世界却是一个伪具体世界，是一个现象遮蔽本质、虚假代替真实、物控制和奴役人的世界。让我们深感不幸和难过的是，这个“纷呈于真正本质表面的外部的现象世界”的伪具体世界，一个人的拜物教实践的、非本真的世界，却成为我们“平日”所生活的那个世界。概括起来说，这个世界是一个物性的表面世界，充斥着人们习以为常的现象集合，而且这些现象以直接的和自发的方式逐步深入到人们的头脑和意识中，并在人们的头脑中获得了自主性和自然性，最终窒息了人的创造性和积极性，使人意识不到这种危害进而无法起来反抗。

科西克指出，具体说来，“伪具体世界”是由两个部分构成的：“伪具体”或“虚假的总体”与“具体的总体”。在这个异化的世界里，原本占据主体地位的人被置于客体的位置，在自己创造物的统治和控制下，人失去了自觉意识与主动性，并且忘记了自己的存在价值，以及人之所以为人的目的。对此，科西克明确指出：“充塞着人类生活平日环境与惯常氛围的现象集合，构成伪具体的世界。这些现象以其规则性、直接性和自发性渗透到行动着的个人的意识中，并获得了自主性和自然性的外表。”①从这里可以看出，规则性、直接性与自发性是伪具体世界的显著特征，因而，伪具体世界就是一个与本质相对立或对峙的现象的世界。

更进一步，科西克用更加具体的方式把“伪具体世界”划分为四类：“（1）未呈现本质的外部现象世界；（2）人的拜物教化的实践的世界，即操持和操控的世界；（3）日常观念的世界；（4）人在其中沦为‘经济人’的给定的或固定的客体的世界。”②

也就是说，“伪具体世界”的真实含义主要可以从四个方面去解读和认识：第一，“伪具体世界”是一个现存的外部世界，是一个与本质相对立的现象世界，它不是人们主观臆造的，而是有着特定的客观的社会现实语境的。同时，“伪具体世界”也是一个具有复杂性的感性具体的世界。

① ［捷克斯洛伐克］科西克：《具体的辩证法》，傅小平译，社会科学文献出版社 1989 年版，第 44 页。

② 同上书，第 2 页。

第二，“操持”或“操控”占据着“伪具体世界”。在这里，人的创造性消失了，真实的世界不复存在，人的异化了的实践活动控制和主导着整个社会的运作。第三，在“伪具体世界”里，人们的日常观念笼罩着一切。这个日常观念绝不是虚假的幻象，而是人们在客观的现实实践活动中形成的。第四，“伪具体世界”是一个片面的和颠倒的世界，它被“硬化”为一个离开人的活动而存在的“似自然性”的自然环境，成为一个固定化的“客体世界”。在这里，人消失了，“似自然性”的东西就是那个沦陷于市场经济当中无法自拔的“经济人”。

因此，很显然，“伪具体世界”作为一种本体意义的存在，成为科西克构建其日常生活批判理论的前提性预设。但是，我们必须看到，科西克哲学的这个重要的前提性预设是很有问题的。历史唯物主义告诉我们，社会意识是社会存在的真实反映，人的历史是由人的实践活动建构起来的。而科西克所描述和划分的“真实世界”和“伪具体世界”决不是历史一开始就存在了的，只能说是人类社会历史运动的产物，是现代工业文明之后的结果，虽然这一产物也是一种真实的社会历史存在。毋庸置疑，在前现代社会或前工业文明中，由于历史与现实的各种复杂原因，人们的实践活动还不能够直接涵盖历史存在的全部现实，还无法构成人类历史存在的基础和前提，因此，科西克所深刻批判的伪具体世界或拜物教化世界只能用来解释和指称商品经济或市场经济所形成的社会历史关系，无法涵盖前商品经济或市场经济的现实状况，因而是一种经验主义的认识。现实的状况是，人的活动和自然的存在现实并不总是以颠倒的形式表现出来，或者换句话说，异化并不是与生俱来的，它是一定社会条件下历史的产物。马克思所形容的那个“经济动物的王国”虽然是一种客观的社会现实，但是它也只是人类社会历史发展到一定阶段的结果，决不能涵盖人类社会的全部历史。因此可以断定，科西克肆意将人类社会发展到一定历史阶段的产物——商品—市场经济下人的历史性存在境遇抽象地当作其哲学批判的本体逻辑的做法，是一种旧瓶装新酒的“翻新”，是旧的形而上学的新续写。在这一点上，科西克的理论是对黑格尔、马克思以及他的直接参照系的海德格尔哲学中对历史—时间规定的明显倒退。因为现实世界被科西克二元分裂的客观依据是人的活动，因此可以说，科西克所分裂的世界根本上并不是一个客观实际存在的世界，而是一个我们感受到的、呈现在我们头脑和意识中的世界。世界的分裂是人为的结果，不是世界客观现状的现实表现。同时，科西克在《具体的辩证法》中指出，人们的“功利性实践”导致了生活世界的“似自然性”和“规则性”，而平日里人们这些现象的集合就是“伪具体世界”的主要内容。科西克的用意是要批判资本主义生产方式下物奴役人的后果，以及这个物化世界“形相”之下的人的拜物教意识。于是他对这一现状进行了批判，指出当人在经济活动中沉醉和满足，人的实践便等同于或降低到“操控”和“烦忙”，其历史性向度自然也失去了。而当资产阶级意识形态以“理性的狡计”来解释历史的时候，资本主义的生产方式就被他们当作永恒的生产方式来看待了。也因为如此，科西克提出以“辩证的思维”与“革命—批判的实践”去摧毁人的伪具体世界，以获得主体与客体的双重解放目的。

二　日常生活："伪具体世界"的本质反映

众所周知，日常生活是人得以存在的真实反映，是一个与人共在而不可分割的存在状态。在马克思看来，“现实的人”之所以能够进行认识世界和改造世界的实践活动，是因为他依赖于他自身的日常生活的衣食住行等最基本的社会生活实践。马克思指出：“我们开始要谈的前提不是任意提出的，不是教条，而是一些只有在想象中才能撇开的现实前提。这是一些现实的个人，是他们的活动和他们的物质生活条件，包括他们已有的和由他们自己的活动创造出来的物质生活条件。”[①] 即是说，现实的“物质生活条件”是“现实的人”从事一切社会实践的现实前提。“当人们还不能使自己的吃喝住穿在质和量方面得到充分保证的时候，人们就根本不能获得解放。”[②] 任何人的存在都被深深地嵌入到日常生活状态中，日常生活是人进行认识世界进而改造世界的原点。此外，美国著名哲学家、社会学家舒尔茨（Alfred Schutz，1899—1959）也认为，人们的日常生活世界是人类“最重要、最基本的生活事实”[③]。

在科西克的哲学视界中，日常生活是伪具体世界现实层面的另一环节，它同样构成科西克的批判对象。科西克对日常生活的批判是以海德格尔作为思想来源的，集中体现在对于此在“沉沦状态”的分析中。海德

① 《马克思恩格斯选集》第1卷，人民出版社1995年版，第66—67页。

② 同上书，第74页。

③ 尹树广：《后结构·生活世界·国家》，黑龙江人民出版社2001年版，第243页。

格尔认为，烦是此在在世的基本结构，烦有沉沦状态和本真状态之分。在“沉沦状态”中，此在把自己与其他存在者相混同，失去了自己独特的个性，成为彼此之间没有任何差别的常人，这就是人的真实的异化境遇。“此在”无法脱离“他人”的纠缠，因此只能与“他人”“共在”，“共在”就成为“此在”的本质规定性，而这便导致了这样的后果，“此在”在日常生活中无法作为自身而存在了，“此在”不是作为自身存在，而是消散在“他人”之中。那么“他人”是谁？海德格尔认为，他人“不是这个人，不是那个人，不是人本身，不是一些人，不是一切人的总数”，是平均化了的、没有独特个性的“常人”。此在在日常生活中正是以常人的方式存在着，常人规定着此在日常生活的展现。诚如海德格尔所说的那样：“这个常人，就是日常此在是谁这一问题的答案。”常人是此在存在的平均状态。常人本质上是此在的一种存在方式，是此在的平均化了的状态。此在完全消解于常人之中，成为平庸、刻板、没有“差别和突出之处”的他人。在日常生活中，此在不得不屈从于“常人”的统治，这样一来，此在的日常生活的主体便被常人所主宰。

也就是说，平庸、忙碌、被平均化、个性被削平等构成了常人的基本存在样式，它们组建着“公众意见”。所谓公众意见就是常人确定的作为各种事物标准的平均状态，公众意见始终是正确的，适用于每一个事物以及每一个此在。之所以如此，并不是因为公众意见对此在具有多么深刻的洞察力，而是因为它对任何事物都只是浅尝辄止，不进行深入研究，“公众意见使一切都晦暗不明而又把如此掩蔽起来的东西硬当成众所周知的东西与人人可以通达的东西”①。如果有人偏离了公众意见就会遭到谴责，并用各种可能的方式使他就范。将事物绝对地平均化、平整化就是常人的理想，它要求每一个人都与其他所有的人打成一片，因为常人不允许在任何事情上对它的权威有任何的质疑，所以个人的责任感就被抛之脑后。无论此在面对什么样的情况，常人都早已规定了在这种情况下此在应该做什么。因为常人对每件事情负责，所以没有任何人具有真正的责任感。在常人的这种专制下，此在的自我实现就是不可能的。在常人之中每个人都是另外的某个人，没有人是他自己。只要此在以这种方式生活，此在的自我

---

① ［德］海德格尔：《存在与时间》，陈嘉映、王庆节译，生活·读书·新知三联书店 1999 年版，第 148 页。

和他人的自我就将丧失殆尽，它们以非本真的方式存在于此，并且无法实现自身。

“常人”使此在失去了本真存在，陷入平均日常状态，海德格尔称这种状况为“此在的沉沦”。他深入分析了这种平均日常状态的详情。海德格尔指出，“此在生存的原始结构有以下几个环节：第一个环节是现身，即此在出现在世界之中”。情绪是此在存在的直接显现形态，海德格尔将情绪称为此在的“现身情态”，“我们在存在论上用现身情态这个名称所指的东西，在存在者层次上乃是最熟知和最日常的东西：情绪；有情绪”①。情绪指向的直接对象是此在的“被抛状况”。在这里，“被抛”主要是指：其一，“此在”自身没有选择性地进入这个世界，此在在进行任何可能的存在论反省之前就已经不可选择地进入某种存在的关联之中；其二，人主要是靠情绪来发现自己的处境的。人的情绪是原始性的东西，当一个人发现自己的时候就是他的情绪到来的时候。领会就是对此在存在可能性的领会，如何理解此在的可能性此在就如何存在。这种领会着的现身有两种基本样式，即怕和畏。怕之所怕是世内存在者和他人，只要此在存在，此在就必须承担起自己的存在，就不得不与世内存在者或他人打交道，就不得不面对着来自它们的威胁。畏是怕的存在论前提，“畏使此在个别化为其最本己的在世的存在。这种最本己的在世的存在领会着自身，从本质上向各种可能性筹划自身”，“畏在此在中公开出向最本己的能在的存在，也就是说，公开出为了选择与掌握自己本身的自由而需的自由的存在。畏把此在带到它的‘为……’的自由存在之前，带到它的存在的本真状态之前，而这种本真状态乃是此在总已经是的可能性”②。畏所为畏者就是在世本身，就是在死亡的逼迫下此在自己的生命意义问题。“畏使此在超出日常生存中这样那样存在者的包围，而直面虚无，并因而能就存在者的纯存在反视存在者整体。”③ 畏本质上是由此在对自身本真存在的选择引起的，畏来自于虚无，来自于死亡。本真的存在是直面畏而承担畏，在先行领会死亡的基础上做出决断；而处于沉沦状态中的此在则无法

① ［德］海德格尔：《存在与时间》，陈嘉映、王庆节译，生活·读书·新知三联书店 1999 年版，第 156 页。

② 同上书，第 217 页。

③ 陈嘉映：《海德格尔哲学概论》，生活·读书·新知三联书店 2005 年版，第 91 页。

实现对畏的本真的克服，而是通过将死亡无限期延后的方式力图克服对死亡的恐惧，以怕来代替畏，以现实的操心来克服怕，以此来实现对畏的逃离。其三，科西克对海德格尔的思考深表认可：“现代哲学发现了一个伟大真理，即人不是堂堂正正地诞生于环境之中，而总是被‘抛入’一个世界。”①

德波在其《景观社会》一书中认为，景观社会的到来，正在导致社会存在本体的表象化畸变。在现代生产条件无所不在的社会里，生活本身展现为景观的庞大堆聚。科西克认为，伪具体世界的基础是“直接功利主义实践和与之相应的日常思维”②。由于这种实践和思维的方式，致使世界成为“异化了的现象的集合”。虽然它是一个人们在平日生活中亲近、熟识、信任的世界，但从根本上看却是对世界本质的隐匿。从根本上看，伪具体世界可以划分为两个层面：一是由外部现象世界和固定客体世界构成的现实层面。伪具体世界是在人类实践过程中生成的，但在人类历史的资本主义阶段，它获得了独立性，作为一种外在力量决定着人的观念与行为。另一个层面是观念层面。在日常思维中，周围世界表现为一些日常观念，观念作为一种认识形式，是对事物直接的、非批判的反映。对于生活在其中的人们来说，伪具体世界是一个“亲近、熟识、信任的世界”，但实际上这个世界与他们的联系是异化的。无论是伪具体世界的现实层面还是观念层面，都是以直接功利主义实践为基础的。功利主义实践是资本主义生产方式下人们的活动方式，这种活动方式从根本上看是畸形的个人社会实践活动，因为它制造着高度的社会分工，制造着明显的社会阶级差别，同时还滋生着社会地位等级制，因此可以说，这种生产方式是功利主义实践的生存论根据。对此，有学者指出，“从科西克的讨论来看，他所指的伪具体世界是由‘充塞着人类生活平日环境和惯常氛围的现象集合’构成的，它是一个把固定的人造物、造型和客体、物质事物的世界的整个综合体和观念等等看作是某种基始的和独立自在的东西的‘假客观’世界，即一种伪具体现象世界，通过辩证法的研究，显现出它们原本是派生的、有中介的现象，是人们平日的功利主义实践及其某一僵化了的历史环

① ［捷克斯洛伐克］科西克：《具体的辩证法》，傅小平译，社会科学文献出版社1989年版，第58页。

② 同上书，第2页。

境在主体意识中的投射，它深深地遮蔽了那个产生它的‘本真的’原初世界——具体（总体）世界”①。

为了更好地展示日常生活是对伪具体世界的本质反映，科西克以海德格尔哲学解释马克思的经济学，又对伪具体世界进行了微观层面的分析。科西克指出，“烦”与“操持”联合起来，完成了“伪具体世界”的具体操作过程。人的功利主义的实践是“伪具体”活动的主体架构，“烦”则是人在主体架构面前的一种能动的反应。用科西克的话是，烦是“在以社会个体的参考和功利主义实践为基础的社会关系体系中，个人的重重挂牵”②。也就是说，“烦”又由两种具体的形式组成：“烦神”和“操持”。在科西克看来，现实的伪具体世界其实就是一个“操持”着的世界，它被现代化的装备和器械所控制，组成一个严密的现代体系。这样一来，人在自己的拜物教化实践中“烦神”着，在这个看上去似乎非常非常真实的“形相世界”中被操持控制着。一旦事物的虚假观念假扮成事物的本质，就使得外部的环境投射到主体的意识当中去，行使着意识形态的功能。因此，在这个“伪具体世界”里，人们的日常生活处于严重的异化状态。

因此，在科西克这里，日常生活的异化是伪具体世界的本质反映。科西克依托黑格尔、马克思以及青年卢卡奇的理论资源，在以海德格尔关于人的异化理论的参照中，对资本主义社会生产方式下“经济动物的王国”世界进行了深入剖析与深刻揭露。总起来看，人们的日常生活是这样的一个颠倒的生活世界：现象假扮实质，人制造出来的物假扮自然性的客体存在物，拜物教化实践假扮真实实践，“经济人”假扮真实的社会主体，日常观念假扮概念，“伪具体”假扮“历史具体”。可以说，“假扮性”代替了真实性，资本主义的物相世界是一个地地道道的颠倒世界。面对这一颠倒，作为社会主体的人也并非束手无策，单靠认识是不够的，人要以自己的革命性实践来摧毁伪具体世界，最终将拜物教化了的现象世界打倒，就能够真实地再现具体的历史总体，实现主体与客体的双重解放。借助于马克思、青年卢卡奇和海德格尔的力量，科西克细致地为我们刻画了一个

① 张文喜：《科西克的海德格尔马克思主义批判》，《山东社会科学》2002 年第 3 期。

② ［捷克斯洛伐克］科西克：《具体的辩证法》，傅小平译，社会科学文献出版社 1989 年版，第 48 页。

“在者世界”的真实存在面貌，对他面前的那个物化世界进行了犀利的讨伐，并将其废弃为一个虚假笼罩一切的现象世界。科西克的理论努力正是要通过对伪具体世界的揭示，为我们解蔽出一个本真的实在世界。

马克思当年在批判资本主义社会的过程中没有使用过“伪具体世界”、“实在世界”等概念，但是他在《1857—1858 年经济学手稿》中，对资本主义社会生产方式下的那个“物象化”的世界的具体构成及其实际运行状况进行了深入分析。马克思的思路与科西克不同的是，他不是停留在一般的经济哲学的解析层面，而是将关注的重点放在了资本主义社会经济生活过程中商品交换的实质，以及商品生产过程中剩余价值的制造流程的揭示上。通过对商品的生产过程、交换过程的真实状况进行具体的描述和阐释，马克思为我们清晰地勾勒出了“物象化”世界的真实产生过程。马克思先从现象入手，也即是从关注货币与交换的实质入手，通过分析货币与交换的关系，进而揭示出商品—货币交换过程中“商品拜物教”、“货币拜物教”以及“资本拜物教”的建构过程，也就在客观上给我们真实再现了商品—贷币交换过程中“物象化”世界的具体建构过程。通过商品的交换与货币的运行过程，马克思从更深的层面揭示出了资本的运行过程，指出了资本的实际运作过程是资本主义社会生活的本质性规定。资本一经出现，就制造出一个与众不同的世界，因此，资本的本性决定了它制造出来的世界正是一个以“物”为目的的功利性效用世界。这样，就可以清晰地看出，资本是一种能够创造价值的价值，资本的作用只有借助于商品的生产与交换才能够得以完成。在这一过程中，货币在商品的生产过程与交换过程中变成了生产的目的，商品成为一种中间环节的存在，货币与商品的最终结合创建出一个新的世界，那就是拜物教的世界。这一世界的出现，也标志着一个颠倒的世界得以完成。

按照这一思路，我们会得出这样的结论：现实的经济生活过程是产生伪具体世界的前提和根本，因此，要想获得对伪具体世界的完整理解和真实把握，必须具体地、历史地对伪具体世界得以产生的经济市场过程进行考察和分析，才能够准确地把握伪具体世界与日常生活的关系，以及“具体的辩证法”的真实内涵。然而遗憾的是，科西克未能很好地理解马克思的政治经济学，因此只能粗糙地将海德格尔的生存论哲学与马克思的经济学嫁接起来，这种看似具体分析的做法实际上是不具体的。殊不知，要想获得哲学思辨的具体性，只能借助历史唯物主义的方法才能获得。科西克深陷海德格尔的理论误区中，放弃了对伪具体世界的建构的具体的分析与批判，导致他的“具体”的辩证法变成了对具体主题的“非具体”认识，在很大程度上陷入了乌托邦的泥潭。这一状况表明，真正的经济哲学并非是直接地将经济学术语翻译成哲学话语就可以轻易获得，更不是将哲学概念移植到经济学理论上就能够产生的。实际上，马克思在建构其历史现象学的过程中，对经济问题的分析历来都没有哲学透视的空场。因此，马克思的历史现象学是一种以历史的眼光直面社会经济生活的方法，也是对现实的社会经济生活的历史的具体的分析、批判和思考。在批判黑格尔将市民社会与法的关系进行颠倒的时候，马克思这样说道：“……在研究国家状况时很容易走入歧途，即忽视各种关系的客观本性，而用当事人的意志来解释一切。但是存在着这样一些关系，这些关系既决定私人的行动，也决定个别行政当局的行动，而且就像呼吸的方式一样不以他们为转移。只要人们一开始就站在这种客观立场上，人们就不会违反常规地以这一方或那一方的善意或恶意为前提，而会在初看起来似乎只有人在起作用的地方看到这些关系在起作用。”① 而对于科西克来说，由于缺乏历史现象学的视野，他无法科学地完成对社会经济生活的分析与批判，具体的辩证法的目的也就无法实现。

第二节　日常生活的含义与本质特征

一　日常生活的含义

在海德格尔的生存论哲学语境中，日常生活是一个较为复杂的存在。他强调存在而不是存在者，强调动态的存在而非现成的存在物。“我”是能够对存在的一般意义提问的存在者，是一个与存在的意义最贴近的存在者，即“此在”。此在的本质在它是存在，而不是存在者，他的本质是在存在的过程中显现的，而不是预先给定的。日常生活中的此在就是“常人”，他的生存状况是沉沦。沉沦体现在闲谈、好奇和两可之中。“此在首先从它自身脱落，即从本真的能自己存在脱落而沉沦于‘世界’。杂然共在是靠闲谈、好奇与两可来引导的，而沉沦于‘世界’就意指混迹在

① 《马克思恩格斯全集》第1卷，人民出版社1995年版，第363页。

这种杂然共在之中。我们曾称为此在之非本质状态的东西，现在通过对沉沦的阐释而获得了更细致的规定。"[①] 在这种沉沦状态中，常人失去了能够为自己的行为负责任的个体性，成为异己力量的附庸。最为严重的是，闲谈、好奇与两可三者紧密结合，互相补充，构造出一个封闭的世界。在这个世界里，常人自得自满，以为自己生活在一个真实的世界。常人就在这样的封闭世界中沉沦，并且无法自拔。这就是常人的异化。异化本身也不是现成的存在者，它是生存着的状态。要克服这种异化状态，使此在摆脱常人状态，回归本真的存在，就要诗意地栖居。在海德格尔那里，诗意地栖居就是对日常生活的批判，就是对现实生活的逃避，从现实社会回到个人的精神世界，回到乌托邦的理想王国。海德格尔的日常生活理论以常人作为主体，试图寻求克服主体异化的途径，但是他却局限于个体，并由此陷入了悲观主义的情调。列维－斯特劳斯（Leo Strauss）对此这样说道："存在主义始于这样一种认识：我们发现所有客观的、理性的知识根基乃是一个深渊。"[②]

以海德格尔的日常生活内涵为基本的理论参照和主要载体，科西克描述了日常生活的图景。他明确指出，日常生活是资本主义社会历史发展到一定阶段的产物，它并不是一种永恒不变的现象。资本主义社会带来了工业文明，不仅使新的生产工具得以制造出来，还滋生了新的阶级关系和政治制度。更为重要的是，工业社会还带来了一个"新的平日生活方式，引入了一种与先前时代根本不同的平日"[③]。这个"与先前时代根本不同的平日"有着复杂的结构，是资本主义市场经济体制的产物。如上所述，科西克对日常生活的认识和理解与海德格尔有着极大的相似性。科西克认为，日常生活是一个"无意识的黑夜"，它具有沉沦性、盲目性和机械性，表面看上去似乎是能到的和熟悉的，但实际上却处于一种完全消极被动的存在状态。在现代资本主义社会推进下，由"平日"所组成的日常生活世界里，人们所有的生活方式和活动方式都成为一种无意识的、本能

① ［德］海德格尔：《存在与时间》，陈嘉映、王庆节译，生活·读书·新知三联书店 2006 年版，第 213 页。

② Leo Strauss, *The Rebirth of Classical Political Rationalism*, The University of Chicago Press, 1989, p. 36.

③ ［捷克斯洛伐克］科西克：《具体的辩证法》，傅小平译，社会科学文献出版社 1989 年版，第 53 页。

的机械过程。

第一，日常生活的主体是“常人”。科西克挪用海德格尔的哲学概念，将日常生活的主体视为“常人”，日常生活里的每个个体都要受到常人的专制。表面看来，似乎每一个个体的思想和行为都是自由自觉的活动，是他们自由选择的结果。其实这是一种误解。每一个个体的行动和思想都受制于那个专制的“常人”，甚至个体对日常生活的抗争也是如此。现代文明使事物丧失了独立的意义，成为满足人类需要的工具和手段；这种状况发展到极端，人类自身也难以独善其身，降低为一种工具性的存在。在资本主义现代社会条件下，每一个个体的存在都已经丧失了独特的个性和特殊性，在马尔库塞（Herbert Marcuse，1898—1979）的“单面人”语境下泯灭着自我，进而逐渐与“常人”趋同。而且，每一个个体在“常人”的挟制下可以被另一个个体所代替，甚至可以用数字来标记他们。在这样一个伪具体世界中，事物只从表面上得到揭示。在这种状态下，人们开始改变自己的生存状态，不再追问生活的意义，探究事物的本质，因为他已经在物化的世界里被物所占有和控制。这样一来，在日常生活里，原本作为历史进程的主体的人的主动性和能动性得以消解，最终成为一种被动的、消极的客观存在物，在重复性的、机械性的、盲目性的“操持”与“烦神”活动中平平庸庸地存在着。我们发现，真正的“历史的创造者”已经不复存在，“常人”掩盖着真实的“人”自己，历史发展俨然成了结构主义大师阿尔都塞（Louis Althusser，1918—1990）所说的“无主体过程”了。海德格尔认为，此在首先是作为“常人”存在的，它总是在异化的操持和操劳基础上理解自身和世界的。“‘他人’并不等于说在我之外的全体余数，而这个我则从这全部余数中兀然特立；他人倒是我们本身多半与之无别、我们也在其中的那些人。”① 实际上，此在一直就是作为一个社会主体在行动着、思维着、感受着，但是在日常生活中，由于人们将关注的重心放在对功利性的操持和操控的实践活动上，忘却了自身的存在方式与存在价值，其结果导致自身已经完全消失，操控世界已

① ［德］海德格尔：《存在与时间》，陈嘉映、王庆节译，生活·读书·新知三联书店 1999 年版，第 137 页。

然成为他自身的一个组成部分。“熟知是认识的绊脚石”①，这时的人已经丧失存在的整体性，没有了超越性与批判性精神，生命的分量、存在的价值都已经被简化成了伪具体世界里的具体的“操持”活动。除此之外，他已经不能想象出其他的活动方式和存在方式。针对人的这种异化的生存状况，海德格尔曾经用“烦的哲学”来形象地刻画和描述。由于不能运用正确的方法论，海德格尔未能从根本上对他的关于“烦的哲学”的生存论问题进行合理有效的阐释，也未能对它的产生和发展给出有力的说明。科西克站在海德格尔提出问题的地方，继续提出这个问题：日常生活世界里的作为主体的人究竟是如何消失的？科西克认为，如果从外在的世界出发来解释作为世界的主宰的人，势必会造成人的纯粹性的消极的客观存在物。对此，科西克对传统教科书上的哲学回答进行反思与批评。他指出，如果我们将历史发展的主体的人视为世界之外的东西来看待，那么人就会被当作世界的派生物，或者作为维系社会关系的总和而存在的。科西克提醒我们注意，这种对人的本质的解释是片面的，它没有也无法从根本上说明“谁是这些‘条件’的主体”②，于是只能用一些神秘化了的东西比如历史规律等概念去牵强地解释。而这样做的结果无疑就是，作为推动历史发展的真实的个人被当作了某种绝对实体实现自身的一种工具化存在，从而使人最终远离了本真的面貌。

第二，日常生活具有“历史无意识”性。科西克指出，日常生活的重复性、机械性和片面性使得人在历史中失去了意识，他患上了可怕的健忘症，忘却了什么是本真的社会自身。例如，在纳粹集中营里，日常生活演化为“连断头台也能成为习惯”。一个天天拿着屠刀杀人的刽子手已经丧失了正常人的基本意识，他把杀人当成了家常便饭，当成了他存在的“自以为是”的真实状态。科西克指出，要想唤醒人们的日常生活意识，只有在“平日”的对立面——“历史”那里寻找希望和出路。突然而来的“历史”将习以为常的“平日”打破，如自然灾难或者战争等的出现，人们的日常生活里那个沉寂已久的意识才会苏醒过来，才会摒弃被神秘的无意识包裹着的“可靠感”和“神秘感”，去领悟和寻找原本应该本真存

① ［捷克斯洛伐克］科西克：《具体的辩证法》，傅小平译，社会科学文献出版社1989年版，第58页。

② 同上。

在的那个自己。这样，“伪具体世界”的日常生活才会得到理性的认识。科西克因此明确指出，“平日生活只有在被打断时才成了问题，才暴露自己为平日”①。由于历史无意识的控制，日常生活成为被“常人”牵制的状态。对于这种状态，一些实证主义思想家们往往提倡非批判性地对这种日常生活进行体验，朴素地感受它的真实，继而把这种状态视为一种正常的人类生活环境。科西克指出，这种认识从根本上说就是哲学的虚无主义，是缺乏历史维度的机械化的判断。

综上所述，科西克以伪具体世界为基本理论依托，详细地刻画了“日常生活”的内涵。他认为，资本主义生产方式下的日常生活是一个异化的生活世界，每一个原本具有个性和超越性的个人被功利性的实践所操持着；个体在这样的日常生活世界里沉沦着，失去了抗争的意识，从而在这种拜物教化世界中越陷越深，难以自拔。因此，我们发现，科西克与其他日常生活批判哲学家如列斐伏尔、赫勒一样，都将现代资本主义社会条件下的日常生活视为一种不可信赖与依托的领地进行批判，指出这一领地的基本特征是平庸、单调、沉沦和异化。仍然与其他大师一样，科西克也认为日常生活的异化境遇是可以消除的，因此，日常生活世界是一个能够充分发挥人的潜能的、充满希望的世界。在具体的消除异化的方式上，与海德格尔寄希望于人的瞬间的“良心觉悟”去摆脱暂时的沉沦从而返回本真的生存境地不同，科西克希望借助于人的辩证思维与革命—批判实践，去摧毁伪具体世界的似自然性与颠倒性。

二 日常生活的本质特征

借助于马克思的经济学理论，科西克在深入理解海德格尔思想的基础上，从多个角度对日常生活进行了深入的反思与批判。有学者指出，科西克“是一种把日常生活重新‘陌生化’的做法，或者说是对人们习以为常的日常生活所进行的哲学批判”②。科西克从日常生活的含义出发，阐释了日常生活的本质特质。如上所示，科西克把人的日常生活视为人的一种基本的在世方式或生存方式，强调日常生活不是与公共生活相对立的私

① ［捷克斯洛伐克］科西克：《具体的辩证法》，傅小平译，社会科学文献出版社 1989 年版，第 53—54 页。

② 张一兵：《经济人与日常性生存的形而上学批判》，《学术月刊》2000 年第 8 期。

人生活，“也不是与某种高雅的官方世界对立的所谓的粗俗生活”①。日常生活是时间的组织化表达，是一种展开个人生活史的节律。他明确支持，日常生活“首先在于把人们的个人生活组织成每个一天（daily life/every day），他们的生活功能的可重复性固定在每一天的可重复性中，固定在每一天的时间安排表中”②。因此，日常生活也不是一种与反常、节庆、特殊或历史相反的东西，将日常生活与历史相对立，是对二者关系的神秘化做法。科西克认为，资本主义的生产方式造成了人与自己的创造物相分离，于是，人的创造性只能被视为艺术的本性，重复性的、机械性的辛苦劳作则是一种“平日”状态。这样一来，人的主体地位遭到了挑战，人的创造本能遭到了摧残，人失去了与自己创造的世界的内在联系而降为物和客体。真正的主体被“物象化”的社会关系所取代，在资本主义生产方式和生产关系下对人进行统治，使人成为“经济人”。无疑，资本主义的生产关系占据了主导性地位，在“形相”世界里获得了高于人的自主性和独立性。从一种自在的和重复性的日常实践活动入手，科西克比较深刻地揭示了传统日常生活的基本图式和本质特征，把日常生活理解为一个自在的、未分化的、类自然的领域。

首先，日常活动是一个熟悉的、未分化的领域。由于人的日常生活异化为一种不假思索的、无意识的活动，它因此也成为一个我们看上去十分熟悉的领域。科西克指出：“在日常中，活动和生活方式被转变为本能的、下意识的、无意识的和不假思索的活动和生活的机制：事物、人、运动、工作、环境、世界——它们不是按其创造性和真实性而得以理解，它们没有被考察和被发现，而只是存在于那里，被当作存货，当作已知世界的组成部分而加以接受。日常呈现为未分化的黑夜，机械和本能的黑夜，即表现为熟知的世界。”③ 也就是说，失却了真正的意识，人们已经变成一种本能的存在物，将自己生活于其中的世界视为一个“熟知的世界”，并且把这个世界当成一个自然而然的存在，自然而然的存在物也就不会引发人们的怀疑与反思，甚至人们在很大程度上已经很难感受到日常生活的

① ［捷克斯洛伐克］科西克：《具体的辩证法》，傅小平译，社会科学文献出版社 1989 年版，第 53 页。

② 同上。

③ Karel Koisk, *Dialectics of the Concrete: A Study on Problems of Man and World*, Dordrecht and Boston: D. Reidel Publishing Company, 1976, p. 43.

存在了。在“平日”里，生活的程式便捷而简单，似乎所有的一切都唾手可得，日常生活世界里的任何人都可以任意实现自己的目的，在功利性的操持中习以为常地生存着。科西克因此总结道：日常生活“是一个可信、熟识和惯常行为的世界”①。虽然人们在日常生活中发生着各种各样的错综复杂的社会关系，但人们已经习惯上把这些复杂关系视为一种个体性的经验，或者说，是个体经验活动的自然结果。于是，在这里，人们日常生活的观念取代了一切，他们将自己每天生活的这个无比熟悉的日常生活世界看作一个真实的世界。

其次，日常生活是一个不断重复的领域。由于日常生活的主体受制于“常人”的控制，因此，在“常人”的专制下，每一个日常生活主体都是可以替代的，甚至可以畸变为一种没有任何名分的存在物。科西克指出：“在日常中运演着两种可替代性和替换。日常中的每一天都可以换为相应的另一天，日常使这个星期四与上个星期四或去年的某个星期四毫无区别。……同时，每一给定日常主体都可以为另一任何主体所替换：日常的主体是可以互换的。最好用数字或印章来描述和标识他们。”② 人们在这个无比熟悉的日常生活中经验地生活着，他们可以轻易地控制和筹划自己的生活，日复一日，年复一年，千百万人在“平日”里规则地生活着，机械地重复着自己的行动和工作，简化着生活的节律，这种重复性的生活样态致使人们的日常生活成了“工作日宗教”，人们在机械的、本能的、重复了千百次的、习惯了的生活节律中生活着，任何一天都可以被另一天所代替，是因为每一天都没有任何差别；任何一天都是另一天的翻版和复制，因此它们可以任意互换。不仅如此，每一天的生活主体也可以任意互换，可以用数字来表示，也可以用物来代替。科西克对此指出：“同时，任一平日的主体，都可以任意换为别的主体，平日的主体是可以互换的。对他们可以用数字来描述，用印章来标记，毫无不便之处。”③ 科西克认为，因为在日常生活世界里，“我们已经把平日规定为一个有规则的节律

① ［捷克斯洛伐克］科西克：《具体的辩证法》，傅小平译，社会科学文献出版社 1989 年版，第 54 页。

② Karel Koisk, *Dialectics of the Concrete: A Study on Problems of Man and World*, Dordrecht and Boston: D. Reidel Publishing Company, 1976, p. 44.

③ ［捷克斯洛伐克］科西克：《具体的辩证法》，傅小平译，社会科学文献出版社 1989 年版，第 54—55 页。

世界。人听从机械的本能，带着一种熟识感在这种节律中游荡”①。

再次，日常生活是一个“似自然性”的领域。由于具有重复性和机械性，再加上人对日常生活的习以为常和无比熟悉，因此，人们把日常生活当作一个“似自然性”的领域来看待。科西克对此指出：“世世代代，芸芸众生曾经或正在过着他们的日常生活，仿佛日常是一种自然的氛围，他们从未停下来去追寻日常的含义是什么。”② 在这个似自然性的日常生活里，人们很难意识到日常生活自身的存在，以及人自身的真正存在。只有特殊的状态下，当“平日”被“历史”所打破时，人们往往才会对自己的日常生活世界进行反思，批判功利主义实践，进而意识到日常生活的真实存在。科西克认为，正是那个功利主义实践制造出这个自发性、直接性的世界，使得日常生活成为一个自然性和自主性的存在。

第三节　日常生活的构成要素与一般图式

科西克认为，资本主义社会中的商品、货币和资本都是一种物化了的社会关系，在资本主义生产关系的现实发展中，它们作为一种外在的必然性，决定人的思想与行为，因而，人处于一种失去自由的奴役（douleia）状态。这种物化的社会关系本质上就是资本主义的经济规律，也就是以资本增殖为目的的交换原则和交换关系。资本主义生产方式使生产的目的发生了根本转变，“物质生产摆脱了个人的直接需要，生产的目的从过去那种具体的使用价值变成了交换价值”③。资本主义社会中的一切，都是围绕“资本”而旋转的，“资本”成为衡量一切事物的唯一标准，这就使得整个社会存在都同一化了。在资本主义交换体制下，交换价值取代了使用价值成为事物的本质，而事物自身的独特性却消失了。这直接地造成了人的现实存在的异化，“由于交换价值成为目的，一切的一切都必须转化为交换价值，这是个人通向现实社会的唯一通道。并且，交换价值又必然从一般等价物发展到货币。相对于过去那种人与人的直接交往关系，现在资

① ［捷克斯洛伐克］科西克：《具体的辩证法》，傅小平译，社会科学文献出版社1989年版，第59页。

② Karel Koisk, *Dialectics of the Concrete: A Study on Problems of Man and World*, Dordrecht and Boston: D. Reidel Publishing Company, 1976, p. 42.

③ 张一兵：《回到马克思》，江苏人民出版社2005年版，第619页。

本主义社会中人与人的关系经过交换中介的物化（颠倒）就不可避免”①。

一　日常生活的构成要素

科西克把日常生活视为一个人们熟悉的、重复性的、无意识的领域，将“烦”与“操持”看作日常生活的构成要素。

在海德格尔那里，“烦”是被用来说明日常生活的本质的一个概念。从最基本的意义上看，“烦”就是指“此在”在世界中的一种基本的存在状态。海德格尔认为，“此在”是作为与其生活在其中的世界构成一个整体，且在一种关系本体论中整体地存在着。“此在”存在的表现形式是多样的，表现的环节也是多重的，这些多样的形式和环节构成了一个统一的整体结构，这个整体结构就是“烦”。科西克对海德格尔的“烦的哲学”进行了深入解读，且将其进行创造性发挥，并对“烦”赋予新的理论内涵，来建构他的日常生活批判哲学。

站在马克思的立场上，科西克“将海德格尔作为生存论即存在论的‘烦’加以社会历史化，也就是将狭义历史唯物主义所批判指认的资本主义现实用‘烦’的源发性和结构加以界定”，并“把烦展示为最基本的构建社会—世界的经济活动，或者反过来说把经济活动诠释为基始性的烦”②。在科西克这里，“烦”是一个“经过主观转换的人的客观主体实在”③，并非是一个用来表示心理状态的词语。在现实的日常生活中，人总是难以挣脱他身边的关系之网或个人境况的束缚，在一个客观性的主体实在中生活着。也就是说，个体面对社会关系的重重包围和缠绕，“烦”就是他的这种被缠绕的现实的表征，这时对于主体来说，“烦”建构的就是一个超主体的客观世界。另外，对于孤立存在着的社会个体来说，“烦”又可用来表示社会个体的能动性和主动性。面对错综复杂的社会关系，个体通过自身的能动性的活动，以各种形式的实践活动构造着社会关系这张大网。这时，社会个体会充分运用自己的主动性，把社会关系自身当作一个有意义的、自由创造的世界来看待。因为主体自身是一个被客观

① 张一兵：《回到马克思》，江苏人民出版社2005年版，第623页。

② 王恒：《辩证法的生存论暨存在论旨趣》，《南京大学学报》2006年第6期。

③ ［捷克斯洛伐克］科西克：《具体的辩证法》，傅小平译，社会科学文献出版社1989年版，第46页。

社会关系所决定了的社会存在，因而社会关系就是一种决定个体存在的力量，社会关系就成为一个超主体的存在。所以，科西克认为，“烦”是一个两重性的存在，个体被客观的社会关系所支配，反过来却以自己的主动性和创造性参与着这个客观的社会关系自身的构造。

为此，科西克还特意对“烦”制定出一个“定义族”：“（1）在以社会个体参与和功利主义实践为基础的社会关系体系中，个人的重重挂牵；（2）是一个以烦神和操持的形式所表现出来的活动；（3）无区分和无名是烦神和操持的主体。”① 显然，科西克在此将“烦”视为功利主义实践的结果，并用它来表征人的日常生活世界的外部关系的一种状态，社会个人对名利的追逐构成了外部关系世界的核心。同时，“烦”也是“烦神”和“操持”的非创造性活动，因此相当于海德格尔哲学语境中的那个“无名”的“常人”，用来指称人与人之间关系的非主体化状态。科西克以与海德格尔同样的语气指出，“经济的最原始最基本的存在方式是烦”②。

首先，科西克将“烦”视为社会个体与社会客观性关系的内在表征。作为一种功利性的实践活动，“烦”表征着社会个体与社会客观关系之间的整体。主体在“烦”的大网中忙碌着，在自己创造的操持世界中烦神着，却以为自己是自在的。

更进一步，科西克认为，“烦”是“常人”的主要存在状态，“常人”是日常生活的主体，这是“烦”的第二重内涵。一般地说，社会个体在非反思的日常生活中存在着，以为自己就是自己的主人，自己的思想和行为都是由自己控制的，因而是一个自由的存在个体。但实际上，“烦”操持的日常生活世界里，“常人”制约着社会个体的思想和行为，在功利主义世界中操持和操控着每一个个体日常生活的一切。

烦的第三重内涵是，以操持的形式表现着人的日常生活世界，它具有非创造性的功利主义性质，使得日常生活丧失本真的意义，最终在重复性的机械活动中沦落为“工作日宗教”。这时，“常人”又沦落到纯粹客体意义的位置，维系着功利性的实践活动。在操持的过程中，“烦”带来了

① ［捷克斯洛伐克］科西克：《具体的辩证法》，傅小平译，社会科学文献出版社 1989 年版，第 48 页。

② 同上书，第 46 页。

人们社会关系的物化，以及作为社会创造性的主体的失落。因此，操持是“烦”的关键性环节，是导致人的日常生活成为拜物教化世界的“罪魁祸首”。

因此可以说，作为日常生活的一个重要的构成要素，“烦”是生活在异化了的日常生活世界里的人的真实生活样态，即著名作家刘震云笔下的“一地鸡毛”[①]，或者西方那个著名的神话故事“西西弗斯”的真实写照。在科西克的视野中，“烦”的内涵是极为深刻的，它不仅是指人对市场经济下自我的生存状态的一种线性的否定，而且还指向了在功利主义的实践活动中，个人对单调的机械的重复性物化行为的一种不满和反抗。科西克认为，在物质利益占据主导的日常生活里，“经济人”在拜物教化的实践活动中难以回到本真的自我。商品—市场经济条件下，他的“烦神”应该是永远的，没有尽头的。

除了“烦”，日常生活世界里的个体所不得不面对的第二个方面就是“操持”。科西克认为，“操持”构成了日常生活的第二个构成要素。马克思在评价黑格尔哲学的成就时这样写道：“抓住了劳动的本质，把对象性的人、现实的因而是真正的人理解为他自己的劳动的结果”，并且，黑格尔哲学“把劳动看作人的本质，看作人的自我确证的本质”[②]。黑格尔将人的劳动视为人的存在的总体性表现，因而对劳动予以了高度关注，使得这一范畴在其哲学中占据主导地位。然而，随着社会的发展，到了20世纪，劳动的原始意义被摧毁了，在很大程度上，劳动被非人化了。纯粹性的操持和操控占据了劳动的各个领域，将劳动分裂为一个不再完整的存在。当功利主义的实践活动占据劳动的主导，操持就成为一种异化了的形式存在着，并日益渗透进现代人的日常生活世界，表征着现代人基本的生存状态。在现代市场经济社会分工的条件下，劳动过程被操持分割开来了，成为一个又一个独立开来的环节而存在，劳动者不得不面对的是其中的某个特定的环境，在独立的片断中孤立无助着。因此，人的存在的总体性消失了，劳动者就这样畸变为进行操持活动的纯粹的“操控者”了。科西克认为，在这个时候，整个人类世界不再是一个完整的存在，而是一

① “一地鸡毛”系中国当代作家刘震云小说名，作者以此比喻日常生活的重复烦杂下主体的生存变形：人异化为机械重复的工作构件和生活角色。

② 《马克思恩格斯全集》第3卷，人民出版社2002年版，第320页。

个“表现为现成的器械、装具和关系的世界，表现为个人社会运动的舞台，他的主动性、就业、遍在和汗水的舞台”①。

科西克在阐释“操持”这一概念的过程中，有意将其与马克思的经济学理论结合起来。他将“操持”视为人的抽象劳动的现象，并将黑格尔的客观唯物主义转向海德格尔的主观唯物主义的现实视为哲学的衰落。原本的“劳动”概念畸变为“操持”概念，科西克认为，这一转变与其说是关于客观存在的现实变化的反映，毋宁说是一个极为明显的理论质变，即以“一种神秘的方式反映着人类的加剧拜物教化”②。就这样，劳动者在这种拜物教不断加剧的生活世界里被动地存在着，在“装置和装备的现成体系中”存在着，现成的体系操持着劳动者，劳动者也操持着现成的装备体系。其结果必然是，操持渗透进了劳动者的全部生活，劳动者自身已经忘记了自己的真实角色，所有的劳动者，无论“劳作是生产还是白领工作，都被分割为数以千计的独立操作，每种操作都有自己的操作者和执行者”③。对此，科西克直接写道：“操持是实践的现象异化形式，它并不表明人类世界（人的世界、人类文化世界、人化着自然的文化世界）的起源，它表现着日常操控活动的实践。”④ 人受雇于物，成为物操控的对象。科西克接着解释说：“操持是（对人和物的）操控。它的动作天天重复着。人对此早已习以为常，机械地完成这些动作。‘操持’这个术语表现实践的物象化性质，它意味操控不是进行创造性劳作。”⑤ 不是创造性的实践，科西克在《具体的辩证法》中多次将其描述为功利主义的实践。在他看来，“操持是人在现成给予世界里的实践行为。它相当于在某一世界里维护并操控装具，但它决不是构造人类世界的过程”⑥。那么，对于劳动者来说，现成的装备体系将他当作没有任何生命力的、无可置疑的东西来操控，劳动者只有在极其特殊的情况下，也即科西克所说的“意外的故障”出现的时候才会突然惊醒过来，猛然发现，自己原来生活在这

① ［捷克斯洛伐克］科西克：《具体的辩证法》，傅小平译，社会科学文献出版社 1989 年版，第 48 页。

② 同上。

③ 同上书，第 48—49 页。

④ 同上。

⑤ 同上书，第 49 页。

⑥ 同上。

样一个由操持主导一切的“运行着的装具世界中，这个世界是个互相联结的连锁系统”①，生活在商品拜物教（commodity fetishism）的境地中。显然，这个“操持”概念其实就是直接从海德格尔那里挪用过来的，并且认为自己对海德格尔的“上手性”导引出来的概念进行了创造性发展。科西克在这里将自己置于一个现代集成装置和机器体系的观察者的立场来看待这一切，他自认为这个判断是对整个物性世界的完整认识和把握。在科西克看来，“这个意义世界里，客观物质实践不仅构成了作为事物意谓的事物意义，而且还造就了使人得以与物的客观意谓沟通的人类官能”②。因此，科西克认为海德格尔对于操持的认识还不到位，认为海德格尔是一个地道的在黑森林的小木屋里玄思的农民。

“烦”与“操持”构成了日常生活的要素，但是这两个要素的存在状态是不一样的。科西克认为，“烦”是一个静态的世界，其中充斥着操控、操持与功利主义的拜物教。因为从根本上看，“作为人类实践的普遍物化形象，操持不是生产和构成一个客观实践人类世界的过程，而是对现成装具乃至于文明的源泉和必要条件之总和的操持”③。然而与“烦”不同的是，操持具有非创造性，它与具有创造性的生产活动一起相对立：前者是一个关于人类真实实践描述的世界，它表征着人类实在的起源，以及社会的生产与再生产；后者却是一个由现成装备体系控制了的客观实在世界。这个世界里，人的实践不再是变革性的，而是被动的和消极的，是人受制于物的操控和奴役。当人类的实践活动被功利主义占据主导时，对于自然来说，它就成了“操控者”操控一切的原料基地与实验室，于是，自然与人之间的关系表现为被奴役与奴役、被征服与征服的关系。另外，对于作为主体的人来说，他在“被抛”的现实的实在世界中，被“仪器综合体”包围着，寻找不到这些仪器的功能和存在的真理在哪里。“操控者”操控着电视机、电话、汽车、电梯和计算机，但是对于这些技术自身的存在价值，以及对于这些仪器和装备的意义却一无所知。这时我们发现，人在一种“烦神”的状态下遗忘了自己的生存性，只能将自己指向

① ［捷克斯洛伐克］科西克：《具体的辩证法》，傅小平译，社会科学文献出版社 1989 年版，第 49 页。

② 同上书，第 50 页。

③ 同上书，第 51 页。

那个遥远的尚未出现的未来："由于烦是期待，它便使过去失去效力，并全神贯注于尚未出现的未来。"①"烦"延续着那个拜物教化的未来，也展开着那个拜物教化的暂时，因此，人"烦神"在时间当中，在时间的不断流逝中否定着自己的存在，进而既遗忘了现在，又被未来所抛弃。可以说，"烦"之中的个人生活在一种极度的不可靠之中。

客观地说，科西克对日常生活构成要素的分析，是以海德格尔的哲学来解读马克思的经济学，用海氏关于"烦"的分析来阐释马克思的劳动和社会生产，试图在理论上将马克思劳动和社会生产的概念变成海德格尔式的哲学思辨。我们一般将马克思的历史唯物主义解读为两个不同的层次：广义的历史唯物主义与狭义的历史唯物主义。前者不蕴含批判意味，主要探讨历史的一般发生过程；后者蕴含批判意味，和我们理解的历史现象学意义相当，主要通过对政治经济学的分析来批判资本主义社会，并提出最终超越这一社会的未来愿景。因此可以说，科西克试图嫁接马克思的经济学与海德格尔的哲学时，在理论逻辑上也是行得通的。但我们必须看到，科西克的经济哲学虽然在语言表述上与马克思的经济哲学相近或具有一定的相似性，但从理论逻辑的深层次上看，前者的经济哲学与后者的经济哲学是不能相交的。

二　日常生活的一般图式

对日常生活的基本内涵与构成要素进行了一番描述后，科西克开始从更高的层次上对日常生活的理论图式进行描绘。在他看来，人们每天栖息的日常生活世界是一个异化了的世界，是一个遮蔽了本质的现象世界，也是一个非本真的世界。日常生活的主要表现是"平日"，而平日生活是一个异化了的日常世界，因此需要对此进行批判和审视。

（一）平日是一个现象世界

科西克反对胡塞尔的"回到事物本身"的那种绕过现象而直达事物本质的做法，他认为胡塞尔那种企图直达事物本质的做法其实从根本上极易错过本质。在科西克看来，现象是实质的基础，也是通向事物本质的道路，绕过了现象也就无法抵达本质。因此，他要以海德格尔的生存论来直

① ［捷克斯洛伐克］科西克：《具体的辩证法》，傅小平译，社会科学文献出版社1989年版，第12页。

面平日生活的现象世界。

根据德国著名政治理论家汉娜·阿伦特的定义，“事件”（Evènement/event）就是“切断日常生活过程及程序的事故”。科西克一开始就对平日进行了解读。他指出：“人类的每一种生存方式或在世（being - in - the - world）方式都有它的平日。”（即平日里的每一个普通无奇的日常生活）从社会发展史来看，人类的整个世代、千百万人民曾经或正在生活在他们的平日之中。平日就像是一个自然氛围，它把人们个人的生活组织成每个一天，因而平日也是一个可信、熟识和惯常行为的世界。资本主义的平日世界是个异化了的伪具体世界，人们生活在这个异化的世界中而毫不自知。在这个平日世界之外还有另外一个世界，这就是“历史”。科西克认为，“历史”是历史性和历史行状的统一。历史往往会沉入过去，它一去不复返，并且非常短暂；历史也是自我的形成与创造的过程，它持续着时间，维系着那些持续着的东西的不断形成。因此可以说，历史是一个过程，在这个过程中，人既表现为一般的先决条件，又表现为特殊历史成果。人总是历史的存在，他绝不能离开历史界域而生存。历史不是黑格尔绝对精神式的不变实体的自我外化过程，而是由人作为主体创造出来的。历史也不像历史决定论认为的那样仅仅具有历史性、易逝性和不可重复性。“历史之所以是历史，是因为它既包含着环境的历史性（historicity）又包含实在的历史行状（historism）。”

如上所述，平日是异化的现象世界，它汇集着千百万人的社会组织，表现为他们的有规则性的、熟悉的、重复性的工作与社会状态，也展示着他们的生活与工作的节奏与规律。而且，任意一天都可以被另一天所代替，日常生活中的节奏也是不变的，这个周一与上个周一的生活、工作与行动没有什么区别。“世世代代，芸芸众生曾经或正在过着他们的日常生活，仿佛日常是一种自然的氛围，他们从未停下来去追寻日常的含义是什么。”① 不仅如此，对于日常生活的主体来说，“他”的日常生活与其他人的日常生活也没有什么差异，他可以任意地被他之外的其他人所替代。因此，在这一平日生活世界里，任何人的生活方式、活动方式都成为一种机械的、重复的、可替换的、无意识的活动，单调而乏味，掀不起一点波

① Karel Kosik, *Dialectics of the Concrete*: A Study on Man and World, Dordrecht: D. Reidel Publishing Company, 1976, p. 42.

澜。在这样的状况下，生活在“平日”里的每个人也都过着一种没有批判、没有怀疑、没有创造的生活，凭依自己的重复了多次的活动，或者自己的经验，与这个世界发生各种各样的关系。于是，自然而然，他也就将“平日”看成了自己的全部世界，一个真实的、自以为是的世界。笔者发现，科西克的这个描述与海德格尔的那个“简单工具”的“上手性”的描述极为相似。科西克指出：“平日里的一切都‘在手边’这个世界是人们熟知的、能自己控制的、重复性的世界。”[①]

（二）平日与历史的内在关联

科西克指出，平日表现为非个人力量的无名和专制。平日的无名表现为主体的无名，也表现为历史创造者的无名，主体仅表现为海德格尔意义上的“常人”。于是人们发现，人不再是堂堂正正地诞生于环境之中，而总是被“抛入”一个现成的世界之中。但是科西克同时也强调，人类生存的主客体关系与前社会和非社会主体以及社会实体之间的关系是不尽相同的。人类主体对对象性的认识和把握在很早以前就已经拥有了。人这种对象性的主体必须通过产生一个主一客体历史世界才得以生存。“人正是通过他的生存，才不仅仅是一个业已被罩入社会关系之网的社会存在。”人可以在这个现成的平日世界里通过他的“实际生活”，“在他自己生命的进程中，在占有和变革过程中，在生产和再生产实在的过程中，为自己审视这个世界的可靠性和不可靠性”。因而，平日不仅仅是历史的产物，还同时是历史性的渊源。平日不是永恒不变的，在个体的和人类的实践一精神进化过程中，平日的无名性和无差别的全能的统治终将崩溃。科西克正是要摧毁这种平日的无名的统治。在这种“无名”力量的统治下，犹如一种自然氛围而存在着的平日，似乎已经不能激起人们对于平日意义与价值的追问了。中国人习惯上把这种现象叫作“过日子”。在他们看来，“过日子”就是平淡无味的，也是不用刻意去追问什么意义的。或者也可以说，这样的生活状态已经成为一种“惯性运转”[②] 或者科西克所称的“惯常行为”[③] 了。似乎所有的物质对象都有着自己固定的位置，都在有

① ［捷克斯洛伐克］科西克：《具体的辩证法》，傅小平译，社会科学文献出版社1989年版，第54页。

② 参见张一兵《惯性实践运转》，《求索》1999年第1期。

③ ［捷克斯洛伐克］科西克：《具体的辩证法》，傅小平译，社会科学文献出版社1989年版，第54页。

条不紊地按照原有的样式和轨道运转着。

平日与历史是有着内在关联性的两个世界。在平日世界的边上，有一个“历史”。它们在相互的碰撞中暴露和揭示出对方的真理和客观存在。“平日”就是一种平淡无奇的日子，只有在某些突发事件出现时，“平日”才会暴露出自己的存在，才会被人们发现自身的价值。每个人在过每一天时，不会刻意去思考这个平常日子对于他来说究竟有什么意义，并没有感到“平日”的存在。然而，一旦他的平日世界不再惯性运转或者滑行到某个不平常的状态时，“平日”就会被凸显出来。因为这个时候，“历史”世界出现了。正是历史世界的出现，使得平日世界在对比之下被发现。科西克对此这样写道：“平日表现为信任、熟识、亲近，表现为‘故乡’；而历史表现为出轨、平日生活的打断，表现为意外和陌生。”① 他还举例说明，对于和平世界来说，突如其来的战争就是历史。因为和平的世界被打破了，战争撞击了平日的平静，征服了平日的平常性。无疑，这时，对于千百万人来说，他们曾经习以为常的日子被撕毁了，他们从前惯有的生活规律和工作节奏被打乱了。例如，在20世纪苏联的著名电影《攻克柏林》中，当那辆装满德国坦克的战车从一对在麦田原野中幸福相拥着的青年恋人身边驶过的那一瞬间，宁静的“平日”被打破，人们突然意识到，战争就要爆发了，与一种特殊的日子不期而遇了。在这里，“平日”被战争的“历史”所打破和指认出来了。再如，在日本的著名电影中，山口百惠饰演的女主角，在她没有进入那个带有放射线的实验室之前，所有的日子对于她来说都是平淡无奇的“平日”，也没有人会注意到她的存在。然而，在她进入那个带有放射性极强的有毒的实验室后，所有人都知道她很快就要死了。这时，她的“平日”被指认出来了，作为疾病出现的“历史”一下子摧毁了她的“平日”，也凸显出了她的“平日”。还有2008年5月发生在中国四川那场破坏性极强的地震，一下子将许许多多人的“平日”暴露了出来。处于灾难中的人们的悲惨的局面让人们发现，作为灾害的地震的“历史”出现了。透过那些悲惨的画面，人们开始反思“平日”，再度去发现“平日”的意义与价值。在这里，海德格尔的“向死而生”是一个很好的应用。

① ［捷克斯洛伐克］科西克：《具体的辩证法》，傅小平译，社会科学文献出版社1989年版，第55页。

平日不是历史，历史也不是平日。然而历史可以表现为“历史性”。一般情况下，平日是宁静的、安详的，而历史却不断变化着，但二者却紧密相连。在科西克看来，平日是历史的原材料，它是历史的基础，平日支撑着历史，并滋养着历史，即便平日自身是没有历史的存在。从整体上看，二者的关系是极为深刻的。科西克指出：“平日是一个现象世界，即使在掩盖实在的时候它也以某种方式揭露着实在。”① 在这样的情况下，如果人们“把平日与可变性、历史僵硬地分开，一方面会导致历史的神秘化，这种历史的神秘化可以表现为马背上的皇帝和历史；另一方面会抽空平日，导致平庸陈腐的工作日宗教”②。也就是说，如果没有了历史的发生，平日就不会被暴露出来，就会成为一个空洞虚无的存在；另外，如果没有了平日的存在，历史也就变得没有力量和厚度。因此，在日常生活中，如果将平日与历史肆意分割开来，都是一种形而上学的做法，或者是一种特殊形式的拜物教。仅仅拥有平日的人，很可能过的是一种“平日拜物教”的常人式的生活，他们往往看破红尘，万念俱灰；而仅仅拥有历史的人，很可能过的是“历史拜物教”的圣人般的生活，他们往往会化小为大，小题大做。从根本上看，这应该是两个处于极端的非辩证的形而上学。

在一个更大的历史尺度上，科西克对“平日”现象世界进行了细致的讨论。在这里，科西克将“操持”世界与现实生活拉在一起来认识，“操持”的世界就是“平日”世界。不仅如此，科西克认为，平日与历史是两个不同的世界，一边是一个异化了的现象世界，而另一边则是一个本真的值得我们期待的真实世界。科西克在此指出，平日既是历史的产物又是历史性的渊源。平日和历史不是截然分裂的，“平日和历史是相互渗透的”。但日常的素朴意识把平日与历史的断裂看作一种宿命，这就把实在一劈两半，把平日和历史截然对立起来了，并认为历史变化着，而平日则保持不变，历史是历史性的，而平日则是非历史的。

在科西克看来，正是这个作为现象世界而存在的“平日”，在掩盖实在的同时也揭示着实在；平日作为一个现象世界，既是对实在的遮蔽，同

---

① ［捷克斯洛伐克］科西克：《具体的辩证法》，傅小平译，社会科学文献出版社 1989 年版，第 56 页。

② 同上。

时也是对实在的解蔽。如果仅仅把平日看作实在的“现象”层面，物化了的平日就不可能在向可靠性的跳跃中得到克服，而“只有通过在实践中清除平日拜物教和历史拜物教才能克服”，但这样一来，也就意味着在摧毁物象化的平日的同时，把实在本身也摧毁了。把平日看作实在的“现象”层面还有另外一个不良后果，那就是把平日和历史截然分开。这样一来，“历史”就会成为一种神秘化的东西而存在着，从而失去了自己的本来面貌，历史被篡改为“大写”的历史，或者被当作“马背上的皇帝”；另一方面，历史会抽空“平日”，带来更加陈腐的“平日”，导致更多“工作日宗教”的发生，平庸的日常生活也会更加泛滥。这样一来，“平日”就被看成是永恒的、不可改变的。

科西克还认为，把平日和历史相分离是一种神秘化的做法，而且这恰恰是素朴的日常意识的出发点和主导思想。因而，平日不是实在的“现象”层面，毋宁说是一个深层异化了的现象充斥着的现实世界；它掩盖着实在，也揭露着实在，既与实在世界联系着，又与实在世界矛盾着。“在某一方面，平日揭露实在的真理”，因为外在于平日世界的实在只能是先验的非实在；同时，在另一方面，“平日又掩盖着实在”，平日并不直接包含实在的整体，而是有中介地包含它的某些方面。因此，对平日的分析又只能在一定程度上把握和描述实在。科西克认为，作为现象世界的日常生活世界本身就是一个存在着的矛盾统一体。人一边真实地生活在这个现象世界里，感受着现象世界赋予他的一切，同时又由于现象世界所展示和暴露的矛盾和问题，对另一个世界即真实世界产生向往和期待之情。也就是说，在这个物化世界里，人被淹没了自我，但唯有这种淹没才会使他能够准确理解和把握这个异化了的日常生活世界。人在这样一种生活世界中机械、重复、无意识地本能地生活着，“无物、人、运动、工作环境等等的创造性和可靠性是不曾被人感知的，它们未经考查、未被发现，但是却简捷地存在着，并被看作囊中之物，看作已知世界的组成部分”①，平日被看作现成的，直接可以接受的、无须反思的世界。人们把平日看作自己的世界，而忘却了平日是自己实践的产物，是在一定条件下的特殊的历史产物。

① ［捷克斯洛伐克］科西克：《具体的辩证法》，傅小平译，社会科学文献出版社 1989 年版，第 48 页。

日常生活和历史在相互碰撞中昭示了各自的真理：人们对日常生活是如此的熟悉，甚至到了感受不到它的存在，只有在日常世界的惯性运转被“历史”打断的时候，才会意识到它的存在。历史使得人们受到强烈震撼，将他们从无比熟悉的日常生活环境中撕扯出来、驱逐出来。历史超越了日常生活，使日常生活完结了。在素朴的日常意识看来，“平日表现为信任、熟识、亲近，表现为‘故乡’。而历史则表现为出轨、平日生活的打断，表现为意外和陌生”①。这种观念将人类的社会生活分裂为两个部分：一是日常生活世界，人们在这个世界中进行着规则性、重复性的劳作活动；在日常生活世界之外还存在着一个与之截然相反的“历史”，“而历史的东西则被看成是某种脱离日常生活的东西，某种处于世界之外和超乎世界之上的东西”②。它打破了日常生活的节律，表现为平日之后的超越实在。而且“在素朴意识看来，平日与历史之间的生活断裂是一种宿命”，“历史变化着，平日则保持不变”，“这种分离恰恰是日常意识的出发点和主导思想”③。这种断裂把人类实在分割为两个部分，一面是历史性的历史，另一面是非历史性的日常生活，二者是截然对立的。科西克认为，将平日与历史绝对分离是对二者关系的神秘化，“假定平日是与作为反常现象的历史不同的一种常规，这本身就是某种神秘化的结果”④。这导致了两个后果：一是将历史神秘化为某种绝对实体自我运动自我展开的过程；二是使日常生活变为平庸陈腐的“工作日宗教”。“实际上平日和历史是相互渗透的”⑤，没有历史，平日永远都是平淡无味的存在；同样地，没有平日，历史就会失去动力，没有了支撑和滋养。

科西克认为，人类生活世界的平日不会永远成为人的本质，因为总会有一天，“无名”的和无差别的“常人”统治终将会消失，个人的独特性终会得以展示出来，人会在一个没有常人统治的世界里更好理解“平日”。他深信，黑格尔的“熟知并非真知”的说法是极为深刻的。人们熟

① ［捷克斯洛伐克］科西克：《具体的辩证法》，傅小平译，社会科学文献出版社 1989 年版，第 55 页。

② 《马克思恩格斯文集》第 1 卷，人民出版社 2009 年版，第 545 页。

③ ［捷克斯洛伐克］科西克：《具体的辩证法》，傅小平译，社会科学文献出版社 1989 年版，第 55 页。

④ 同上书，第 53 页。

⑤ 同上书，第 55 页。

悉的平日世界并非是一个他充分认识了的世界，因此在很多情况下，为了让人们能够更加清晰地认识“平日”的异化境况，撕毁套在其头上的虚假面纱，让平日充分暴露自己，就必须让人们与“平日”保持一定距离。科西克为此给出了这样的策略：“为了窥见异化了的平日之真情，人们必须与它保持一定的距离；为了取消它的熟识性，人们必须对它施行‘强制’。”① 那么。如何才能与平日保持一定的距离呢？科西克认为，这需要求助于现代艺术。在这里，深受列斐伏尔的“让日常生活回归艺术”的影响，科西克极力推崇艺术的价值，认为只要借助于艺术的力量，运用革命性的变革，平日的异化就有可能消除，伪具体世界就能够得以顺利摧毁。

那么，平日与历史之间的矛盾如何才能消除呢？科西克认为，只有“现代唯物主义第一次消除了平日和历史之间的矛盾，并确立了关于社会—人类实在的前后一贯的一元论观点。只有唯物主义理论把一切活动都看作历史的活动，并填平了非历史的平日与历史性的历史之间的鸿沟”②。也就是说，只有陌生才能消除熟悉，也只有现象才能呈现本质。毋宁说，这有些辩证思维的味道。但是从根本上看，科西克的辩证思维意味仅仅是存在主义立场上的，它与历史唯物主义语境中的辩证思维还是有一段距离的。

（三）日常生活的一般图式

第一，拜物教化实践的物相世界。

纷呈于真实本质过程表面的外部现象世界被科西克称为“拜物教化”的实践世界。科西克指出：“（马克思把）资本主义描述成一个系统，一个由无意识主体（价值）的运动构成的系统。这个系统从整体上表现为一个剥削他人劳作的系统，表现为一个大规模地再生产自身的系统，亦即一个死劳动统治活劳动、物统治人、产品统治生产者、神秘的主体统治真实的主体、客体统治主体的机构。资本主义是一个总体物象化和异化的动力系统。”③ 他极力认同马克思对资本主义生产系统和生活世界的描述，

① ［捷克斯洛伐克］科西克：《具体的辩证法》，傅小平译，社会科学文献出版社1989年版，第60—61页。

② 同上书，第109页（注6）。

③ 同上书，第137页。

认为马克思的这一判断是极为准确的。马克思紧紧抓住了哲学劳动根本任务，对资本主义生活“物的结构”进行了深刻的剖析，为我们还原了一个客观的人类实在世界，这也是辩证法的魅力之所在。形而上学的知性思维不是一种批判的思维，它分割现象与本质的内在关系，把伪具体世界视为一种自然的、自主的和独立的存在，且将这一存在视为真实的存在，因而是错误的。

科西克认为，在这个拜物教化的实践世界里，“总体性”的物化本质透过人的拜物教体现得淋漓尽致。物统治人，死劳动统治活劳动，客体统治主体，人的日常生活世界被彻底异化了。“烦”与“操持”占据着他的每一天，人在平日里不假思索地、无意识地生活着，没有了批判思维，没有了怀疑精神，就这样，真实的主体消失了，神秘主导着人的日常生活世界的一切。因此，这是一个典型的拜物教化世界的物相世界。

第二，固体客体世界。

所谓“固体客体世界”是指资本主义生产条件下，主体与客体关系发生了颠倒，客体僭越主体占据了主体的地位。科西克用这一概念来批判资本主义生产方式带来的人的日常生活的异化状况。科西克指出，是资本主义的生产方式造成了这个世界是一个“伪具体世界”，而且这种生产方式还使主体与客体的辩证法发生了颠倒，因而是一种需要批判的生产方式。科西克明确指出，资本主义生产方式下，“物被人格化了，人则被物象化了”①。人被物象化的后果就是，物的世界凸显出来，且呈现出一定的自律性。在这里，原本作为主体的人被一体化了，成为资本主义社会下资本运动的代言者，或者资本运动的执行者。于是，人的意识和意志被掩盖和遮蔽起来，物的发展和客观进程决定着社会的实际发展运动，并且将被遮蔽起来的人的意识和意志视为自身的中介，从而将资本主宰一切的真实的社会关系也掩盖起来了。

科西克将现象与本质视为没有本质差异的东西，认为本质与现象始终是紧密联系在一起的，离开了本质，现象就难以构成一个独立的现象世界；本质不是与现象相对立的一个范畴，它也是在与现象的紧密联系中呈现自我的。因此，现象在揭露自身的同时掩盖着本质。如果想要认识某一

---

① ［捷克斯洛伐克］科西克：《具体的辩证法》，傅小平译，社会科学文献出版社 1989 年版，第 145 页。

个事物的现象，就需要我们深入事物内部，仔细探究事物自身如何在这一现象中显示自我，以及如何隐藏自我的过程。唯有这样的思维方式才是一种现代的科学的思维方式，才能够获得关于世界本质的科学认识。因为它深入到人的现实的生活世界内部，在这个世界的内部发现真理，而不是到世界外部去寻找理由和根据。到世界内部寻找真理，意味着人推动着使人自身人化的过程，于是，在属人的生活世界里，人的真实的主体地位体现出来了，处于客体地位的事物、关系、意义等都是人的实践的结果和产物。其中，真理的创造和生产也是一个能动的过程，而不是某种既定的先验的存在。科西克认为，真理创造和生产的过程也是还原伪具体世界对人的生活意义的遮蔽的过程，即摧毁伪具体世界自身的过程，从而还原人的主体地位。从根本上看，“每个人都必须去占有自己的文化，他必须自己引导自己的生活而不要别人代理”[①]。人类展现自身的真实过程就是一个真实世界的展开过程，也是人的存在的真实现象的揭露过程。所以，要想对伪具体世界进行彻底摧毁，就不能在现实世界背后、到远离人的实践活动中去寻找答案。因为伪具体世界的摧毁过程，归根到底就是具体实在的构造过程，也即观察实在的具体生产过程。无疑，这一过程如果没有了人的革命性实践活动，社会实在的构造就是一句空话。换句话说，只有实现主客体的统一，才能获得主体与客体的双重解放。在这里，主体被理解为一种实践的存在就是主体解放；而通过主体的革命性实践构造出合理的社会存在的过程就是客体解放的过程。

科西克在这里描述了在资本主义社会资本的自然运动历程，这种自然运动是以人的激情为中介的。人的自身独特的价值、人的尊严被资本抹杀了。资本主义成为一个总体物象化和异化的动力系统。人变成了资本自我增殖的工具。科西克的这些描述很符合马克思的原意。在马克思那里，资本家和工人一样处于异化状态，都变成了资本自我增殖的工具。人的文化、消费、思维方式和组织结构都被金钱宰制了，正像马克思所说的那样：“一切固定的僵化的关系以及与之相适应的素被尊崇的观念和见解都被消除了，一切新形成的关系等不到固定下来就陈旧了。一切等级的和固定的东西都烟消云散了，一切神圣的东西都被亵渎了。人们终于不得不用

① ［捷克斯洛伐克］科西克：《具体的辩证法》，傅小平译，社会科学文献出版社 1989 年版，第 5 页。

冷静的眼光来看他们的生活地位、他们的相互关系。”① 或者用马克斯·韦伯的话来说就是：“资本主义是一个去魅化的过程。”虽然科西克在这点上没有多少创新，但是其对资本主义物化现象的描述还是很生动的，给人以深刻的印象。

第三，重复性的日常观念世界。

理性的现代个人因此永远是烦神、操持和挂牵的。在异化了的日常生活世界里，人们过着一种单调重复的生活，在无意识、不假思索的意识中存在着。资本主义社会生产方式使得物被人格化了，“当参涉个体实践功利主义地处理物时，实在表现为手段、目的、工具、需要和操持的世界”②。在这种情况下，人的意识中便获得了各种各样关于物的观念和认识，个体就会获得各种各样的认识形式，于是，物的现象外观便在人的意识观念中沉淀下来，形成相对固定的认识，这样的认识形成就是科西克所理解的日常生活思维。一旦这样的日常思维形成，就会统治着人的日常生活观念世界，使得他们在日常生活世界里获得“上手性”的认识形式，轻车熟路，游刃有余，不需要思考就能够得心应手地处理一切事务，“操持”着这个“烦神”的日常世界。科西克指出，“在日常中运演着两种可替代性和替换。日常中的每一天都可以换为相应的另一天，日常使这个星期四与上个星期四或去年的某个星期四毫无区别。……同时，每一给定日常主体都可以为另一任何主体所替换：日常的主体是可以互换的。最好用数字或印章来描述和标识他们”③。之所以能够这样，是因为这种思维模式“能使人们在世界上找到可行之路，使人们感到与物相熟悉，并能处置它们”④。“在日常中，活动和生活方式被转变为本能的、下意识的、无意识的和不假思索的活动和生活的机制：事物、人、运动、工作、环境、世界——它们不是按其创造性和真实性而得以理解，它们没有被考察和被发现，而只是存在于那里，被当作存货，当作已知世界的组成部分而加以接

① 《马克思恩格斯文集》第2卷，人民出版社2009年版，第34—35页。

② ［捷克斯洛伐克］科西克：《具体的辩证法》，傅小平译，社会科学文献出版社1989年版，第1页。

③ Karel Kosik, *Dialectics of the Concrete*: A Study on Man and World, Dordrecht: D. Reidel Publishing Company, 1976, p. 44.

④ ［捷克斯洛伐克］科西克：《具体的辩证法》，傅小平译，社会科学文献出版社1989年版，第2页。

受。日常呈现为未分化的黑夜，机械和本能的黑夜，即表现为熟知的世界。”①

然而，科西克同时还提醒我们注意，虽然这种重复性的日常生活观念统治着人们的思想和行为，使得人们可以不太费力地进行工作、生活和学习，但是必须看到，这种思维模式的致命之处是，并没有真实地揭示出事物的本质，因而无法引领人们获得对实在的真实理解。而且，重复性的日常生活思维在本质上看是一种非本质的反映论，它武断地割裂事物的现象形式与现象自身，并且把现象形式与现象当作事物的实在（本质）来对待，结果误把事物的外在表象当作事物的本质，因而是一种需要我们批判和超越的日常思维。

马克思明确指出：“当我们通过思维来考察自然界或人类历史或我们自己的精神活动的时候，首先呈现在我们眼前的，是一幅由种种联系和相互作用无穷无尽地交织起来的画面。”② 应该说，在关于事物的对象化活动的描述上，科西克的认识与马克思有着较强的一致性。科西克不仅区别了人类生存的内外关系与主客体关系，也将人的实践活动的对象性与对象化活动区别开来，正确地指出了人的本质其实是一种对象化活动，人是作为一种主体生活在这个世界上的。人通过历史性对象化活动，最终通过自己的创造性劳动来认识和改造世界，从而也创造着属于自己的生存条件，以及栖息其中的生活世界。科西克同时也正确地指出，在某些特定的历史条件下，人会失却自己的主体地位沉溺于最为客体存在的对象性之中而无法自拔，会在一个操控和操持的世界里完全忘却了自我，这时，对象性则突出出来成为真正的主体。在这一点上，科西克认为海德格尔的发现是伟大的。因为他发现了生活世界里的人总是被“抛入”那个烦神和操持的世界当中，而不是堂堂正正、自然而然地诞生在自己生存的环境之中。在一般情况下，他总是完全受外在社会关系制约。也就是说，人在日常生活的图式中麻木了自己，失去了本真的自我，将自己的本真性遗忘得干干净净。这一点与德波关于当前社会中人们对于自己沉迷于“景观社会”的“被制造性”当中而无法自拔的境况如出一辙。

---

① Karel Kosik, *Dialectics of the Concrete*, D. Reidel Publishing Company, 1976, p. 43.

② 《马克思恩格斯文集》第 9 卷，人民出版社 2009 年版，第 23 页。

第四章

“具体总体”的辩证法：构造与生产

辩证法的初始形态是在古代希腊哲学中诞生的，意味着理性思维在当时的社会生活中达到了一定的高度。巴门尼德（Parmenides，约前515年—前5世纪）的存在概念意味着思维对世界整体把握的开始。“自巴门尼德以来，哲学找到了自己的道理，开始探索一个新领域，提出一些只属于自己的问题。”① 当一种思维意识到存在者本身的存在属于某种更高意境的时候，就意味着把自身向某种更高的属性归化，也就是把个别向一般进行归属，这恰恰是辩证法产生的最基础性的条件。一般来说，从西方哲学史的整个发展来看，英美哲学往往惯于向我们描绘一幅关于科学是什么的世界图景，善于立足于科学的视角来看待这个世界，他们大多运用主客二分的知性思维模式，“在判定一种思想或理论是否有意义时，有两个最基本的标准：一是‘可验证性’标准（证实或证伪），二是‘无矛盾性’标准（逻辑上无矛盾）”②。在对辩证法进行批判时，它所运用的正是这两个标准。正如德国哲学家赖欣巴哈（Reichenbach）所指出的那样：“哲学思辨是一种过渡阶段的产物，发生在哲学问题被提出，但还不具备逻辑手段来解答它们的时候。”③ 然而，当外在的客观环境得到改变，逻辑手段具备的情况下，辩证法就会改变自己的形式，化身为另一身装扮或者另一副面孔。针对这一情况，英国著名科技哲学家波普尔（Karl Popper，1902—1994）认为：“辩证法模糊而灵活，足以解释说明这种出乎预料的情况，正像它可以圆满解释说明不出乎所料的以及碰巧不曾实现的情况一

---

① ［法］皮埃尔·韦尔南：《希腊思想的起源》，秦海鹰译，生活·读书·新知三联书店1996年版，第118页。

② 贺来：《辩证法的生存论基础》，中国人民大学出版社2004年版，第46页。

③ ［德］赖欣巴哈：《科学哲学的兴起》，伯尼译，商务印书馆2004年版，第3页。

样。不管事情怎么发展都合乎辩证法的图式；辩证法家永远不必担心未来经验的反驳。”① 也就是说，哲学的存在价值在于对科学命题进行逻辑性的梳理与分析，它并不能为科学提供意义和真理，因而只能作为一种“科学的逻辑”而体现自身的存在价值。

具体说来，在对待辩证法的态度上，欧陆哲学家与英美哲学家所走的是不同的路线。总体看来，前者对辩证法褒贬兼有，既有批判也有赞赏，但居于主导地位的是批判。因为他们认为，辩证法往往喜欢寻求某种超历史的终极实在，而且还把这种终极实在作为自己的根本任务来对待。辩证法只有最终把握到了终极实在这一法宝，那么对各种经验事物都能够获得统一性普遍性的理解和认识，这样一来，人类社会生活的根本的普遍法则就得以确立起来了，哲学也就圆满地完成了自己的使命。然而，在一些欧陆哲学家看来，辩证法所津津乐道、所寻求的那种终极存在、终极价值、终极解释等在本质上仍然属于知性思维的范畴。辩证法在主观上内在地预设了这样的理论前提，即作为主体的人与作为客体的世界之间是抽象对立的，于是便竭力通过对现象背后隐藏和遮蔽的那个终极存在的寻找与把握，来达到更好地理解世界与改造世界的目的。殊不知，这种知性思维所隐含的是人的功利主义的价值观。在这种功利主义价值观的支配下，人与其生活于其中的世界的关系就是片面的，人作为一种只知道索求和享乐的感性主体而存在，世界便成了一个供主体索求和享乐、满足主体需要的客体和工具。在这种状况下，欧陆哲学家们便极力批判实体本体论、知性思维以及功利主义价值观，并将其视为传统哲学的理论内核来抨击，批判其剥夺了人的存在的丰富性，遮蔽了人与世界的真实关系。在他们看来，真正的哲学根本不是那种极力去寻求世界本原是什么、世界的超验本质在哪里等问题，而是应该将关注的目光转向世界内部，转向世界的主体存在——人的现实的生存状况上。于是，他们的哲学旨趣就集中在对于“人的存在”的本体论问题的讨论和建构上。并且，他们对马克思主义提出了自己的理解，认为马克思主义只是很好地解释了自然界、社会和人的思维，而对于人的真实的生存状态却缺乏相应的理论观照。因此，他们试图以人道主义理论来弥补马克思主义的不足，将关于人的存在的理论纳入到辩证

① ［英］卡尔·波普尔：《猜想与反驳》，傅季重等译，上海译文出版社 1986 年版，第 475 页。

法的主题上去，这被我们称为“人道主义的马克思主义”、“存在主义的马克思主义”或者“人文精神的马克思主义”，典型的代表人物如梅洛-庞蒂（Maurice Merleau-Ponty，1908—1961）、加缪（Albert Camus，1913—1960）、萨特（Jean-Paul Sartre，1905—1980）和海德格尔等。萨特明确指出，辩证法就是一种实践，而实践就是一种“总体化”的运动，作为总体化运动的实践是辩证法的一条主线而贯穿始终。

科西克坚持将摧毁伪具体世界的战斗的最有力的武器视为辩证法。深受“人道主义的马克思主义”的影响，在深入解读马克思主义辩证法的基础上，生活在东欧的哲学家科西克提出了自己的辩证法理论，并且将自己对辩证法的理解纳入到他的日常生活批判理论当中，旗帜鲜明地建构起独具特色的“具体总体”的辩证法，希望以一种革命的批判的实践活动使人结束异化状态，进而成为一个“总体性”的人。科西克认为：“‘环境’与意识之间的二律背反，是主—客体辩证法的诸种易逝的形式之一，而主—客体辩证法则是社会辩证法的基本因素。”① 客体是被把握为总体性的实在，那主体也就只能意识到自己是作为总体而存在。

第一节 “具体总体”与日常生活的人本化

将经典马克思哲学语境中的辩证法的联系与发展的观点淡去，而强调马克思的辩证法是一种革命的理论性理论，这是始于卢卡奇所开启的西方马克思主义的惯用做法。在具体的理论表述中，辩证法会丧失其“总体性”的逻辑结构，而渐渐展示为一种打破自身体系的、不断“解构”（deconstruction）自我凝固化存在形象的一种“扬弃”（sublate）自我的思想运动过程，进而逐步摆脱人的异化，达到“物物而不物于物”② 的自由境地。

在科西克看来，辩证法是哲学的核心内核，也是教条主义和浪漫主义的对立面。科西克对还原论的辩证法进行了严厉批评，认为还原论“把实在的丰富内容转换为某种基本要素。世界的全部丰富性都被抛入了不变实

① ［捷克斯洛伐克］科西克：《具体的辩证法》，傅小平译，社会科学文献出版社1989年版，第87页。

② 《庄子·山木》。

体的深渊”[①]。相反，在他看来，“辩证法不是一种还原的方法，而是一种精神地、理智地再现生活的办法。它是在历史性的人的客观活动基础上，展开和阐释社会现象的方法”[②]，所以，“对实在的解释不是将它还原为某种与它自身所是之物相异的东西，而是展开并阐明其运动的各个阶段和方面，让它自己展示自己”[③]。要想实现对伪具体世界的彻底摧毁，就必须采取切实有效的措施来清除当下日常世界的明显的自治。在科西克这里，虽然他使用的术语与概念以及关注问题的侧重点与萨特有很大差异，但大体来看，“总体性”问题、人的异化问题、人的实践问题、自由问题、总体性与实践的关系问题，等等，都是萨特建构辩证法的核心内容和理论主题。

如上所述，科西克将人的日常生活世界视为一个严重异化了的世界，是一个需要超越和摧毁的“伪具体世界”。那么，究竟如何才能摧毁这个伪具体世界呢？科西克给出了自己详细的理论分析，提出了具体的解决路径。纵观他的整个理论分析，可以发现，面对眼前的这个伪具体世界，科西克给出的最为有效的武器就是辩证法。在提出自己的辩证法理论之前，科西克对马克思主义的辩证法进行解读与阐释。与萨特等人本主义、存在主义哲学不同的是，科西克并不是认为马克思主义是一种人学的“空场”，相反，马克思主义理论自身是丰富的，而对人学的关注始终贯穿着马克思主义理论的始终。科西克对此明确指出：“作为‘人学本体论’的马克思主义是不可超越的。”[④] 辩证法并不是关于自然、社会和思维发展规律的学说，而只是人类实践活动“在精神上再产生现实的方法”。同时，科西克从本体论、认识论、方法论等层面揭示了“具体总体”的含义，阐述了这一范畴所表征的是人类通过社会性、历史性的实践进程，超越有限、异化的生存情境，最终实现“具体总体”即自由解放的人类发展必然趋势。具体总体是科西克承诺的关照人类现实存在状况的根本尺度，它所直接批判的是伪具体世界和虚假总体观，在这个意义上，后者就

---

① Karel Kosik, *Dialectics of the Concrete: A Study on Problems of Man and World*, Dordrecht and Boston: D. Reidel Publishing Company, 1976, p. 13.

② Ibid., p. 17.

③ Ibid., p. 14.

④ ［捷克斯洛伐克］科西克：《具体的辩证法》，傅小平译，社会科学文献出版社 1989 年版，第 171 页。

构成了“具体总体”范畴的内在要素，对它们的分析也是具体的辩证法不可缺少的环节。

在科西克的整个理论框架中，“具体的辩证法”是对未来社会主义作为人道社会实现之后的状态的规划。在现存社会秩序里，人成为被动的客体，深受异化之苦，具体辩证法还远没有实现，而要使人从被动中解放出来，使具体辩证法得以实现，就必须从理论上理解“总体性”概念。科西克认为，“总体”不是全部事实的总和，也不是某种独立于人之上的实体，而是“具体性的实在”，是“进化和形成中的全部实在”。人类不是总体的中心，但包含在总体之中，人类在开发自身潜力和完善总体的过程中起着关键性作用。可是，某些官方马克思主义者却把总体性理解成是高于日常生活、凌驾于人之上的东西，从而只强调社会制度的重要性，蔑视人的主体地位，使人屈从于社会结构。这是一种“虚假的总体性”，“新形式的拜物教”，是对个人自由和民主权利的剥夺。所以，每个人要摆脱异化而获得自由，就必须在不受任何干预的情况下独立自主地生活。对此，马克思正确地分析指出：“只有在现实的世界中并使用现实的手段才能实现真正的解放；没有蒸汽机和珍妮走锭精纺机就不能消灭奴隶制；没有改良的农业就不能消灭农奴制；当人们还不能使自己的吃喝住穿在质和量方面得到充分保证的时候，人们就根本不能获得解放。”①

一 “具体总体”与“虚假总体”的内涵

众所周知，自卢卡奇将马克思主义哲学解读为一种“总体性”哲学以来，“总体”概念在当代受到了一定程度的理论挑战，其中经验主义和存在主义都对它进行了讨伐和批判。他们认为，辩证法应当从观照人的真实的生存处境出发来思考问题，因为在现时代，世界的统一性已经丧失殆尽而陷入混乱混沌的境地，从前那种执着于对终极存在、终极价值和终极解释的认识应当被彻底抛弃。在这种理念下，“人道主义的马克思主义”将思考的重心放在对于人自身的生存状况的反思上，并致力于一种关于人的存在的哲学的建构。有着浓厚人道主义精神的人本主义哲学家科西克，也将哲学的辩证法解读为关于人的存在的哲学。科西克认为：“战后马克

① 《马克思恩格斯文集》第1卷，人民出版社2009年版，第527页。

思主义与唯心主义的最主要的哲学论战是围绕总体性问题展开的。”① 近代的哲学特别是斯宾诺莎哲学对“总体性”概念的阐释使得其成为“在论辩中区别辩证法与形而上学的中心概念”②。与萨特、海德格尔等不同的是，他提出了独具特色的“具体总体”概念，以便在理论上能够为摧毁那个异化了的伪具体世界提供正确的思想武器。在科西克这里，“具体总体”的辩证法是他摧毁教条主义与浪漫主义的有力武器，也是他对马克思主义辩证唯物主义思想的正确解读。为了使这一概念能够更加清晰地被人理解，科西克还提出了“虚假总体”这个与“具体总体”相对立的概念，来构成和生产着他的辩证法思想。

在关于人及其在世界中地位的问题上，科西克坚持认为，人不是一个先验的主体性存在，他始终是一个真实的社会历史发展的主体，在实践的作用下，人不断创设着自己的社会生活，也不断获得关于自然和社会的认识。作为社会实践活动的主体，人构造出来的世界从根本上说是一个“社会实在”，它与自然存在的性质是不同的。为此，他提醒人们，必须注意防止两种错误倾向的发生：第一，坚决反对从科学主义或者自然主义的视角或立场出发，将人解读为一种不真实的存在；第二，坚决反对将“实在”仅仅当作人自身的“实在”来理解，因为这种观点片面地夸大了人的作用，在客观上容易造成“人类中心主义”的错误认识。在这里，科西克是想说明，作为社会历史发展的主体的人，是一个拥有“具体总体”特征的人，他在实践中遮蔽着自我，也澄明着自我，在“具体总体”与“虚假总体”的矛盾中建构着自我，并运用“具体总体”的辩证法，摒弃“虚假总体”，从而最终走向一种真正的“具体总体”，获得自由与解放。

在界定“具体总体”这一概念的内涵之前，科西克对马克思的“具体总体”理论进行了阐释和解读。科西克认为，“具体总体”是马克思主义的核心范畴，在马克思的理论中占据着极为重要的地位，也是马克思主义实践辩证法的中心概念之一。马克思与他之前的以往哲学不同的是，他不是将“总体”做思辨化、意识形态化的理解，而是以一种客观的立场来解读这一概念，并用这一概念来说明部分与整体、偶然与必然、生产活

① ［捷克斯洛伐克］科西克：《具体的辩证法》，傅小平译，社会科学文献出版社 1989 年版，第 42 页。

② 同上书，第 21 页。

动与产品等范畴的辩证关系。然而，科西克认为，马克思关于“总体”的观点却没有被学界所广泛接受，获得普遍性的认同。更为糟糕的是，这一观点在以后的发展中还发生了本质性的“蜕变”。因为它没有被当作一个“辩证概念”来对待，而是被片面地仅仅当作“一种研究实在的方法论规则”① 来处置。这样一来，马克思关于“总体”的观点就被常识化和庸俗化地解读了，而在一般意义上被理解为：任何一种东西都是一种与其他一切东西相联系的存在，整体大于部分之和。科西克指出，“具体总体”是一个内涵极为丰富的概念，它的中心要旨是要关注对“什么是实在”的回答。在科西克这里，“具体总体”既是一种本体观，又是一种认识论原则，还是一种方法论训条。在顺序上，它首先是一种本体观，然后才可能在此基础上构成认识实在的认识论和方法论。总体来说，“具体总体”是一个具有本体论、认识论和方法论三重内涵的概念，且在三者的关系上，它们是内在统一的。

第一，“具体总体”是一种本体论。科西克反复强调，有着三重内涵的“具体总体”首先是一种本体论，是一种关于客观实在的本体观。科西克将其视为对“具体总体”范畴的最基本含义的理解。

在哲学发生的历史上，“具体总体”的概念之所以经常被教条化、常识化和庸俗化地理解，其根本原因在于，一些哲学家把经验意义上的“总体”与哲学意义上的“总体”概念等同起来理解，殊不知，二者有着完全不同的理论内涵。在科西克看来，经验意义上的“总体”往往把总体当作“一切事物的总和”来认识，且这里的一切事物都是不可还原的要素组成的，这些要素构成了一个“总体”。然而，在经验生活的意义上，人们可以对任何现象做出无限多的方面的列举，可以将层出不穷的新事物当成“总体”，因此，经验层面的理解极易带来不可知的后果。也正是因为不可知论的出现，“具体总体”又经常被理解成为一种神秘主义的思辨哲学。

科西克指出，要想获得对“具体总体”的正确认识，必须在观念上消除经验主义的神秘化理解，将“具体总体”纳入哲学的意义层面来认识。科西克指出，“具体总体”之所以是一个本体论概念，是因为“实在

① ［捷克斯洛伐克］科西克：《具体的辩证法》，傅小平译，社会科学文献出版社 1989 年版，第 22 页。

是一个具体的总体，是一个结构性的、进化着的、自我形成的总体”。因此，“具体总体”不是一切事物或事实的简单相加的总和，不是机械的叠加的结果，而是一个动态的、有着内在结构的辩证的整体。科西克解释说：“在这个整体中并通过这个整体，任何特殊的事实（或事实的组合、系列）都可以得到合理的理解。”① 也就是说，“具体总体”有着内在的意义结构，是一个完整的整体。在这个完整的整体和意义结构中，任何事实或事实的组合都能够获得合理的理解。这里需要说明的是，“事实”本身也必须被当作一个辩证的、总体中的事实以及结构性部分来理解，实在的具体性和主体性才能够被我们所正确把握。科西克还指出，“具体总体”反对那种将总体视为现成的整体，或者把总体当作僵化不变的实体来认识的观点，认为这两种观点是截然对立的。科西克解释说，“具体总体”既坚持将总体的各个组成部分看作相互作用、相互联系的，也坚持认为总体不是高于事实和部分的一种抽象存在。总体之所以能够成为总体，正是因为它在与各个部分的相互作用、相互作用中将自身构造为总体。因此，所谓的辩证思维就是主张把实在当作一个整体来描述、把握和认识，在这里，整体的含义不仅指事物、关系和过程的总和，而且还包含事物、关系和过程的具体的形成过程。也就是说，“具体总体”就是它们静态的结构与动态的生成过程的统一，是实在自身及其发展过程的内在统一。

第二，“具体总体”是一种认识论。科西克指出，“具体总体”是将实在当作一个整体来看待的本体观，这里的实在不是一个静态的存在，而是一个有结构的、辩证的动态性生成的整体存在。“具体总体”之所以在客观上把实在当作一个整体，是因为“具体总体”还是一种认识论，它是关于某一事物、关系和过程的认识，同样也是关于它自身在“具体总体”中的位置的认识。科西克指出，“这种具体总体因而是一个处于自我生成和发展中的动态系统，而不是静态的现成物”②。这种认识论认为，人类的认识总是不断前进的，且以螺旋运动的方式出现。在认识不断前进的过程中，任何一个认识的起点都是抽象的和相对的，因此，人们对实在的认识就只能是具体的，这一具体的认识过程就是一个将实在具体化了的

① ［捷克斯洛伐克］科西克：《具体的辩证法》，傅小平译，社会科学文献出版社 1989 年版，第 23 页。

② 张金鹏：《具体总体：世界的本真之维》，《南京社会科学》2006 年第 4 期。

过程。从整体上看，这一过程表现为“从整体到它的部分、从部分再到整体，从现象到本质、从本质到现象，从总体到矛盾、从矛盾到总体的演进过程”①。

在中国哲学史上，老子曾经把“玄览”视为道家思维方式的根本，认为对事物的认识需要达到事物内心。与这一认识论相似，科西克认为，对社会实在的认识也是一个对实在的精神再现的过程。在认识不断前进的过程中，概念与概念的相互碰撞、相互说明、相互解释，都在很大程度上表现出一个超越孤立、消除片面进而尽可能地向总体趋向的辩证运动过程。笔者认为，科西克的“具体总体”认识论与传统认识论的宗旨是有很大差别的。后者往往集中于科学认识的客观性与真理性的说明或论证，而科西克的认识论却展现给我们一个人本主义理论家的以人为本、注重实践精神的浓厚情怀。毋宁说，科西克的认识论和真理观显示出社会批判的理论向度，这大大突破了传统认识论的视域，在客观上表现出他对于人的日常生活世界的强烈关注，通过辩证的总体的思维与认识，最终揭露和批判资本主义社会的伪具体世界，以便很好地重新确立起人在世界中的主体地位。对于科西克来说，“具体总体”的认识论从根本上说就是一种批判性思维，它是对资本主义社会伪具体世界的否定。也就是说，这一认识论反对将事物当作一个静态的存在来看待，而是主张将事物、关系与过程分割为现象与本质，这样可以清晰理智地观察其内部结构的构成要素。因此，所谓认识活动，其核心应该是现象与本质的辩证法的统一，任何事物都是本质与现象的内在统一，二者无法分割开来，都以对方的客观存在为前提。同时，本质与现象都是具有能动性的存在，现象的能动性表现就是去揭露本质，本质的能动性表现就是将自身显现在现象当中。这样一来，本质与现象之间就没有质的区别了。当我们认识某一事物的本质时，也就是在剖析现象如何在外在的表现中凸显本质了；同样地，当我们认识某一事物的现象时，也就是在探究该事物的本质究竟是如何在现象中隐藏自身和显示自身的过程。

科西克依据自己的理论发现，对传统的理性主义认识论进行了分析与批判。黑格尔在《逻辑学》中曾以“消化与生理学”的例子来说明这一

① ［捷克斯洛伐克］科西克：《具体的辩证法》，傅小平译，社会科学文献出版社 1989 年版，第 28 页。

问题。谁都知道，人用不着学习生理学或消化学，就会咀嚼、吞咽、吸收、排泄，相反，如果谁捧着关于生理学或消化学的著作去“学习”吃饭，倒是很滑稽的事情。显然，生理学并不是教人消化的，而是使人真正理解消化的意义；同样，人类把握世界的各种方式的真理也不在关于它们的理论中。理性认识的真正意义在于，它使人自觉到人对世界各种占有方式的本性，也就是自觉到它们的内在发展逻辑。正是作为事物存在背景的整体，才准确地揭示了事物的独特性与存在意义。

第三，“具体总体”是一种方法论。在批判了传统理性主义认识论的基础上，科西克将人类意识分为两种形式：理论形式与直观形式。前者是对事物的理性的清晰的认识形式与表现；后者是一种整体性的直觉表现形式，也是一种前理论的形式，与前者清晰的、理性的认识不同，它主要是获得对事物的模糊的直觉性认识，关注事物所处的背景。从总体上看，这两种认识形式是统一于人类意识过程中的、互相渗透的认识。科西克解释说：“因为它们都以客观实践和对实在的精神—实践再现为基础，并在这上面达到统一。”① 因此，决不能顾此失彼地分割这两种认识形式。否认前者，很可能导致非理性主义的出现；否认后者，则会带来实证主义或唯理论的后果。

“具体总体”的认识论主张对非批判的反映论式思维进行批判，拒绝在固定的环境与固定的观念之间组建因果关系。在人的日常生活世界中，之所以会出现神秘化了的日常观念世界和拜物教化的形相世界，是因为在具体的认识方法上，人们把日常观念世界和拜物教化形相世界都当作独立的基始性存在的东西来看待，没有任何批判性的反思精神，而是直接将其视为现成的形式去被动地接受。然而，“具体总体”的认识论是拒绝这种僵化的、片面的和形而上学的方法的。它强调对人的日常生活世界进行反思和批判，通过反思与批判，世界的物象化形式逐步被消解，日常生活世界的自然性逐步丧失，实在就会逐步显现出自身的本来面貌。

因此，“具体总体”在这里就有了方法论原则的意义。没有正确的方法，就无法获得正确的认识。科西克指出，“具体总体”的方法将“总体”当成具有“创生—动力性质”的实在本身来看待，认为人类社会实

---

① ［捷克斯洛伐克］科西克：《具体的辩证法》，傅小平译，社会科学文献出版社 1989 年版，第 14 页。

在的构造过程是一个将自身构造成“具体总体”的过程，也是一个“使社会的一切要素从属于自己，或者把自己还缺乏的器官从社会中创造出来”① 的过程。而作为意义结构存在的“总体”，就在客观上决定着其构成要素的客观意义与本质内容。总体构造自身、实现自身的过程，也就是总体的各个构成要素与部分的客观意义与内容的形成过程。显然，总体与其构成主体的各个要素在这个过程中互相说明和互相关联着，它们在限定自我的同时也限定着整体，说明自身的同时也构成着整体自身。

这样，作为一种方法论而存在的“具体总体”就是对抽象方法论原则的一种批判和超越。科西克指出，抽象的方法往往弱化实在的丰富性，把实在的意义忽略，只是片面地关注与抽象方法论原则相符合的那些事实。在客观上，它将事物也主观武断地分裂开来了：“一部分与原则相符合并且可以用它来解释；另一部分与原则相矛盾，而作为一种未说明、未清理的现象［渣滓］保留在黑暗之中，不能做理性的解释或理解。”② 所以，抽象方法论原则极易带来虚假的总体化和实体化后果。

总之，“具体总体”既是一种本体论，又是一种认识论和方法论。然而在现实的日常生活世界中，并非总是“具体总体”占据着主导地位。科西克指出，与“具体总体”相对应的是“虚假总体”，或者叫作“恶的总体”。科西克之所以要制造这个概念，是因为他认为，“具体总体”在日常生活世界是被隐匿起来的，而直接地表象地凸显在伪具体世界里的，则是那个与“具体总体”相对立的“虚假总体”。

所谓“虚假总体”，顾名思义，是指在客观上割裂部分与整体之间的辩证关系，把总体过程或主体趋向当作高于事实本身的一种存在，整体与部分相分离，并独立于事实之外而存在。也就是说，任何事实都不是由事实本身决定了的，而是由事实之外的某种不变的实体化过程或趋向决定了的，而且这种过程或趋向是超越事实或者在事实之外的一种存在，因而它不是事实本身的历史趋向。

科西克指出，“虚假总体”可以通过三种形式表现出来：（1）空洞的总体。从哲学史来看，属于这种形式的典型代表是德国唯心主义哲学家谢

① 《马克思恩格斯全集》第30卷，人民出版社1995年版，第237页。

② ［捷克斯洛伐克］科西克：《具体的辩证法》，傅小平译，社会科学文献出版社1989年版，第35页。

林的浪漫主义总体观。这种总体观把实在当作一个混沌的整体来看待，却放弃了对组成总体的各个构成要素的研究、分析。（2）抽象的总体。这种表现形式的主要特征是把总体当成是僵死封闭的存在，总体自身是既成的和现成的，没有产生和发展的辩证运动过程。无疑，这是一种将总体实体化、形式化的形而上做法，最终将总体视为一种高于各个构成要素和组成部分的抽象实在。（3）恶的总体。这种类型的典型代表是结构主义的总体观。虚假总体观三种表现的共同特点是，它们都把社会实在设定为一些自主结构，认为自主结构的相互作用产生了总体，社会历史的真正主体是结构的自主运动。这样，人们就只是“从客体或直观的角度去理解”社会实在，“而不是被当作客观人类实践从主观方面把握。人类活动的产物与活动本身分离了”。①

科西克认为，“虚假总体”把总体看作一种高于事实的实体化趋向，它可以脱离具体事实自主存在。因此，整体上看，“虚假总体”的理论缺陷在于它过分片面地强调了外在的客观必然性，然而却将作为世界主体的人的活动、人的意义、人的价值问题忽视掉了。这样一来，人的主体地位消失了，历史便成为阿尔都塞所说的那种“似自然性”的“无主体过程”了。这种总体观必然导致唯意志论的结果：既然决定历史发展的是绝对的客观必然性，人也只能遵循这种必然性去生活。那么，这种“不以人的意志为转移”的趋势又是由谁揭示出来的呢？显然只能是某个或某些历史杰出人物。这样，决定论就与主观主义实现了两极相通。

更进一步，科西克从认识论的角度揭示了虚假总体观产生的根源。他首先对两种不同背景中的事实进行了划分：一是实践结构中的事实，这是事实的原始结构；二是理论结构中的事实，事实被理论从既定的实践结构中分离出来，继而被理论实行再次的次生性排列。实践结构是理论结构的基础，理论通过抽象，将事实从实践结构中分离出来，实现对事实及其背景——总体——的思维中的再现。唯心主义夸大了思维的能动性，将思维对实在的再现作用夸大为创造作用。这样就将人类历史神秘化了，历史的发展就成为“无人身的理性”的自我运动。科西克进而指出，社会实在成为“自主”结构、成为真正的主体，人则成为社会实在实现自身的手

---

① ［捷克斯洛伐克］科西克：《具体的辩证法》，傅小平译，社会科学文献出版社 1989 年版，第 38 页。

段，这种状况“是由本质上更深刻的资本主义社会过程（雇佣劳动的存在和对它的剥削）决定和中介的”①。因此，要真正实现对“虚假总体”的批判和超越，就必须对资本主义生产方式进行深入研究。科西克明确指出，与虚假总体观相对，“辩证法不能把总体当作决定着各个部分的、现成的、形式化的整体来把握，因为总体的产生和发展是其规定的一部分”②。在这里，“具体”的总体不仅是某种实体化的存在，而且是这种存在的生成过程。因此，要实现对实在的具体总体的把握，就必须说明具体总体生成和发展的内在根源，即总体的“创生—动力”机制。任何有机体作为总体都有自己的前提，它向总体的发展过程，就是使社会的一切要素从属于自己或者创造出自己缺乏的社会器官的过程。以资本主义为例，在资本出现并完成自身构造后，作为资本产生的基本历史条件的那些前提，就仿佛是资本自我实现的产物和结果。资本成为一个意义结构，它使得那些先于资本主义而存在的、不依赖于资本主义的要素一体化于资本主义再生产过程中，使得这些要素具有与前资本主义时期不同的意义与本质内容。这样，“作为意义结构的总体的形成，也是形成其所有要素和部分的客观内容和意义的过程”③。

二 “具体总体”与日常生活的人本化

众所周知，一直以来，哲学家们对“哲学究竟以何种方式来解释世界”的问题进行着苦苦探求。康德早就断言，迄今为止，人类是无法逻辑地证明“外部世界”的“实在性”问题的，并将这称为人类理性与哲学的“耻辱”。而在马克思心里，哲学作为一种人独特的把握世界的思想方式，应该与宗教、艺术和实践等方式对世界的认识与把握是不同的。而且，迄今为止哲学的最大“耻辱”应该是仅仅满足于“解释世界”的单一维度。因此，马克思曾经一度将“哲学的世界化”或“世界的哲学化”当作一种崇高的理想来对待。

然而，海德格尔把哲学的使命定位于对“我之外的物的存在”的说

① ［捷克斯洛伐克］科西克：《具体的辩证法》，傅小平译，社会科学文献出版社 1989 年版，第 39 页。

② 同上书，第 35 页。

③ 同上书，第 36 页。

明与论证，并且指责马克思将解释世界与改造世界对立起来的做法是错误的。并且，海德格尔认为，“解释”是一种真正的“思”之事业，马克思的“让哲学现实实践化”其实是一种技术主义倾向和人类中心主义论。让人不解的是，以马克思“弟子”自居的诸多西方哲学家们，却对马克思坚持和主张的解释世界服从于改造世界的立场提出了责难和批判。汉娜·阿伦特（Hannah Arendt）明确指出，在哲学史上，黑格尔和马克思将柏拉图和亚里士多德所开创的“哲学非政治化传统”颠倒了过来，从而打破了柏拉图所奠基的“沉思高于劳作”、“思想高于行动”的理念。阿多诺（Theodor Wiesengrund Adorno）也指出，哲学的力量就在于思辨，在于它没有机会实践自己，这是为了避免使自己沦落为实证科学或技术工具的最好方法，因而哲学不再愿意做“武器的批判者”了，进而转向批判自身。于是，顺着这个思路，西方马克思主义者坚持着做一个实践的“弱者”与理论的“强者”，以及“意志上的乐观主义者”和“理智上的悲观主义者”，硬是将哲学的关注主题推进个人生存体验或者审美体验的状态当中，武断地将马克思的社会批判理论解读为一种介于科学与乌托邦之间的理论，把哲学的“本真性”认定为一种关于人的存在或人在其瞬间能够体验和想象得到的真实感受，或者充满诗情画意的生命的总体性认识。因此，哲学就是一种关于“总体性”的人的辩证法，而不是马克思所认定的那个客观的关于历史的辩证法。典型的代表如马尔库塞的“审美维度”或“新感性”社会理想宣言，以及列斐伏尔的“让日常生活成为艺术”的激情呼唤。用情境主义国际的观点说，“这个方案将以激进的先锋派精神融合艺术与日常生活，对生活和艺术进行双重革命”①。

“接着”列斐伏尔所倡导的要让哲学与日常生活实现融合的理念“讲下去”，科西克提出了他的日常生活批判理论。如上所述，科西克的日常生活批判理论是一种“新人本主义”传统，它关注人在具体的日常生活中的本质意义，对人的日常生活沦为冷冰冰的消费社会和物化世界而倍感痛心，于是强调要对个人在日常生活世界中的真实生活状态和生活体验进行批判和思考。然而从根本上看，科西克将消除人的日常生活的异化、摧毁伪具体世界的出路借助于“人类和个人实现他们真理的过程，亦即使人

① ［美］斯蒂芬·贝斯特、道格拉斯·科尔纳：《后现代转向》，南京大学出版社2002年版，第104页。

成为人的过程”①，也就是说，人能够本真的存在和实现“具体总体”的过程就是人自身的重新“人化”的过程。在这里，人本主义逻辑体现得极为明显了。因为只有这样，人才能达到“每个人都占有自己的文化”也不要别人代理的目的。科西克将这种途径视为构造“具体实在”也即“具体总体”的实现过程。

科西克认为，“恶的总体”与“虚假的总体”对于我们更好地理解“具体总体”的真实性起着重要的作用。“具体总体”就是一种本真的存在，就是他心中的那个真正的“总体”。与之相对应的是“恶的总体”，它把社会实在仅仅当作一种客体和现成的事实来认识，其结果是，“主体消失了，或者更确切地说，真实的主体（作为客观活动的主体的人）的位置被神话化、物象化和拜物教化的主体所取代，被结构的自主运动所取代”②。在深入批判“虚假总体”与“恶的总体”的认识论后，科西克把“具体总体”视为一种唯一能够对虚假总体与恶的总体相抗衡的正确的认识论。因为在科西克看来，唯有“具体总体”才能够引导我们通达社会实在的真实存在，这是一个彻底祛除了虚假的本真世界。

隐匿在“虚假总体”和“恶的总体”背后的这个“具体总体”就是科西克心中的那个“物自体”。科西克认为，“物自体”并不直接地呈现在我们面前，它需要我们借助于“具体总体”的力量，揭开遮蔽在社会实在上面的伪具体世界的面纱，“具体总体”的本真世界才会得到澄明和还原。在科西克看来，辩证法的根本使命就是透视伪具体世界和虚假总体，进而揭示出真实实在的世界。它不是在现成的形式上直接接受表层的现象，而是运用辩证的思维对伪具体世界进行透视，“溶解”一切“固定”的东西，最终使“客体的物象化形式和理想世界都溶解了，丧失了固定的自然性和虚构的基始性，显示出它们原本是派生的、有中介的现象，是人类社会实践的沉淀物和人工制品”。③ 透过辩证的现象学透视，那个固定的现象的伪具体世界就被打破，进而，那个变化着的、流动着的、有结构有意义的本真性世界——“具体总体”就会呈现出来。科西

① ［捷克斯洛伐克］科西克：《具体的辩证法》，傅小平译，社会科学文献出版社 1989 年版，第 9 页。

② 同上书，第 38 页。

③ 同上书，第 8 页。

克解释道：“也就是说，批判的辩证法要能够看到颠倒的物象背后，以说明物化了的伪具体世界现象之后存在着真实的本质世界。”① 科西克认为，在“具体总体”里，人的本真的生存状态得以呈现，人类解放的目的也就此实现。

上述论述可以看出，科西克提出要摧毁伪具体世界，是要构造出具体的实在世界即“具体总体”来。他把“具体总体”作为一个汇集本体论、认识论和方法论功能于一身的概念和核心话语来对待。也就是说，需要借助于“具体总体”的认识论和方法论，才能达到“具体总体”的目的。然而，如上所述，科西克给我们呈现的消除人的日常生活的异化、回归本真性的日常生活的根本路径是人本主义的而非客观的历史的。他极为推崇的“具体总体”的辩证法从根本上说就是一个人学辩证法而非客观的历史的辩证法。在这里，“让每个人都占有自己的文化”与列斐伏尔提出的“让日常生活成为艺术”的口号如出一辙，因此都是西方马克思主义根深蒂固的人本主义传统的延续，在话语逻辑上也是属于卢卡奇所开创的“总体性”辩证法的新运演。它在理论上将文化革命与工业化社会运动割裂开来，看不到文化革命与文化设计的坚实支撑是社会强大的物质基础即社会的工业化运动，因而，与列斐伏尔一样，科西克所给出的消除日常生活异化的策略是一种乌托邦式的空中楼阁，可爱而不可行，属于一种强烈的、公开的反工业化的“文化决定论”和政治浪漫主义。因为从根本上看，他将经典马克思主义对于资本主义社会经济制度、政治制度的批判和变革的核心内容武断地抛开，而在“文化”上大做文章，试图来寻找克服日常生活异化的良方。殊不知，任何一个社会的文化力量都是由社会的物质生产力量所决定的，因而，科西克开出的这一药方是不实用的，是一种舍本求末的做法。对于一个社会的正常发展来说，物质生产方式的革命，国家管理机构的理性化、科层化都是更为重要和紧迫的。比较起来，一场期待的“文化革命”只能是排在这些现实的、对于社会发展起着支配力量的东西之后。毋宁说，在社会经济、政治力量没有发生重大改变的时候，文化的革命是不能胜任人类社会的现代化剧变的伟大事业的。20 世纪六七十年代发生在中国当时贫瘠土地上的轰轰烈烈的“文化革命”，以一种

---

① ［捷克斯洛伐克］科西克：《具体的辩证法》，傅小平译，社会科学文献出版社 1989 年版，第 8 页。

极其悲壮和悲苦的方式证明了，任何一个经济落后的国家，要想抛开最根本的经济变革，去寻求激进的反对官僚主义的目标，除了给人类社会增加一点荒唐可笑的历史史料或留下一点的惨痛教训，那场另一种意义上是一种高度体制化的、恐怖主义的文化噩梦不会给我们带来更多的有益的东西。

"具体总体"既是一种本体论，又是一种认识论和方法论。科西克认为，"具体总体"的价值在于，它能够实现对伪具体世界与人的日常生活的异化的摧毁，从而最终获得自由与解放。然而，透过科西克"具体总体"的分析，可以发现，以西方人本主义哲学观主导下的日常生活批判理论从根本上说仍然是一种将日常生活片面化、人本化的做法，与马克思以"从抽象到具体"为主导的研究方法所阐释现实的人的生活世界理论有着质的区别。也就是说，从根本上看，科西克的日常生活批判理论其实是一种西方马克思主义的"新人学"理论。也正因为如此，科西克习惯上被学界称为东欧"人道主义马克思主义哲学家"。科西克的"具体总体"的辩证法所指向的文化策略和构想，是对马克思关于社会历史发展内在矛盾运动和历史发展趋势的深层理论逻辑的主动放弃，把马克思主义关于哲学的现实化实践的构想解读为一种文化意义上的革命运动，因而只能算是西方社会20世纪初出现的"超现实主义"如达达主义等激进地将变革日常生活纳入到艺术策略中去的继续，是他们那些烦工业化批判话语的新的变种，因而在根本上无法成为后工业社会真正有意义的建设性话语力量。

因此，从总体上看，科西克力求用马克思的方法去建构辩证法，把它当作辩证法的方法论原则。但是与马克思相比，科西克未能真正合理地把这种方法论用到辩证法的建构上。马克思的"从抽象上升到具体"的方法被科西克改写成了"具体总体"的方法，并且科西克把这种方法提升到本体论的位置，这样一来，"具体"与"总体"便被"实体化"了。科西克认为："阐释的方法证明，事物的展开是从抽象向具体的必然转化。"① 在科西克的"具体总体"理论中，原本是一种认识理论的方法论原则被提升到了本体论的地位，他误读了马克思充分运用的"从抽象上升到具体"的科学方法，直接将这一方法中认识对象的具体与思维再现的具

① ［捷克斯洛伐克］科西克：《具体的辩证法》，傅小平译，社会科学文献出版社1989年版，第20页。

体解读成现实的具体本身，并且还把这种现实的具体本身看作独立的实体。在马克思看来，只有从抽象上升到具体，才能获得“具体”的认知。因此，从根本上说，科西克的“具体总体”与马克思的“从抽象到具体”的方法有着本质的差异。从科西克的理论表述可以看出，黑格尔、马克思的关于“具体”概念的某些内容和要素虽然被科西克所汲取，但是遗憾的是，他却不能领悟到黑格尔、马克思关于这一方法的核心思想，那就是关于事物的对立统一思想。

第二节 走向本真性的日常生活

分析和阐释人的异化了的日常生活世界的是为了批判和超越它，这是科西克在建构其哲学理论时十分鲜明的价值立场。科西克在《具体的辩证法》一书的开头已经十分明确地表明了这一点。他反复强调，辩证法的核心主题是探求人在世界—宇宙中的地位，厘清和摆正人在世界—宇宙中的关系。然而，异化的日常生活世界使人失去了本真的地位，人的主体地位被自己的创造物所假扮。因此，科西克提出，要想摧毁伪具体世界，最有效的方法就是通过辩证理性的哲学建构，把握人与世界的真实关系，才能最终使人摆脱异化，走向本真的自我，回归本真性的日常生活世界。

一 “具体实在”的表征：自由的确证与发展的可能

（一）“具体实在”的基本内涵

“具体总体”在科西克这里既是一种本体论，也是一种认识论原则和方法论训条。“具体总体”就是具体的实在世界，也即本真的祛除异化了的澄明世界。要想达到这一理想世界，需要借助“具体总体”的认识方法，去深入剖析伪具体世界的操持的异化世界，从直接的表现到内在的本质。辩证法是一种运动，是一种极富意义的还原活动，也是人类对未来美好生活的想象和期待。科西克指出，“具体总体”中的这个“具体”不是经验意义上的具体，而是哲学层面上的“具体”。因此，具体不是我们传统理解的那样，是关于事实的总和和汇集。具体也不是一个量的规定。科西克认为，具体的总体并不是等同于一切事实本身。如上所述，“具体总体”是一个处于本体位置的概念，它是一个质的规定，具体地说，是关于客观实在的一种内在规定性。科西克解释说：“实在是一个具体的总体，是一个结构性的、进化着的、自我形成的整体。”① 作为一种具有本体性质的建构性机制，“具体总体”表征着一个动态的、变化和辩证的实在。“具体总体不是捕捉并描述实在的一切方面、属性、特性、关系和过程的方法，毋宁说，它是关于实在之具体整体的理论。这种实在观把实在看作是具体的，看作一个有结构的因而不是混沌的整体，一个进化着而不是一成不变的整体，一个处在形成过程中的整体，而不是只有某些部分或部分的排列变化的现成整体。”② 也就是说，在科西克看来，“具体总体”表征着实在的内部结构、动态存在和构成生成的具体过程。在这里，“具体总体”是反对现成性和既定性的，它是一个辩证的思维结构，是能够真实地反映实在本身的一种思维运动。因为，“辩证的思维把实在当作一个整体来把握和描述，这个整体不仅是关系、事实和过程的总和，而且还是它们的形成过程、是它们的结构与生成”③。

因此，具体实在是“具体总体”的实现，是一个本真的实质世界。在这里，伪具体世界得以祛除，人的异化得以消解，人的自由得以实现。

（二）具体实在是人类自由的表征

具体实在（realitas）是“具体总体”的另一种表现，是现象消失了的本质世界。因此，科西克认为，对于作为世界的主体的人来说，具体实在就是一种人的本真性的生活方式，是一个真实的“人化”过程，也是真正的人类社会存在状态。总之，是人获得了充分的自由与解放的表现。具体说来，自由了的人类现实的生活状态，代表着作为个体的人与类之间的矛盾的真正解决，也代表着事物的对象化与自我确证的统一以及现象与本质的统一。从整体上也可以说，具体实在就是自由与必然之间对抗性矛盾的真正解决，也即人的自由的实现过程。

第一，具体实在代表着人类个体与类之间的矛盾的真正解决。一般说来，社会个体与类之间的矛盾是客观的和现实的，它往往表现为多种形式。然而，科西克认为，“具体总体”是一种真正的社会实在，是真实的人类社会状态。在这里，任何个人都是一个个体性的存在，又是以

---

① ［捷克斯洛伐克］科西克：《具体的辩证法》，傅小平译，社会科学文献出版社 1989 年版，第 23 页。

② 同上书，第 25 页。

③ 同上书，第 29 页。

类的存在方式生活着。因而，从根本上看，没有了操持和烦神，伪具体世界的面纱得以揭开，人与人之间的对抗性被扬弃。而且，人的能力得以全面发展，所有的人都处于一种联合的状态。在这个联合的状态下，“具体总体”作为一种本真的人类社会，将一切自由的人联合起来，给予他们充分表达自我、张扬自我、发展自我的机会，最终实现马克思的那个最高命题——人自由而全面的发展——的崇高目标。科西克指出，这个联合体就是共产主义社会的实现。他解释说，个体全面自由发展离不开两个前提性条件，那就是社会生产力的高度发展与对抗性社会关系的扬弃。所谓“对抗性社会关系的扬弃”，也就意味着另外一个新的生产关系的生产，即“具体总体”的出现。科西克指出，一旦“具体总体”出现了，旧的社会状态下的那种对抗性社会关系就会消失，社会不再是个体成员发展的羁绊与束缚，社会作为一个整体已然成为个体自由发展的条件。并且，由于对抗性社会关系的不复存在，社会整体下每一个社会成员与其他成员都处于一种平等的关系，他们相互协作，自由联合，充分地展示自我的各种潜能。科西克认为，个体与类的矛盾的真正解决，意味着自由人的联合体的真正形成，代表着社会真实实在的“具体总体”得以实现。因此，这个自由的联合体是一个辩证的整体，是一个有意义的结构状态。这个整体是一个具体的整体，也是一个辩证的整体，因为任何事实、过程和意义都可以在这个整体中获得充分的理解和说明。个体与整体的对抗性矛盾没有了，社会实在的获得才会是可能的。科西克指出，这里的总体不是现成的总体，而是在它自身的整体性运动中具体化地成为总体的。也就是说，总体既表征着整体的形成过程，也表征着构成整体的内容的形成过程，是二者的内在逻辑的统一。然而，科西克提醒人们注意，总体是“具体化”的结果，是作为整个的意义结构的形成过程的具体化的结果。因此可以说，在“具体总体”的实在世界里，个体与类的矛盾能够得以真正解决，个体与个体之间的关系是平等的，处于自由合作的状态。也就是说，社会不是一个凌驾于社会个体成员之上的抽象性存在，而是一个具体的实在。科西克认为，虽然社会实在的生成意味着社会成员与类之间的矛盾的解决，但绝不是说总体与矛盾之间是一种无联系的存在，总体与矛盾是一对处于联系之中的范畴。科西克指出：“没有矛盾，总体是空洞的、静止的；在总体之外，矛盾是形式上的、任意的。”① 就是在这样的联系与矛盾运动中，人类社会的历史实践得以展开，具体总体得以生成，个体与类最终消除了对抗而获得了统一。

第二，具体实在意味着对象化和自我确证、存在与本质的统一。科西克认为，具体实在是“具体总体”的生成，而“具体总体”不是组成整体的各个部分或者部分的排列变化的整体，它不是现成的、一成不变的整体，而是一个不断变化着的、流动着的整体，也是一个有着意义结构的、具体化了的整体，还是一个处于形成过程中的、进化着的整体。因此，在这个具体实在的真实世界里，人的日常生活不再处于异化状态，“虚假总体”或“恶的总体”已经不复存在，人的主体性地位得以恢复，从而成为真正的社会历史的主体，成为改造世界的实践的主体。在人改造世界的过程中，他进行着不断的社会生产与再生产的制造，不但建造着经济基础，也建造着上层建筑。在这一实践过程中，作为社会主体的人在“具体总体”里自由地建构着自我，也建构着各种社会关系，并把社会实在构造成一个关于社会关系、社会制度以及人的观念的总体。在这一过程中，人生产着历史，创造着社会，一方面把自己的活动能力施加于自然对象，有意识地对自然对象产生影响，这样一来，人就会在客观上把自身对象化，在不断调适的过程中，使得自然对象的发生发展都与人的需要的变化一致起来，因此，主客体的内在统一就成为一种现实；另一方面，人在有意识地对自然对象施加影响的过程中也证明了自身的各种能力，从而也实现了自我确证的目的。科西克据此指出，人有意识地构造客观实在的对象化过程，其实也就是人的自我创造与自我实现过程。在这一过程中，人作为主体性的存在不断地设定着客体，并且又在这一设定过程中不断扬弃主客体的对立。其结果自然是，在对自然对象施加影响的劳动过程中，人能够真实地感受到自我的现实力量和能力，且能够发现自我能力和力量在这一过程中得到了不断的锻炼和提升。科西克认为，从根本上看，这个过程实际上是人“把自己塑造成具有人类本性和潜能的历史社会存在，从而实现着

① ［捷克斯洛伐克］科西克：《具体的辩证法》，傅小平译，社会科学文献出版社 1989 年版，第 37 页。

‘人的人化’的无限过程”[①]。这样，在具体总体中，处于主体地位的人将自己的本质完满体现，最终达到了自我存在与本质的内在统一的圆满状态。

据此，科西克对传统哲学的思维方式进行了指责，他认为，从本质上看，传统哲学是一种典型的二元对立的思维方式，它将世界二元化为现象和本质两个领域，在他看来，现象世界是虚幻的、不真实的，本质世界才是真实的存在。这就否定了人的现实活动、现实存在的意义，而力图为人的存在找到某种更真实的、更高等级的根据。以马克思为代表的现代哲学则批判并超越了这种知性思维方式，他们认为，现象与本质是统一的，无论是人还是人的世界都没有什么超验的本质。现实世界是唯一真实的存在，它生成于人类的生产和再生产过程中。科西克也指出，“回到本原”、“朝向事情本身”的口号包含着对伪具体世界的批判意向，包含着对文明和文化的批判，包含着在产品和人的造物背后发现生产活动以及在物象化背后寻找人的真实实在的革命尝试。马克思指出：“可以根据意识、宗教或随便别的什么来区别人和动物。一当人开始生产自己的生活资料，即迈出由他们的肉体组织所决定的这一步的时候，他们就开始把自己和动物区别开来。”“他们是什么样的，这同他们的生产是一致的——既和他们生产什么一致，又和他们怎样生产一致。”[②] 这就是说，人没有什么先验的本质，人所进行的生产活动及其在生产中结成的社会关系构成人的现实存在，社会生产方式构成人的现实本质。在具体总体中，没有异化劳动，只有自由的劳动，人“本真地”存在着，人的存在本身就是他的本质的展现过程，存在和本质获得了内在的统一。

第三，具体实在是人类自由的实现过程。科西克多次强调，具体总体中总体不是一切事物组成部分的简单叠加，它不是一个一成不变的、静态的、现成的整体，而是处于流动变化中的、运动的、辩证的整体。具体总体的生成即是社会实在的构造，这是一个极其复杂的运动过程。正是在这一运动过程中，总体得以具体化地展现整体，最终战胜各种“虚假总体”和“恶的总体”，达到具体实在。科西克认为，客观地看，人在实践活动

---

① ［捷克斯洛伐克］科西克：《具体的辩证法》，傅小平译，社会科学文献出版社1989年版，第37页。

② 《马克思恩格斯文集》第1卷，人民出版社2009年版，第519、520页。

过程中，不断地展示自我，也证明着自我，正是在这种展示与证明的过程中，人也就自然而然地建立起了自我与世界、主体与客体、物质与精神、劳动产品与自我生产能力之间的内在统一性关系。

因而，在实践过程中，人类不但生产和再生产出自己的现实世界，同时也实现了“人的人化”的无限过程。更重要的是，人在实践过程中还发展出了向自身之外伸张从而在一般存在中展现自己的历史能力，这一过程使对一般实在的理解成为可能，使人获得了对于“一般实在”的开放性，从而将自己构造成为“宇宙论—人类学”的存在。实践是构造人类实在的过程，也是从存在方面揭示宇宙和实在的过程。科西克认为，人并非封闭于他的社会性之中，而是在实践基础上展现自己以达到对存在的理解。因此，实践就成为一种现实的能动的活动的基础，它联系着物质与精神、理论与行动、文化与自然、存在者与存在、认识论与本体论、人与宇宙，成为它们之间的一个真正的历史性桥梁和中介。

（三）具体实在是发展的可能

具体实在作为一种理想性要求规范、校正着人的历史活动，从而使人的历史活动成为实现人自己目的的历史过程。它不仅承诺了一种引导人们进行历史活动的价值理想，而且也以自身作为衡量人类历史活动意义的根据、标准和尺度。人类历史的发展是以“片面性”作为自己的发展形式的，也就是说，历史总是以某种“退步”的形式实现自身的“进步”。历史进程中的任何进步都要付出相应的代价，历史的发展总是处于正面效应与负面效应、整体利益与局部利益、长远利益与暂时利益的矛盾中。如果我们在实践活动中只强调以上矛盾中的前者，就会造成对个体发展的束缚；反之，我们则会失去生命中超越的维度，丧失生命的意义支撑。科西克“具体实在”的价值理想则实现了个体和类的统一，它既是一种反观人的全部活动的终极性尺度，又是关照人的现实存在的历史性尺度，是绝对与相对的统一。

在这里，科西克对人的本真的存在状态——“具体实在”——的阐述明显地受到马克思“共产主义”学说的影响，二者具有内在的共同性和一致性，因此，要真正地理解科西克，分析马克思的相关论述就是不可缺少的。马克思把自己所理解的人类社会的理性状态称为“共产主义”。但是同传统的解释不同，马克思不是将“共产主义”理解为类似基督教天国那样的“彼岸世界”，也不是把它看作有着一系列具体物质条件规定的终极状态。马克思明确指出：“共产主义是对私有财产即人的自我异化的积极的扬弃，因而是通过人并且为了人而对人的本质的真正占有；因此，它是人向自身、也就是向社会的即合乎人性的人的复归，这种复归是完全的复归，是自觉实现并在以往发展的全部财富的范围内实现的复归。”① 在这段论述中，马克思首先指出，他的理想社会是扬弃了人与人的对抗性和私有财产、处于联合状态的社会，在这里自由的劳动取代了异化劳动，人作为类的本性自由自觉地复归于人。同时，共产主义社会的生成需要高度发达的社会生产力做基础，因此，资本主义对生产力的巨大促进就成为共产主义的历史前提。“总是表现为生产的目的，在现代世界，生产表现为人的目的，而财富则表现为生产的目的。事实上，如果抛掉狭隘的资产阶级形式，那么，财富不就是在普遍交换中产生的个人的需要、才能、享用、生产力等等的普遍性吗？财富不就是人对自然力——既是通常所谓的‘自然’力，又是人本身的自然力——的统治的充分发展吗？财富不就是人的创造天赋的绝对发挥吗？这种发挥，除了先前的历史发展之外没有任何其他前提，而先前的历史发展使这种全面的发展，即不以旧有的尺度来衡量的人类全部力量的全面发展成为目的本身。在这里，人不是在某一种规定性上再生产自己，而是生产出他的全面性；不是力求停留在某种已经变成的东西上，而是处在变易的绝对运动之中。”② 马克思指出，在未来的那个“自由人的联合体”的社会状态下，社会财富的衡量标准以及个体生命价值的尺度不再是劳动时间，而是可以自由支配的时间。在这种可以自由支配的时间中，人自由地选择自己的对象，自由地将自己的本质力量对象化于这些对象。他的活动不再是片面抽象的，而是丰富的、全面的，其中人的能力获得了充分的发展。

针对“旧唯物主义”不能正确理解人类社会发展规律的状况，马克思对其进行了深刻批判。他明确指出：“旧唯物主义的立脚点是市民社会，新唯物主义的立脚点则是人类社会或社会的人类。”③ 市民社会是以个体的私有财产为基础的社会，在这样的社会中，人们由于在生产资料所有制中的地位不同而必然造成阶级对抗，这种对抗又产生了异化劳动。也

① 《马克思恩格斯文集》第1卷，人民出版社2009年版，第185页。

② 《马克思恩格斯文集》第8卷，人民出版社2009年版，第137页。

③ 《马克思恩格斯文集》第1卷，人民出版社2009年版，第502页。

就是说，共产主义社会则是一个全人类的联合状态，它扬弃了与个体相外在、相对立的社会关系；他人对我来说也不再是敌对的，而在客观上成为我的能力发展的现实性条件。因此，“代替那存在着阶级和阶级对立的资产阶级旧社会的，将是这样一个联合体，在那里，每个人的自由发展是一切人的自由发展的条件”①。在这一理想状态下，人的各种能力都能够获得自由的发展，每个人的自由都是另外一个人自由的条件。众所周知，马克思的唯物史观高屋建瓴地揭示了人类社会发展的一般规律，站在人类社会历史发展的最终趋势的高度，说明了人类必然超越资本主义条件下异化的存在状况、实现自身能力的全面发展即“共产主义”的历史趋势。马克思把组织和生产物质生活看作人类活动的主要动机和主要目的，唯心主义历史学家虽然没有完全忽视这一点，但却把研究物质生活尤其是人类的生产方式看作次要的、附属的因素，因此他们必然把历史发展的动因归结为观念。而实际上，各种观念不过是以意识形式出现的人们的各种形式的实践。马克思认为，要获得正确的历史观，就必须走相反的道路，不是从由抽象概念构成的想象的人出发，而是从处于经济和社会活动之中的人出发，并研究决定历史发展的生产力发展。在说明了唯物史观的基本原则之后，马克思就展开了对人类社会生活的研究。他认为，人不同于动物，动物只能适应自然环境而不会改变环境，而人却可以通过实践活动不断变革自己的环境使之适应自身的需要。人是一种历史性的存在，每一代人都在既定的、由其前代人创造的历史条件下进行自己的生活，但人又并非完全消极地面对这些既成的历史条件，而是按照本身的需要对之进行了改变。人类的历史就是这样不断使环境适应自己需要的历史。在整个社会有机体中，生产力是最活跃的社会因素，因为从根本上看，它是推动社会历史发展变化的决定性的力量。另外，在不断变化着的有机体中，一定的生产力总是要求与之相适应的生产关系的出现，从而维系着整个社会有机体的平衡与和谐。然而，客观现实却是，社会生产力总是一个比较活跃的因素，在生产力处于不断发展变化的状态下，那些明显已经不适应生产力发展变化的陈旧的生产关系往往趋向于稳定，从而在客观上阻碍着正在形成的新的生产关系。

马克思主义认为，资本主义生产方式的发展使资本日益集中，生产和

① 《马克思恩格斯选集》第1卷，人民出版社1995年版，第294页。

所有权不断分离，从而导致资产阶级和无产阶级之间的对立不断扩大。资本和劳动的分离剥夺了广大工人即无产阶级对生产资料的占有权，迫使他们出卖自己的劳动力，并把它异化为他们所生产但却奴役他们自己的商品。资本主义本身的性质和矛盾必然导致资本主义制度的崩溃，因为资本主义本身的性质和矛盾将加剧危机并使阶级冲突激化，从而导致社会革命。马克思指出，这是一场以共产主义社会代替资本主义社会的革命，它将消灭异化劳动，使消费和占有的方式同集体的生产方式相一致，使人同世界完全和谐地融为一体。“在共产主义社会里，任何人都没有特殊的活动范围，而是都可以在任何部门内发展，社会调节着整个生产，因而使我有可能随自己的兴趣今天干这事，明天干那事，上午打猎，下午捕鱼，傍晚从事畜牧，晚饭后从事批判，这样就不会使我老是一个猎人、渔夫、牧人或批判者。”① 也就是说，共产主义其实并不是我们想象中的一种确定了的理性的社会状态。他明确指出：“共产主义对我们来说不是应当确立的状况，不是现实应当与之相适应的理想。我们所称为共产主义的是那种消灭现存状况的现实的运动。”② 共产主义只是我们对未来社会的一种愿景的描绘，是一个人类不断超越自身、无限地趋近于“具体实在”的“运动”。“人类活动的目的不是休息，而是更丰富、更美好的人类活动。我们应该认为，所谓人类的进步，就是使人类有可能做更多有趣的事情，变成更加有趣的人，而不是走向一个仿佛事先已为我们准备好的地方。”③

秉承着对马克思关于共产主义社会的解读，科西克详细阐释了他的“具体实在”观。他认为，马克思所描绘的共产主义社会是一个消除了异化的社会，也是一个“具体总体”的实在世界。科西克概括说，在整个哲学发展史上，大概有这样三种基本的总体观：第一种是以从笛卡尔和维特根斯坦为主导的“原子论”的总体观。它推崇理性主义的力量，将实在解读为一种机械化的存在，认为实在就是关于事物简单要素与事实的总体集合。第二种总体观是将整体形式化了的有机论总体观，它的核心是“有机动力学”，片面强调整体之于部分和组成要素的优越性和特殊性。第三

① 《马克思恩格斯文集》第1卷，人民出版社2009年版，第537页。

② 同上书，第539页。

③ ［美］理查德·罗蒂：《后哲学文化》，黄勇译，上海译文出版社1992年版，第84—85页。

种总体观是一种辩证的总体观，它始于赫拉克利特，经由黑格尔到马克思，是一种主张“把实在当作有结构的、进化着的、自我形成的整体来把握”① 的总体观。科西克在这里并没有对第三种总体观提出批评，相反，他认为这种总体观是有着积极意义的总体观，因而在客观上也是他自己提出的“具体总体”观的思想支援。

为了更好地阐明“具体实在是发展的可能”这一命题，科西克再次将“具体实在”与“具体总体”之间的内在联系凸显了出来。在他看来，从根本上说，“具体总体”作为一种认识论，在客观上促成了“具体实在”的生成，是“具体实在”的“创生—动力”机制。

科西克指出，要想了解这一过程，首先应该明确具体总体的构成。科西克始终坚持将世界的主体看作客观生活在社会中的人类自己。社会实在是人类实践活动的结果，它并非存在于人的活动之外。因此，最为根本的问题就是不能将人当作社会总体框架中的客体来对待，而是要明确人作为社会历史发展运动的主体的存在地位。对于社会实在来说，它虽然是一种具体的存在，但却不是一种现成的、一成不变的静态对象，而是社会实践中具体地历史地建构的产物，因此，“事实这个概念是由社会实在这个首要概念决定的”②。社会实在构成了事实的主体。科西克进一步解释指出：“所谓具体性，所谓实在的总体性，不是事实是否完全的问题，也不是境域能否改变、能否转换的问题。它包含着一个根本性问题：什么是实在。就社会实在而论，如果把这个问题转换成社会实在怎样形成这个不同的问题，便可以得到回答。这种通过确定社会实在怎样形成来确定社会实在是什么的提问方式，包含着关于社会和人的革命性概念。”③ 因此，“实在的总体性”其实是一个“具体”的存在，它内在地包含着“什么是实在”的根本问题。

由此，科西克指出，具体总体作为一种本体性存在，在客观上又是一种认识论，它代表着辩证法的实质。因为辩证法不是把总体当成其构成要素和各个部分的整体来看待的，辩证法基本精神是运动，是将总体视为各

① ［捷克斯洛伐克］科西克：《具体的辩证法》，傅小平译，社会科学文献出版社 1989 年版，第 29—30 页。

② 同上书，第 31 页。

③ 同上书，第 30—31 页。

个部分的变化的产物，在变化和运动中，总体最终明证着自身。科西克明确指出：“总体不是一个现在的整体，不是后来才注入内容及其各部分的特性和关系；相反，总体在它的整体的形成过程中同时也是它的内容的形成过程中的具体化自身。”① 在这里，所谓的“具体”，实际上就是作为构造出“总体”的一种“创生—动力”机制而存在的。在外在表象上，具体往往表现为一种构成事物内容的意义结构，且这一结构也是运动的，进行着创造性的活动。这一活动最终也发挥着重要的作用，最终决定事物自身的形成与发展。科西克总结指出：“作为意义结构的总体的形成，也是形成其所有要素和部分的客观内容和意义的过程。”② 为了更加清晰地说明这一过程以及这一创造性活动的意义，科西克借用了马克思在《1857—1858 年经济学手稿》中对资本主义社会生产方式的讨论作为案例，来服务于他的具体实在的发展过程。科西克指出，在马克思的讨论中，那个在资本主义社会中占据主导地位的生产方式也即“特殊的以太”和“普照的光”，其实就是“具体总体”这一意义结构的同义词。正因为如此，科西克将人类社会总体的发展的历史进行了这样的描述：“人类历史是连绵不断的对过去的总体化。在这个总体化过程中，人类实践对过去的各种要素进行整合，从而把它们保存下来。在这个意义上说，人类实在不仅是新事物的生产，而且也是旧事物的批判的辩证的再生产。总体化就是生产和再生产的过程，是保存和更生。”③ 无疑，科西克是想强调，他的“具体实在”绝不是一个形而上学的概念，是人类实在不断发展的产物，是社会进行着重复性的生产与再生产的结果，因而也是人类社会“保存”与“更生”的证明。正是在这种生产与再生产、保存与更生的过程中，人类历史也不断实现着对过去的“总体化”的更新与再生，“人”自身也在不断更迭了的“总体化”过程中延续着人类实在。科西克在这里的“总体化”表述，有着典型的萨特的意味。

为了更加充分证明具体总体的认识论功能，科西克将“事实”概念分为两类：“一是实践结构中的事实，它有着初始的、原生的配置；二是

① ［捷克斯洛伐克］科西克：《具体的辩证法》，傅小平译，社会科学文献出版社 1989 年版，第 35—36 页。

② 同上书，第 36 页。

③ 同上书，第 107 页。

理论结构中的事实，它从原始结构中分离出来后做了次生性、中介性的排列。"①"实践结构中的事实"与"理论结构中的事实"是处于不同背景中的两种客观存在，人们要想获得对具体总体的完整认识，必须借助于社会实在的结构，从这种结构中抽取出事实，以"分割原一"的方式来认识实在的结构，将"事实"孤立起来对其进行"具体"的认识。科西克认为，这就是具体总体的认识论的基础，也是具体总体认识论的原则，从根本上看也是关于"实在的认识论观点对于实在的本体论问题的派生性"②。具体总体的辩证法构造着社会实在，也构造着具体总体自身。这在客观上使人们在"具体"性"总体"性的过程中获得了对社会实在的认识的可能。科西克对此解释说："如果实在是一个辩证的、有结构的整体，那么，对实在的具体认识就不等于把事实与事实、发现与发现系统地排列起来，而是一个具体化的过程，即从整体到它的部分、从部分再到整体，从本质到现象、从现象到本质，从总体到矛盾、从矛盾到总体的演进过程。认识就在这个总体化的螺旋式过程中达到具体。"③ 具体地说，对实在的具体认识不是一个简单的罗列事物或发现的排序过程，而是一个"具体化"的总体过程，这个"具体"的总体过程从整体上看是一个统摄整体与部分、现象与本质、总体与矛盾的动态的演进过程。在"具体"的总体过程中，认识获得了螺旋式的上升，最终抵达事物的"具体"。为此，科西克从微观层面更加细致地对这一过程进行了说明："第一，对伪具体的摧毁，即摧毁现象的拜物教化的和虚构的客观性，认识它的真实的客观性；第二，对现象的历史性认识，这种历史性以一种特殊的方式揭示着人类的个别与一般的辩证法；第三，对现象的客观内容和意义的认识，认识它的客观作用和它在社会整体中的历史地位。"④ 他认为，在具体总体的运动和生成过程中，如果不能历史地观察到社会实在的客观现象，伪具体世界不能得以顺利消除，其结果是，认识就只能达到拜物教的表象，从而被这种直观所俘虏，"恶的总体"或"虚假总体"就会出现。然而，"恶的总体"与"虚假总体"是把社会实在理解为人类主观的产物与结

---

① ［捷克斯洛伐克］科西克：《具体的辩证法》，傅小平译，社会科学文献出版社 1989 年版，第 34 页。

② 同上书，第 37 页。

③ 同上书，第 28 页。

④ 同上书，第 37 页。

果，远离了人类客观的社会实践活动，仅仅在表层和表象上去感知社会实在，最终把社会实在当作一种现成的事物或具体的静态的形式来把握。在这种情况下，社会实在不再是具体总体生成的“具体实在”，反而成为一些有着相互影响的事实或形式的简单结构的总体或者总和的叠加。这样一来，客体的凸显彻底淹没了主体的地位：“主体便消失了，或者更确切地说，真实的主体作为客观实践活动主体的人的位置被神话化、物象化和拜物教化的主体所取代，被结构的自主运动所取代。”① 因此，这个“神话化、物象化和拜物教化”的主体就不是作为社会实在之本质创生—动力机制的具体总体了，而是那个与具体总体相对立的“虚假总体”或“恶的总体”，也即科西克所谓的“伪总体”，这个“伪总体”的实质就是以被“神话化、物象化和拜物教化”的主体代替真实的主体，因而是一种需要我们正视和批判的“恶的总体”。

在“具体总体”的实现过程中，具体实在是一种发展或运动的可能。为了阐明这一过程，科西克详细而具体地对具体总体的认识论进行了剖析。科西克的具体总体认识论与马克思的“从抽象上升到具体”的历史具体性规定有着本质的差异，也与卢卡奇的“总体性”认识论有着明显的区别。从整体上看，西方马克思主义正是在理论运演着从总体化到具体化的逻辑思路。如果说，在青年卢卡奇那里，作为“总体性”的认识论还基本上属于思辨性的认识论的话，那么在科西克这里，“具体总体”的总体具体化认识论则增添了一些“具体”的规定。科西克下意识地自觉地将现代社会科学的一些新鲜观点融入他的认识论当中去了。他自己称，他的辩证法是一种与以往所有辩证法都不同的东西，是一种更加注重“过程”和“关系”的“具体”的辩证法。他明确指出，在自己的认识视野里，“基本事实已被证明是一种非常复杂的东西，以往习惯于处理唯一性事实的科学，现在日益转向过程和关系”②。通过他的这个相对通俗的解释和说明，我们发现，科西克的“具体总体”的认识论是一种“具体化”了的认识论，其核心要旨在于，将事物看作一种有着复杂关系结构的过程性生成，而不是一成不变的静态的产物。

---

① ［捷克斯洛伐克］科西克：《具体的辩证法》，傅小平译，社会科学文献出版社 1989 年版，第 38 页。

② 同上书，第 31 页。

需要指出的是，从整体上看，科西克和马克思都把实现人的自由作为自己学说的根本指向，不仅如此，他们的共同之处还在于探索了实现这一目标的现实道路，并且以之作为衡量人的现实存在的标准。因此，可以说科西克深刻、全面地领会了马克思学说的本质精神，构成了马克思主义发展史上的重要环节，为我们在今天研究马克思提供了重要的思想资源。

（四）经济与科学的具体性

马克思指出，主体受抽象统治的命运在现代社会具有客观性，因而，人的异化的生存状态也具有不可避免的现实性，在资本主义社会这个具有"同构"的形而上学社会里，伽达默尔（Hans - Georg Gadamer，1900—2002）所谓的"经济就是我们的命运"[①] 也就成为现代社会的真实写照。

从以上的论述发现，如果说科西克对"烦"、"操持"和"平日"的讨论看上去还明显地停留在形而上层面的话，那么，在后面的分析中，科西克则使用了比较"具体性"的概念来阐释他的日常生活批判理论。他将论述的重点转向了"经济与科学的具体性"层面，着力以经济学的眼光来打量人的日常生活异化的状况。

为了更加具体地考察"对象化自身的主体"的实际状况，科西克从思考"作为主体的人究竟是如何成为客体的"这一问题出发，来解释人在经济社会生活中的异化过程与异化境遇。科西克认为："到了19世纪，至上的实在不再以超验的上帝的身份在天国实行统治；而是下降到地上，以超验的'经济'（即拜物教化的人类物质产品）的身份实行统治。"[②] 他接着解释指出，"现在的主体不仅仅是构造世界的参与和活动了，它已被一体化到一个超个体的规律似的总体中成为一个组成部分"[③]。这个"主体化"过程实质上是特指资本主义社会生产方式下的一种特殊过程，是剥夺人的主体性地位的一种异化的生产过程。在资本主义社会整个运作系统中，作为主体地位的人被当作了这个系统中的一个构成要素和客体而存在，是把现实的人变成抽象的实体的社会，因而，这是资本主义社会的罪恶。因为，"科学的纯理智过程把人变成抽象实体，并将他一体化在一

① ［德］伽达默尔：《赞美理论——伽达默尔选集》，夏镇平译，上海三联书店1998年版，第115页。

② ［捷克斯洛伐克］科西克：《具体的辩证法》，傅小平译，社会科学文献出版社1989年版，第85页。

③ 同上书，第62页。

个可做科学分析和数学描述的系统中。这反映着现实资本主义造成的人的变态”①。

那么，接下去，科西克就对这个“造成的人的变态”的生产方式进行了详细的说明与科学的研究。他运用马克思的辩证法，从思考物质规律的角度出发，抓住“生产的资产阶级形式”这一核心要素，来分析人究竟如何得以沦落为“经济人”，成为“拜物教化实践”的“代言人”的。科西克指出，“资产阶级的生产形式”是由这个社会制度决定的，“这些物质规律由生产的本性引起，不以意志、政治等等为转移”②。无疑，这是一种马克斯·韦伯意义上的明显的“价值无涉”的科学研究的立场，在客观上将社会运动视为一个系统性的整体。科西克认为，任何一种关于社会的研究的理论的形成，其前提条件就是将社会本身解读为一个系统和整体。在他的眼里，资本主义社会作为完整意义上的系统，可以说是一个不以人的意志为转移的“自然秩序”而存在的，因为它是将社会经济的发展自然地而非主观意愿地“规制”起来的。这是第一个层面的存在。资本主义社会作为一个整体系统存在之后，人会与其建立起各种各样的社会关系，从而将第二个层面铺展开来了。科西克认为，比较起来看，人与社会整个自然系统之间的关系是更为根本的一种存在，因而也是我们认识和理解整个社会系统的更重要的理论支点。资本主义生产方式下，在人与社会系统的关系的尺度上，人是作为整个社会系统的一个“工具”而存在的，他是一个功能性的实体存在物，在这个系统社会里扮演着一个客观的角色。科西克指出，这其实就是沉溺于经济活动中的“经济人”的内在依据。科西克解释说，他对“经济人”所下的定义是以整个社会系统的动态运转为依据和基础的：“经济人的概念以系统的观念为基础。经济人就是作为系统的组成部分的人，作为系统的一个功能要素的人。”③ 在资本主义社会整个运转的系统中，人是作为整个系统中的一个功能性“要素”和“构件”而存在的。那么，究竟是什么导致这一境况呢？更深一层，科西克指出，“把人降低为抽象物的不是理论，而是实在本身。经济

① ［捷克斯洛伐克］科西克：《具体的辩证法》，傅小平译，社会科学文献出版社1989年版，第62页。

② 同上书，第63页。

③ 同上书，第63页。

是一个系统，是一个支配着社会关系的规律系列。而人正是在这种关系中被逐步地发展为‘经济人’”①。也就是说，支配和决定着整个社会关系的规律和系列运转的不是别的，正是资本主义社会生产本身，是资本主义经济本身，也即科西克所说的“实在本身”。人在这个系统中无法自主地存在，他的意志和意识都已经被这个偌大的系统所占据和剥夺了。科西克解释道：资本主义社会里的“系统（作为一个系统的经济）与经济人是不可分离的量值，人一旦进入经济的王国”②，他就等同于进入了一个由各种经济关系纠缠着的网络中，这时，他的意识、意志和情感都一并被这个社会环境所挟制，被物质规律所“收拢”，因而成了一个地地道道的“经济人”。因为“在进入经济关系的瞬间，他就不以他的意志和意识为转移地被收入环境和规律似的关系网之中”③。科西克认为，正是在这一意义上，“古典经济学不是从‘经济人’出发，而是从系统出发。它从系统的角度把‘经济人’定义为系统的结构与功能中的一个充分规定了的要素”④。科西克认为，实际上，古典经济学语境中的“经济人”只是一个表象的表述，而没有将其作为一个“实在”的事件来看待。

因此，科西克指出，在伪具体世界和“操持”的日常生活世界里，人是“烦神”的存在，但也是作为一个“经济人”的角色而存在的，他履行着一种功能性的作用，使资本主义经济整个系统处于运动当中。科西克认为，将研究人的异化理论的视角从“烦神”世界转到“经济人”的理论上来，从深层次上看，这其实是一种“实在”的转换。理论逻辑的转变不代表现实生活中人的实际状况的改变。科西克认为，这种实际状况的改变，其实就是已经将人变成了一个实实在在的“客体”了。在这个人的主体地位缺失的世界里，“人类社会变成一个物理世界，人的科学变成了人—客体的科学，即变成了社会物理学”⑤。所谓“社会物理学”，其实就是指客体性占据了社会实在的地位，也即“社会实在被设想为物理意

---

① ［捷克斯洛伐克］科西克：《具体的辩证法》，傅小平译，社会科学文献出版社1989年版，第65页。

② 同上书，第64页。

③ 同上书，第65页。

④ 同上。

⑤ 同上书，第67页。

义上的自然，而经济科学则被设想为社会物理学”①。因此，科西克对古典经济学进行了批判，指出古典经济学最大的弊端在于没有研究社会真实的客观实在，只是拘泥于社会的表象去描述人的外在。他指出：“它（古典经济学——笔者注）也不去说明物的关系和物的运动如何掩盖人的社会历史关系”，而相反，“它描述这个物象化的世界及其规律，仿佛这就是真实的人类世界，因为这是古典经济学所知道的唯一的世界”②。古典经济学研究方法的偏颇和失误，最终导致了对这个世界的“不真实”的认识。因此，要想扭转这种局面，应该自觉实现对这种理论的批判和超越。

对于经济拜物教的实质的认识，现代唯物主义进行了理论上的努力，并做出了自己的贡献。科西克认为，现代唯物主义就是要从根本上彻底消除“经济人”和经济拜物教。然而为什么这种愿望没有达到呢？科西克指出，究其根本，“决定性的和基础性的原因不在于科学思维不发达，也不在于它的有限的、片面的分析形式，而是社会存在的崩解，是资本主义社会的原子化。‘因素’从本原上讲不是思维的产物，不是科学研究的产物，而是社会发展的特定历史形式的产物”③。由于社会实在自身的特殊性存在，人们在这种社会的发展进程中无法自由地成为他自己。科西克分析说，人类社会自身的创造物占据了人的地位，变成了“自主性”的存在，并且也将自身变成了整个社会系统的一个组成要素，悄悄地潜入人的头脑和意识里，最终变成一种不依赖人和人的活动的自主性的力量而存在，使人逐渐失去了批判意识和怀疑精神，这就导致了人在日常生活世界里异化着而他却浑然不知。科西克以此认为，一些人常常将历史唯物主义理解为一种机械式的“经济决定论”，从而片面地“认为它只适用于资本主义时代，因为这个时代物质利益占支配地位，经济成为自主的东西，正如中世纪天主教占统治地位，古代政治起决定作用一样”④。科西克认为，这其实是对马克思历史唯物主义的一种误读。为此，科西克在理论上刻意区分了两个不同的认识：“拜物教的经济因素论”与“唯物主义的经济结构论”。科西克在此明确指出，“经济结构是马克思主义唯物主义的一个

① ［捷克斯洛伐克］科西克：《具体的辩证法》，傅小平译，社会科学文献出版社1989年版，第67页。

② 同上书，第67—68页。

③ 同上书，第77页。

④ 同上。

基本概念，经济要素则是庸俗社会学理论广泛使用的一个概念”①。两种是有着异质性的不同概念。特别需要指出的是，“拜物教的经济因素论”是庸俗社会学理论的常用概念，在他们的视野里，经济就是一种“给予的因而不可约简的东西，看作一切东西的最终根源，看作不能进一步发展的唯一实在”，其结果自然是“把经济变成了一个结果，一个物，一个自主的历史因素，从而把经济拜物教化了”②。科西克将这种理论归结为一种将社会运动“头足倒置”的做法，因为它只是直接地观察事物的外在的表象，直观地用“映照物与物的关系”来概述复杂的社会关系，殊不知，这种认识片面地把“人类客观实践或精神实践的一个个孤立的产品看作社会发展的‘代表’，但实际上社会运动的唯一代表是生产和再生产着自己社会生活的人本身”③。科西克指出，马克思历史唯物主义关于社会运动的认识是深刻的和正确的。因为它认为“社会整体（社会经济形态）是由经济结构建构起来的。经济结构使社会生活的一切领域获得统一性和连续性”④。无疑，社会的整体系统是由经济结构和社会关系构成的，人在社会生产中，通过对生产资料的占有和使用，最终进入到社会关系当中。由于经济在资本主义社会中成为一种占据主导的统治性要素存在，所以在历史发展中自然形成了以经济因素为中心的一些现象。科西克据此解释说：“财富的分配（‘经济’）、权力的等级和结构（‘权力’）、社会地位的品第（‘威望’）都由规律似的关系决定。这些关系是在特定发展阶段上从社会经济结构中生长出来的。”⑤

由于在资本主义社会里，“经济”与“科学”都是一种具体性的存在，这就在理论上更加验证和证明了马克思主义的现代唯物主义是一种正确的理论，也是一种激进的现代哲学，它从根本上给我们剖析了社会实在的根本和根基。科西克指出，马克思现代历史唯物主义没有局限于对人的创造物的分析，而是自觉深入到社会实在的内部和根基的深处，去剖析和再现那个作为社会发展的主体的、位于客体之上的、真实地创造着社会实

---

① ［捷克斯洛伐克］科西克：《具体的辩证法》，傅小平译，社会科学文献出版社 1989 年版，第 77 页。

② 同上书，第 84 页。

③ 同上书，第 79 页。

④ 同上书，第 79—80 页。

⑤ 同上书，第 82 页。

在的现实存在的人的境况与命运。在资本主义生产方式下，“经济”与“科技”都是首要性的存在，并不是说人造物是一种比自然物更真实的存在，“而是因为在构造人类实在的过程中，实践和劳作占有核心的地位”①。但是从根本上看，人类历史上关于人的思考却是从人类劳动开始的。与上帝仅仅创造但不劳动相比，人既创造着也劳动着，因而在人这里，创造和劳动达到了内在的统一。然而，资本主义社会的生产却改变了这一状况。它使得人的创造与劳动分离开来，创造者与创造物被分开，其结果是，劳动成为一种非创造性的、奴役人的痛苦和折磨。在科学技术的力量下，现代社会的创造成为一种艺术，劳动则成为一种机械的、单调的程序化的工作，是千篇一律的呆板和无趣，从而被视为一种没有价值的和自我贬低的东西而存在着。科西克悲凉地指出，原本在文艺复兴运动时作为主体和创造者的人，到了现代社会状态下却“沦落”到与客体和创造物如“桌子、机器和铁锤”一样的地位和水平，这是经济统治的后果，也是科技发展的产物，是“经济”与“科技”具体化地存在的真实写照。因为从根本上看，正是因为“经济”与“科技”的具体化存在以及具体化的“联姻”，真实的社会实在就被物以及物象化的人类关系所取代。在这个物象化的人类关系里，人的本真性的东西已经不复存在，“人则表现为错误、主观性、不精确性和任意性的根源，一句话，表现为一个不完整的实在”②。科西克指出，正是在这样的生活境遇下，马克思的现代唯物主义倡导一种革命性的实践，力求将被“经济”与“科技”分裂开来的社会实在重新统一在一起。科西克认为，这也是一种期望人从“经济人”的现实中摆脱出来，回归本真性的自我，从而能够重新占有自己的本质，最终获得自由与解放，成为全面发展的大写的人。

二 “具体实在”的构造：日常生活异化现实的摧毁与超越

康德认为，人类社会进步的历史就是从野蛮到文明、从动物到人的转变过程。哲学在本质上是一种思维方式，哲学发展的内在逻辑集中展现为哲学思维方式的历史变迁。马克思的哲学革命从根本上说是哲学思维方式

① ［捷克斯洛伐克］科西克：《具体的辩证法》，傅小平译，社会科学文献出版社 1989 年版，第 84 页。

② 同上书，第 85 页。

的变革。从逻辑分析的角度看，这一哲学思维方式的变革应该包括两个密不可分的环节：一是对传统哲学思维方式的解构；二是对新哲学思维方式的建构。正是在这一解构与建构的双重运动中，马克思哲学实现了从直观思维到实践思维的革命性转换，从而超越了整个“近代哲学的地平”，开启了“现代哲学的新地平”。[①] 科西克认为，要彻底消除人的异化状况，就要对伪具体世界进行摧毁和超越，使真理得以完整呈现出来。那么，在日常生活中，“此在”是如何在科学中将自己降低为一种纯粹客体化存在的呢？科西克认为，这要从近代科学的实在观来说明。近代科学要回答的首要问题是：实在是什么？对它的认识是如何可能的？伽利略也指出，真正的实在是可以用数学描述的存在。他的基本假定是：在直观的世界中存在着普遍的归纳性。从这种假设出发，伽利略致力于建立普遍有效的方法论，并进一步揭示出世界的普遍因果联系。自然科学方法的意义在于，它使我们能够超出直接经验领域而对之做出有效预言，预言的根据就在于科学家们建立的数学理念间的相互关系即公式，公式的价值是对实践生活进行确定性的预测。数学化及其建立起来的公式对我们的生活具有决定性的意义，因而自然科学家全部活动的指向都在于制定公式。这就潜移默化地造成了这样的观念：公式及其意义是真正的自然本身。公式用一般的数代替了具有定值的数，从而使数学完全摆脱了直观现实的束缚，成为一种关于“一般的东西”的意义形式的科学。“从一开始起，非神秘化的努力和对偏见的攻击就浸透了家长式的冲动，即统治的冲动，‘在战胜迷信之后，人类理性将统治一个警醒的自然’。为了获得支配地位，理性致力于简化宇宙，把所有个别的细节都归于抽象的范畴或系统的逻辑体系——理想地纳入方便的数学公式之内”[②]。这样，近代科学就获得了这样一个转折点，“在这一点上个别转化为一般，任意性转化为规律一样的东西”[③]。

对日常生活的反省使人意识到了它的荒谬性与无意义性，日常生活的异化反映了社会人类实在的异化。“科西克认为，日常生活并非一种永恒的现象，而是资本主义社会历史发展的特殊产物。”“‘平日首先在于把人

① ［日］广松涉：《物象化论的构图》，彭曦等译，南京大学出版社 2002 年版，第 5 页。

② ［美］多尔迈：《主体性的黄昏》，万俊人等译，上海译文出版社 1992 年版，第 317 页。

③ ［捷克斯洛伐克］科西克：《具体的辩证法》，傅小平译，社会科学文献出版社 1989 年版，第 62 页。

们的个人生活组织成每一天，他们的生活功能的可重复性固定在每一天的可重复性中，固定在每一天的时间安排表中。平日是时间的组织，是控制个人生活史展开的节奏。’而这些现象只有到了资本主义市场经济体制高度发展之后才成为现实。”① 那么如何实现对异化的日常生活及其基础也即伪具体世界的摧毁呢？科西克认为有三种方式：艺术的间离、存在主义的更改以及革命的变革。很明显，这三种方式分别是由青年卢卡奇开创、同时在法兰克福学派那里得到充分发挥的美学救赎的思想、海德格尔—萨特式的存在主义生存论和马克思的革命观。科西克指出，虽然它们“属于不同的等级”，但是“每一种方式都有其相对独立性”，都有其适用的领域，就“这个意义而言，都是不能由其他方式代替的”。科西克是在强调社会、阶级和个人转变的不可相互替代性。

接下来，科西克对摧毁伪具体世界的摧毁路径进行了详细的阐释和说明。在人的功利主义实践也即拜物教实践中，“伪具体”俨然成为人的生活世界的自主性的东西，因此，对“伪具体”的摧毁过程，也必然是一个“具体总体”地通达社会实在从而最终建构起具体实在的过程，因此，这一过程并非是一个简单的、将伪具体世界这一块帷幕轻易撕毁就可以将现成的实在世界呈现出来的过程。科西克认为，要想真正实现对伪具体世界的摧毁、再现社会实在，就必须依靠和诉诸“真理的实现和个体发生过程中人类实在的形成”②。对于什么是真理的世界，科西克进行了这样的解释，他指出，在真理的世界里，每个社会个体都是一种社会实在，且这一社会实在是个人创造的产物，“在个体发生和种系发生的过程中，一方面，它的无差别性多样化为人和一般人性；另一方面，对一般人性的占有把个体转化为人类个体，并转变为一些特殊的、非人类的、在历史上转瞬即逝的特征。如果个体要为自己开辟通向本真性的道路，他就不得不从这些特征中挣脱出来。在这个意义上，人的进化是作为一个人与非人、本真性与非本真性分离的实践过程而前进的”③。在现实中，人在创造自我、人化自身的过程中，总是要与伪具体世界进行着抗争。因此，对伪具体世

① 刘怀玉：《列斐伏尔与20世纪西方的几种日常生活批判倾向》，《求是学刊》2003年第5期。

② ［捷克斯洛伐克］科西克：《具体的辩证法》，傅小平译，社会科学文献出版社1989年版，第9页。

③ 同上书，第59页。

界的撕毁也就是人真正占有自己的本质，人的日常生活不要他人代理，自己占有自己的文化，形成自我的社会实在。科西克指出，“实在的世界不是天国的世俗化幻象，不是某种现成的无始无终状态的世俗化幻象，而是人类和个人实现他们的真理的过程，亦即使人成为人的过程。实在的世界与伪具体的世界不同，它是一个实现真理的世界。在这个世界里，真理不是给予的和限定的，不是一成不变地摹写在人类意识中的东西。宁肯说，真理在这个世界中发生着。真理本身是发生着的，它发展着并实现着自身”①。因此可以说，构造具体实在与撕毁伪具体世界的过程是同一个过程，真理的实现促使人类真实的实践活动得以展开，人类实在得以形成，伪具体世界最终彻底崩溃。从根本上看，科西克对人们熟识的“伪具体世界”进行批判，能够深入揭示出资本主义生产方式的内在本质和规律，根据就在于他全面地理解和把握了马克思实践哲学的实质，在此基础上建构起了一种独特的思维方式即实践观点的思维方式，也就是他所说的“辩证思维”。

作为一种以批判为特性的思维方式，辩证法最终要实现的目的是对“物自体”的把握。在严密区别几组概念如“实在世界”与“物相世界”、“功利主义实践”与“革命—批判实践”以及“概念”与“观念”的基础上，科西克在以下三个层面上阐释了他对于伪具体世界的摧毁过程。

首先，伪具体世界需要借助于“辩证的思维”来摧毁。科西克认为，作为一种动态的过程，“辩证的思维”是一种穿透伪具体世界的重重帷幕、溶解伪具体世界和操持世界的各种物象，最终能够把握到社会实在和“物自体”的批判性思维。与“辩证的思维”相对应的思维模式是一种反映论式的拜物教的思维，它停留并满足于对事物的直接的、直观的观察，因而只是直线条地将事物的表象与外在环境之间看作一种简单的绝对与被决定的关系。科西克对这种思维方式进行了责难，将经济决定论的唯物主义定位为拜物教哲学，批评它是一种将固定观念的世界与物象化了的世界颠倒并神秘化的做法。然而，辩证的思维从来不把物、事实本身以及人的观念当作独立存在的和基始性的东西来看待，它拒绝现成地直接性地接受一切现象；它在不否认现象也是一种客观性的存在的基础上，将批判的目

① ［捷克斯洛伐克］科西克：《具体的辩证法》，傅小平译，社会科学文献出版社 1989 年版，第 9 页。

标直指伪具体世界；它坚持通过现象世界自身对虚假的扬弃来获得独立，从而达到事物的本质。由于辩证的思维是对形相世界的溶解与伪具体世界的穿透，因此，拜物教式的理想世界与客体化的物象化形式都会被消除，从而逐步丧失掉虚构的基始性与固定的自然性，人类社会实践的沉淀物和人工制品被显现出来。有趣的是，海德格尔也经常使用诸如“物物起来”（物物化）、“世界世界起来”（世界世界化）、“时间时间起来”（时间时间化）等表达方式来形容辩证法的实质。

科西克认为，人类思维的发展是一个从初级到高级的具体过程。在这一具体的递进过程中，“表象思维的习惯可以称为一种物质的思维，一种偶然的意识，它完全沉浸在材料里，因而很难从物质里将它自身摆脱出来而同时还能独立存在”①。在科西克看来，这一阶段里，人的思维主要围绕着表象而转动，因而思维是仅仅依附于人的经验表象而存在的。很多情况下，人会陷入事物的表象中难以自拔，进而沉浸在表象世界中，把外在世界的规定性转化为思维的内在规定性，但是却极易围绕着经验表象世界的各种直观的表现形式而思维，其视野受到了很大的限制。在无穷无尽的直接表象里，人的思维很容易使社会实在的整体自动地割裂开来，因而在客观上，我们看到，那些关于世界的各个领域的专门知识的研究就成为一种时尚的东西。但随着思维的进一步发展以及人类社会实践活动的进一步历史性展开，一种关于认识的辩证法就会出现，人类思维也会日益丰富。于是，在辩证法里，那些关于绝对性与相对性、真理与价值、抽象与具体、经验与理性、前提与结论等的关系性存在就会成为占据主导的东西，并在客观上推动着人的思维不断向着对事物客观实在本身的辩证性理解。科西克指出，从现代科学的发展事实来看，其发展的多样化与专门化越是明显，就会发现和描述出越多的新的领域，这样一来，也就在客观上更加清晰地为各种各样相距遥远的、差异很大的事物之间的内在统一性提供可靠的证据。科西克认为，虽然就某一个领域来看，我们会担心科学发展的日益分化趋势会破坏着这门科学的整体性，担心自然和世界被隔离开来、科学家们被限制在各自的领域当中的不良后果。殊不知，这种分门别类的、专业化的研究的“具体”方法从根本上说是有效的和合理的，因为各个部分和领域得出的结论都是相互补充的，实际上在客观上不断加深和

① ［德］黑格尔：《精神现象学》上卷，贺麟等译，商务印书馆1979年版，第40页。

推动着我们关于社会实在的统一性的深刻认识和完整把握。因此，“具体”的方法也是一种辩证思维的方式，它能够实现事物的“全体的自由性”与“各个环节的必然性”的内在统一的目标，从而有助于我们获得对社会实在的正确认识。

从整个思维运动的过程来看，思维运动的出发点往往从某一个事物的混沌的、感性的、直接的、直观的、生动性的整体观念开始，伴随着人类思维的不断发展与社会实践的不断进步，这些具体的东西得以在人的头脑中上升，于是便形成了一些抽象的概念性的规定，人的大脑会再将那些抽象的概念性规定综合起来，最终实现了事物整体在人的思维中的具体的再现。科西克指出，从表面上看，似乎我们思维的出发点与我们思维的结果是一样的东西，但是，我们获得的对事物的最终认识绝不是一个混沌的、直观的存在，应该是一个关于事物的概念的而不是观念的总体。科西克因此进一步指出，一般说来，人们对事物的认识一开始都是无法抵达事物的本质的，人的认识最开始都是混沌的、直觉的和不透明的，然后在这一基础之上，获得关于事物的混沌的、直觉的和不透明的事物的整体性的概念规定，最后对这些概念进行整理，以具体的规定方式加以综合，最终形成关于事物的“具体总体”的认识。这个最终关于事物的具体总体的认识也就是科西克的辩证的思维过程。科西克认为，所谓“从抽象到具体”的过程其实并不是我们传统上所理解的那个从感性到理性的过程，毋宁说，它表征的是人的思维认识自身的对象化运动过程。在这一过程中，认识往往开始于一个否定的抽象性，接着上升到一个具体的层次上。因此可以说，这个过程就是一个“从部分到整体，从整体到它的部分；从现象到本质，从本质到现象；从总体到矛盾，从矛盾到总体；从客体到主体，从主体到客体的运动”①。科西克据此认为，辩证的思维就是一种批判性的思维，它是一个逐步递进的过程。这种认识论的价值意义在于，所有的社会实在都会被完整地展现出来，其具体内容都能够以一种具体、清晰的方式得到认识，也使得人的那个混沌的、直观的整体观念最终能够上升到理性的、清晰的整体上来。

其次，伪具体世界的摧毁还需要借助于“人的革命—批判的实践”来

① ［捷克斯洛伐克］科西克：《具体的辩证法》，傅小平译，社会科学文献出版社 1989 年版，第 19 页。

实现。科西克指出，辩证的思维还必须借助于人的革命—批判的实践才能最终完成对伪具体世界的摧毁。科西克这里所强调的实践是人的人化的过程，其关键阶段在于社会革命。毋宁说，科西克对实践的认识是从海德格尔出发，以求最终向马克思那里推进。科西克将人类社会实践过程理解为事物的发展方式。人之所以能够把握事物，是因为在实践活动中，事物展现着自身，在实践的中介中生产和展开着真实的实在。因为从根本上看，“物的结构既不能直接把握，也不能通过沉思或单纯反映来把握，只能通过特定的活动来把握”①。我们知道，马克思曾经将人的存在理解为实践的存在，坚持从实践的观点出发去阐释人类全部的社会现实生活，并坚持用实践的观点去看待全部哲学问题。马克思的这一认识也被我们称为哲学史上的著名的“实践论转向”。后来的海德格尔将哲学的核心问题汇聚在对“存在是什么”的问题的回答上，认为人是所有存在物中最具优先性的、特殊性的存在，是因为只有人才会自觉追问和思考存在的意义。因此，人在海德格尔那里被称为“此在”。海德格尔强调，此在不是传统哲学中的那个抽象的存在，而是处于具体社会生活情境下的从事实践活动的人的存在。显然，科西克在此深受马克思和海德格尔的影响，也将人作为一种现实的存在和实践的方式来对待，认为正是由于实践的存在方式，使人获得了优于其他一切存在物的地位；是实践让人的存在得以真实地展现出来。人以实践活动表达着自己对世界的独特占有，世界也在人的实践活动中获得了统一。科西克认为，在社会的生产与再生产过程中，人成为社会的真正的历史主体，从而构造着社会实在，也在这个总体化的过程中实现着人化的无限过程。

科西克认为，仅有辩证的思维还不够，要想获得对事物的具体总体的认识，就必须借助于革命的实践才能完成。“直接的功利主义实践和与之相应的日常思维，使人们可以在世界中自然地运行，使人们感到与物相熟悉，并且能操控它们。但是，这并不能使他们达到对物和实在的理解。”②比较起来，改造世界比认识世界的意义与价值更大。“自然实在与社会人

① ［捷克斯洛伐克］科西克：《具体的辩证法》，傅小平译，社会科学文献出版社 1989 年版，第 12 页。

② Karel Kosik, *Dialectics of the Concrete*: A Study on Man and World, Dordrecht: D. Reidel Publishing Company, 1976, pp. 1 – 2.

类实在之间的区别就在于，人可以改变和改造自然，但他能以革命的方式改变社会—人类实在。”在科西克看来，人类实在的世界就是一个实践的世界，它不是遥不可及的彼岸世界，而是内在地“把社会—人类实在理解为生产和产品、主体与客体、起源与结构的统一”。所谓真实的世界就是从根本上远离拜物教、远离异化的世界，在这里，“事物、意义和关系被设定为社会的人类的产物，而人本身则表现为社会世界的真正主体”。

纵观人类历史的发展历程，所有的理论都惯于将关于实在的理论置于人类认识的基础地位来看待，或者将那些各种关于实在的概念当作认识的先决条件来理解。这样一来，“如何认识实在”就成为他们对“什么是实在”的前提性理解。这里需要指出的是，科西克所说的“实在”既包括自然的客观实在，也包括社会的客观实在，而且更重要的是指社会的客观实在。科西克的认识论与以往传统哲学的认识论的区别在于，后者主要在于对科学认识的客观性与真理性进行逻辑上的说明与证明；而前者则体现了一种浓厚的人本主义精神，表明了科西克这样一位注重实践的、有着人道主义意识的、以人为本的思想家的情怀。因为，科西克的认识论和真理观正是显示出一种鲜明的社会批判理论的思维向度，它旗帜鲜明地将如何揭露和批判资本主义生产方式下人的异化状况、如何摧毁伪具体世界对人的遮蔽、如何让人重新占有自己的本质、确立人在世界中的主体地位作为其认识的核心要旨。

科西克认为，大致看来，人们的实践活动有两种：一种是关于革命批判的实践；另一种是关于直接的功利主义的实践，也叫作“拜物教的实践”。并且，与这种实践相对应，人的思维方式也表现出不同的方式。具体说来，与第一种实践联系着的思维是一种辩证的思维或具体的思维。作为一种异化的实践，人在其中被总体性的劳动高度分化了，人类关系也彻底被拜物教包围了。因此，整个世界被当作一个装具系统而存在，人和物的功能也都被当作丧失了客观性与独立性的功利性的器械来对待。由于“拜物教的实践”或功利主义的实践是一种异化了的实践，因而“是历史地决定了的片面的和残缺不全的个人实践，是以劳动分工、社会阶级差别和社会地位等级制为基础的”①实践。科西克指出，与这种实践相联系与

① ［捷克斯洛伐克］科西克：《具体的辩证法》，傅小平译，社会科学文献出版社 1989 年版，第 2 页。

相适应的思维则是一种日常的、“伪具体”的思维。与辩证的、批判的思维方式相比，这种思维往往把认识局限在事物的直观表象上，并且把直接解读到的那个世界当作一个“亲近”、“信任”和“熟识”的世界来对待。科西克认为，在客观表现上，拜物教的实践表征着人的异化，从而充斥着自己的日常生活世界。一般说来，事物的本质总是通过现象表露出来，但并非任何现象都以直接的方式表现着事物的本质。科西克据此认为，“伪具体的世界是一幅真理和欺骗互相映衬的图画。这里盛行着模棱两可的东西”①。由于这幅图画汇聚着真理与欺骗，盛行着模棱两可，因此，人们往往很难直接获得对实在的真实认识，即便他们原本对事物熟悉并拥有一定操控事物的能力。科西克解释说，其实，这个对事物熟悉并拥有一定操控事物能力的人，并不是一个处于自觉活动状态的社会主体，而只能算是一个拥有自在性实践活动的人。在资本主义市场经济条件下，面对那个物象化了的伪具体世界，人的对象化活动及其结果往往表现出某种程度的异己性。例如，商品、货币等原本是人通过自己的实践活动创造出来的东西，却在客观上表现出一种自在、自主的状态，从而支配和统治着作为主体的人，并使人产生拜物教的观念，最终从主体沦落为客体的存在。因此，要想恢复自己的主体地位，就必须将客体的地位彻底摧毁，消除伪具体世界的统治，揭露物假扮人的社会现实，戳穿现象假扮本质的异化生活，使人的本质力量的对象化世界得以还原，重新确立人在世界上的主体地位。显然，在这里，科西克所倡扬和推崇的就是那种具有辩证性、革命性的实践。

科西克可能认为，马克思的革命变革没有涉及个体的转变，或者是认为马克思用阶级的社会的转变替代和抹杀了个体转变的意义，因而他指出：我们常常看到人们把一个过程强制性地还原为另一个过程或者将两个过程等同起来。如果说“把一个过程强制性地还原为另一个过程”是在批判间离或存在主义的个人更改片面强调个体的转变而把社会阶级的变革还原为个体的转变的话，那么，科西克说的“两个过程等同起来”就可能是在批判马克思主义的革命观用社会阶级的革命变革取代和抹杀了个体的转变。当然，马克思是一直非常关心个体的解放的，事实上成熟后的马

① ［捷克斯洛伐克］科西克：《具体的辩证法》，傅小平译，社会科学文献出版社 1989 年版，第 3 页。

克思也正是把个人的解放和社会阶级的革命性变革结合在一起来考虑的。马克思把个体的转变纳入社会和阶级的变革这一理论思路正是马克思的革命性和科学性的体现。其实，马克思哲学的这种革命性和科学性正是科西克这样的人本主义哲学家所不能理解和接受的。

科西克对间离和存在主义的更改做了较为详细的分析。他首先着重分析了“间离”的方法。为了能够获得对我们所熟知的日常生活世界的本质的认识，我们需要与日常生活世界保持适当的距离，暂时远离它的目的是取消这种不利于我们认识其内在本质的“熟识性”，因而有必要对日常生活世界实行“强制”性隔离或“间离”。科西克指出，这样做的目的，是“为了让人们看清自己的面目并认识自己的世界”，他自己解释说，这是一种使熟悉世界重新“陌生化”的方法。“当代艺术（诗歌与戏剧、绘画与摄影）的主要原则之一是对平日的‘强制’，是对伪具体的捣毁”。但是，“以间离原则为基础的诗歌理论和实践，只是摧毁伪具体的一种艺术方式”，“是对伪具体的艺术的摧毁”。另外，科西克还分析了存在主义的更改。“一个人不可能自己在环境中造成一个革命性的变革从而根除罪恶。”在存在主义的更改中，他改变的不是世界，而恰恰相反，他改变的正是他自身对于世界的态度和认识。因此，在科西克看来，传统的存在主义期冀改变人的日常生活异化的种种做法，从根本上看，都不是对世界的革命性的改造，而只是一个个单一的个体在偌大的世界舞台上演出的一幕带有浓厚个人感情色彩的激情戏罢了。此在“改变的不是世界，而是他对世界的态度。存在主义的更改不是对世界的革命性改造，而是个人在世界中演出的一场戏”①。因为在存在主义的更改中，个人要么“通过考察平日的准死亡状态”，而选择一种可靠的方式，这样它消除了平日的异化，把平日提升了，但同时也否定了自己活动的意义；要么选择可靠的准死亡状态，在浪漫方式的斯多葛主义中带着死亡的印记可靠地活着，否则就只能选择死亡。科西克认为，选择死亡不是个人实现其可靠性的唯一方式，也不是最常见的方式或最恰当的方式。因为，“它同样是一种有相当明确的社会阶级内容的历史性选择”。科西克的意思是说，这已经不是个人的转变了，而是社会的转变了，因而对个人的转变来说不是个好的可取的方

① ［捷克斯洛伐克］科西克：《具体的辩证法》，傅小平译，社会科学文献出版社 1989 年版，第 61 页。

法。从根本上看，这种方式只能算是一种特殊的“历史性选择”，因而只适应于一定的特定的历史条件。“这种基本观念，是对现代西方社会生活的理论折射，是对现代人类面对的‘文化偏离’的敏感反应，也是对当代全球问题的消极回答”①。他举例说，海德格尔企图通过对“此在”的非本真的存在状态的揭示与剖析，最终找到一条超越人的异化存在、进入到一种本真的存在状态的正确道路。然而，海德格尔给出的“直面死亡”、“向死而生”的以超越此在的沉沦的策略和路径并非是最恰当的，因为此在被当作一种无限可能性的存在来对待，它否定了自身活动的意义，无法带来对现实世界的任何有效的改变。由此可见，在科西克看来，存在主义的更改和艺术的间离的方式都只是摧毁伪具体的一种方式，它们都有其一定的局限性，即只适用于个体方面的更改，而没有涉及也不适用于社会的阶级的更改。

科西克指出，之所以要对日常生活进行“间离”（Alienation）是因为我们自身生活在其中的这个生活世界其实并非是我们已经十分了解和认识的世界。现实很可能是，我们获得的仅仅是关于日常生活的外在的表象，其内在的实质并非被我们所真正把握。鉴于这种状况，“为了窥见异化了的平日之真情，人们必须与它保持一定的距离；为了取消它的熟识性，人们必须对它施行‘强制’”②。科西克强调，我们需要求助于现代艺术，采用“间离”的方式，以对异化了的日常生活世界与伪具体世界进行彻底的摧毁。科西克解释说，“间离”其实就是适当拉开一定距离的意思，就是让那个我们十分熟悉的日常生活再度“陌生化”（Defamiliarization）起来。在现代社会里，人们为了获得对自身存在状况的真实理解，真实再现人自身的形象，艺术往往主张把人比喻成动物如寄生虫、狗和类人猿等，这样做的用意就是为了通过动物的种种表现，来反衬和揭露出人在日常生活世界里的异化状况。循着同样的思路，科西克指出，哲学也可以采取这样的方式，让人们与自身的日常生活拉开一定的距离，但同时，科西克也提醒我们说，哲学最终想获得的东西并非是对各种各样具体事物的详细描述，而是关于人类生活意义、人的真实生活状况以及人类社会的时代境遇

① 孙正聿：《崇高的位置》，吉林人民出版社 1997 年版，第 192 页。

② ［捷克斯洛伐克］科西克：《具体的辩证法》，傅小平译，社会科学文献出版社 1989 年版，第 59—60 页。

等问题的把握。他认为，唯有以人类的“时代精神”去参照现实本身，哲学才能够“超越感觉的杂多性、表象的流变性、情感的狭隘性和意愿的主观性”，进而“全面地把握‘时代精神’、深层地透视‘时代精神’、理性地规范‘时代精神’、理智地反观‘时代精神’、理想地引导‘时代精神’”①。

正是因为人的实践活动能够使具体总体得以生成，所以人便自然成为社会实在的构造者，人也能够从根本上获得对社会实在的认识。科西克提醒我们，人的这种认识对于自身的实践活动的意义是不容忽视的。其意义主要表现为：这种认识能力能够将人从伪具体世界和操持世界中解救出来，重新确立人在世界中的主体地位，合理地建构自身与世界的关系，最终实现主体与客体的双重解放的目的。“主体解放”不是指拜物教式的“直接”活动，而是指人对社会实在的具体的反思与批判；“客体解放”则指向对资本主义社会伪具体性的揭露，从而超越和消除这一异化世界，构造和生产出一个合理可期的美好社会状态。

科西克认为，海德格尔的“烦”的哲学是不可能理解这一事实的，因为“烦”的哲学方法本身既是神秘化又是非神秘化。在这种神秘化和非神秘化中，它对平日和“工作日宗教”（即异化了的平日）不加区分，并用一种特殊的实在，也即资本主义的异化了的实在来表现平日，并把它当作平日本身。所以，“烦”的哲学虽然也描述这种实在，并以这个异化了的实在为前提，但是却不能解释它。同时科西克也指出，素朴意识和哲学虚无主义这两者也都不能揭示平日异化的事实。因为它们都把“平日的某一特殊形式”，即资本主义的异化了的平日世界，当作一切人类共存的自然的、不可改变的基础。对于素朴意识而言，它是完全无批判地体验工作日的生活的。因而它认为世界从来就是好的，根本无须改变；而哲学虚无主义则会认为，世界从来就是如此的糟，因而根本无法改变。对于科西克这样的人本主义哲学家来说，这是他无论如何都不能接受的。他要用他自己的方式来揭露和摧毁这个异化的伪具体世界，以求“本真”实在的再现和主客体的双重解放。他指出，从异化了的世界的不可靠向可靠性的转变是一个历史过程，“它的实现既有赖于人类（阶级、社会），也有赖于个人”，所以，这一具体转变的形式必须涵盖这两个过程，既不能够强

① 孙正聿：《思想中的时代》，北京师范大学出版社 2004 年版，第 400 页。

制性地把社会革命、阶级革命还原为个体的转变，也不能够用阶级和社会的革命来抹杀和否定个体的转变。只有两者并举、互不偏废才能实现对伪具体世界的摧毁而达到“本真”的实在。

最后，伪具体世界的摧毁需要借助于人对自己文化的占有，而这一愿望需要借助于真理的实现与人类实在的形成来完成。深受列斐伏尔的“让日常生活回归艺术”的口号的影响，科西克认为，要实现对伪具体世界的摧毁，就必须让人实现对自己文化的占有，进而实现对自己本质的占有。

科西克指出，在现实生活中，功利主义的实践或拜物教的实践这种生存方式日益渗透到人们日常生活的方方面面，从而操控着人的生活的基本“节律”。一旦人以拜物教的实践的方式来处理事物，社会实在就会以伪具体世界的方式表现出来，此时，人就会以惯用的日常思维的方式来认识和处理物的实在，进而形成的关于物的日常性观念。这个日常思维其实就是伪具体世界的观念层面，它表现为对现实世界的非批判性、非怀疑精神和认同态度，将眼前出现的虚假的实在当作其本身的样子来看待。科西克认为，日常观念的表现方式一般有两种：一种是形而上学的理性主义；另一种是各种历史哲学观。形而上学的理性主义往往会占据人日常思维的主导，把理性当作片面的工具理性来看待，从而用实用主义的眼光来打量一切事物，武断地抹杀理性自身的价值维度；各种各样的历史哲学观虽表现形式不尽相同，但从根本上看，其共同点都是将历史以及历史的根据当作一种隐藏在历史背后的绝对的、超历史的东西来看待的。在他们那里，历史进程被当作一种不变实体的外部变异来认识，历史进程不能对不变的实体发生任何影响和作用。科西克指责海德格尔关于“烦”的哲学是一种远离人的实践活动的哲学，因而他主张以“操持的装具世界”来取代海德格尔的“烦”。同时他明确提出，对伪具体世界的摧毁并不能依靠个体性的对死（无）的“畏”，而认为“只有当千百万人受到震撼而脱离这一节律时，平日生活才被打断”①。因此，科西克认为，唯有将人的现实的一切活动都视为实践性的历史活动来看待，即视为关于历史活动正确阐释

① ［捷克斯洛伐克］科西克：《具体的辩证法》，傅小平译，社会科学文献出版社 1989 年版，第 54 页。

的现代唯物主义来理解时，“填平非历史的平日与历史性的历史之间的鸿沟”① 才具有了一定程度的可能性与现实性。

科西克坚持以“实践”的视角来理解人的存在，坚持将人与外部世界之间的关系解读为一种实践活动的生成性存在。无疑，这与近代哲学的认识论是异质的。正因为如此，科西克对近代哲学的认识论提出了质疑与批判，认为那种认识论将真理视为一种决定性和先定性的存在，因而是一种错误的真理观。科西克指出，真理是实践的产物，它是一种生成性的存在："真理不是给予的和先定的，不是一成不变地摹写在人类意识中的东西……真理既不是无法达到的，也不能一劳永逸地获得。真理本身是发生着的，它发展着并实现着自身。"② 从哲学发展史的角度来看，哲学自古以来就热衷于对世界本体是什么的追问，于是，自然而然，唯物主义与唯心主义斗争的主线就围绕着“什么是客观实在”以及“如何认识客观实在”而展开。唯物主义的认识论是一种排除认识者自身主观因素的认识，将存在看作一种不依赖于人的意识而客观存在的实在，因而从本质上是一种直观反映论；与此相对应是唯心主义的认识论，它主张“我思故我在”，认为人无法脱离自己的概念或经验来认识外部世界。科西克认为，这两种认识论的共同之处在于都是一种主客二分的认识模式。哲学之所以执着于对真理的追求，是因为它把追求永恒性、普遍性和必然性的真理作为自己的使命。科西克指出，真理是一个具体的生成过程，它绝非是先定的和既成的。显然，这是一种与传统认识论相异的认识论，也是他对传统认识论批判性反思的结果。

科西克对马克思从抽象到具体的认识论进行了高度评价，认为这一认识论的本真就是要对人的认识进行“分割原一”，“没有分割就没有认识”③。科西克认为，人们对于真理的获得和事物本质的认识绝非是一个简单的过程，而是需要费一番周折的，然而“这种周折是通向真理的唯一可行之路”④。那种试图以简单直观的形式直接达到真理和事物的本质当中去的认识是极为荒唐的。“分割”与“原一”都是一个过程，而人的思

---

① ［捷克斯洛伐克］科西克：《具体的辩证法》，傅小平译，社会科学文献出版社 1989 年版，第 109 页。

② 同上书，第 9 页。

③ 同上书，第 5 页。

④ 同上书，第 10—11 页。

维所具有的对事物进行分割与整合的整理，也是在实践中形成的。

恩格斯指出：“人的思维的最本质的和最切近的基础，正是人所引起的自然界的变化，而不仅仅是自然界本身；人在怎样的程度上学会改变自然界，人的智力就在怎样的程度上发展起来。”① 科西克希望借助于辩证的思维实施对伪具体世界的摧毁，然后借助于人的革命—批判实践来建构“具体总体”，从而获得具体实在的过程。科西克强调，他的关于事物的“具体的辩证法”并不是一个抽象的理论概念，因为这一概念并没有游离于事物的现实运动之外，毋宁说，它自身就是事物运动过程的一个内在的组成部分。具体的辩证法所面对的直接的对象是那个异化了的日常生活世界，也即那个使人造物最终脱离了人自身的伪具体世界。科西克将这种不以人的意志为转移的、具有某种自主性特征的、“凌驾于个人之上的力量”② 称为“伪具体”或“伪具体世界”。在卢卡奇那里，把这种虚假状况反映到人的意识当中去并在人的意识中产生消极影响的后果称为“物化意识”。这种意识的本质就是人无意识地将自己当作一个纯粹的客体性的、由外在的某种特殊力量所支配和决定着的意识，也是一种面对现实的批判性意识，或者是对现实的一种无意识的认同意识。

以上三种方式就是科西克为我们展示的摧毁日常生活世界的异化和“伪具体世界”的具体解决方案。科西克认为，只要人们从观念、现实以及表现三个方面出发来对伪具体世界进行摧毁，人的异化就会消除，本真性的日常生活世界就会回归。总体来看，这是一种带有浓厚存在主义意味的思辨辩证法。科西克指出，革命的实践与人的同化过程是同一的，其中社会革命是人的同化过程的关键阶段。很明显，这是一种存在主义的革命观，但又不同于一般的存在主义的更改，在强调个人的人化的同时还强调了社会的革命转变，这有些接近但又不完全相同于马克思的革命观。可以说，科西克的“革命—批判实践”是一种“存在主义加上马克思”的革命观，他试图糅合马克思主义和存在主义。辩证的思维也能够溶解拜物教化的形相世界，而透视实在和“物自体”。这很明显的是一种认识论、方法论上的变革，是脱离物化意识的主观上的一场理论革命。科西克将摧毁伪具体世界的最终希望寄托于真理的实现与人类实在的生产，这从根本上

① 《马克思恩格斯文集》第9卷，人民出版社2009年版，第483页。

② 《马克思恩格斯文集》第1卷，人民出版社2009年版，第557页。

看是一种人本主义的方法，一种典型的理论上的价值预设。他所理解的真理世界就是个体进行自我创造的过程，人们可以过一种自主自在的生活，在占有自己的文化世界中构造着自我。显然，科西克在此表现着一种盲目的乐观。事实上，透过历史唯物主义，马克思的现代性批判不是建立在奥德赛的基调之上，历史辩证法向人们展示的并不是现代性的离家之旅。① 马克思明确指出："辩证法不崇拜任何东西，按其本质来说，它是批判的和革命的。"② 思辨辩证法从根本上说是无根的。因为"绝对精神"本身的存在尚是有待澄明的。从根本上说，"一种历史生产形式的矛盾的发展，是这种形式瓦解和新形式形成的唯一的历史道路"。③ 马克思以无可辩驳的理论逻辑论证了"经济关系的无声的强制保证资本家对工人的统治"④ 的社会现实。

因此，科西克辩证法的唯一对象就是他所谓的"总体的人"与"总体的具体世界"，也即他所说的主体与客体的双重解放。我们可以断定，从根本上看，科西克的这种辩证法既不是马克思的，也不完全是海德格尔的，而是一种混杂了多重理论因素的批判现象学。其可取之处是理论的开放性和思维深度，教训是丢掉马克思主义最基本的原则。辩证的思维要真正摧毁伪具体世界，需要依靠"革命的、批判的实践"。因为伪具体并不是纯粹思维的产物，而是人的直接功利主义实践的结果。为了要批判地理解世界，解释本身必须根植于革命。这个实践与人的人化过程是同一的，其关键阶段就是社会革命。真实世界不是拜物教形式所设定的先验的、固定的物体世界，这个世界中的事物、意义、关系被设定为社会的人类的产物，而人本身就是这个世界的真正主体。因此，实在才能被人的革命的实践方式加以改造，只有把人的活动提升到革命的和批判的实践的层次上，

---

① 照海德格尔的说法，历史辩证法所揭示的正是人的无家可归状态，也是人的天命。"无家可归变成了世界命运。因此有必要从存在的历史的意义去思此天命。马克思在基本而重要的意义上从黑格尔那里作为人的异化来认识到的东西，和它的根子一起又复归为新时代的人的无家可归状态了。这种无家可归状态是从存在的天命中在形而上学的形态中产生，靠形而上学巩固起来，同时又被形而上学作为无家可归状态掩盖起来。"（［德］海德格尔：《关于人道主义的通信》，载孙周兴《海德格尔选集》上，上海三联书店1996年版，第383页。）

② 《马克思恩格斯文集》第5卷，人民出版社2009年版，第22页。

③ 同上书，第562页。

④ 同上书，第846页。

真实地建立起人与自然、人与社会实在的自觉的统一，才能真正地摧毁伪具体世界，才能使人类社会实在显露出来。因而，这是一种充满诗意的解放浪漫曲，一种人本主义的美好乌托邦向往。这也正如恩格斯所指出的那样：“蔑视辩证法是不能不受惩罚的。……根据一个老早就为大家所熟知的辩证法规律，错误的思维一旦贯彻到底，就必然走到和它的出发点恰恰相反的地方去。”① 异化与异化的扬弃走的是同一条道路，只有社会的物质生产发展到一定程度的时候，异化才能通过扬弃自身得以消除。那种把人从一些词句的统治下解放出来的做法，并没有真正地使人的解放前进一步，“正如共产主义的历史所证明的，尽管这种变革的观念已经表述过千百次，但这对于实际发展没有任何意义”②。

① 《马克思恩格斯选集》第20卷，人民出版社1971年版，第399页。

② 《马克思恩格斯选集》第1卷，人民出版社1995年版，第93页。

第五章

生活世界的理论辨识：科西克与马克思——诗性之思与现实变革

马克思指出："哲学非常懂得生活。"① 即是说，真正的哲学是人的现实的社会生活的反思，是对一切遮蔽生活、遗忘生活的批判。在此基础上，马克思将人的现实的"生活世界"视为一个自然的能动的生成过程，并将这一世界看作人的日常生活与非日常生活、物质世界与精神世界组成的一个内在的统一性世界。在这里，人是一个"在一定的物质的、不受他们任意支配的界限、前提和条件下活动着的"② 现实的个体，而绝非一个抽象的存在物。立足于马克思对资本主义社会状态下人的异化状况的深刻批判，科西克以处于争取民族独立解放运动的捷克斯洛伐克为现实背景，将人的存在样态和异化命运进行了新的书写，以自己的理论努力推动了马克思主义在东欧的新发展。但是从总体上看，科西克的日常生活批判理论既对马克思的生活世界理论做出了宝贵的贡献，也在一定程度上偏离了辩证唯物主义和历史唯物主义的方向指引，最终走向了审美的日常生活世界的乌托邦。

第一节　生活世界理论走向的共同背景

结束德国古典哲学理性至上的思辨主义，马克思开启了生活世界的新视域，他以唯物史观的视角观照了人的存在的现状、意义与价值，将人的异化与资本主义制度的伦理谴责与历史分析结合了起来。作为马克思主义哲学的继承者和发展者，科西克继承了马克思的这一基本思想，在人的日

① 《马克思恩格斯全集》第1卷，人民出版社1956年版，第123页。

② 《马克思恩格斯文集》第1卷，人民出版社2009年版，第524页。

常生活世界领域开辟了哲学崭新的一隅。

一　形而上学理性主义至上弊端的指责

众所周知，自柏拉图以来，西方哲学就以这样的思想传统即“哲学家高于普通人、心智和灵魂高于物质、先存在的理想世界高于现象世界、绝对的东西高于相对的东西、死后的精神生活高于眼前的物质生活”① 作为哲学发展的主流。到了笛卡尔那里，理性的权威逐步被确立起来，从而成为近代哲学的占据主导地位的一种精神。对于以笛卡尔为代表的近代的理性主义者来说，“一切都必须在理性的法庭面前为自己的存在作辩护或者放弃存在的权利。思维着的知性成了衡量一切的唯一尺度”②。这就是说，理性主义至上的哲学的核心就是倡导以理性精神为根本和主要依据，在理性的光芒照耀下，人间的现实的束缚与苦难都能够得以摆脱和祛除，从而获得理想的美好生活。康德对此指出：“我们这个时代可以称为批判的时代。没有什么东西能够逃避这个批判的。……只有经得起理性的自由、公开检查的东西才博得理性的尊敬。”③

然而，哲学发展到了今天，以其自身的发展历程证明了传统形而上学的愿望终究只能是一种“愿望”而已。人们遗憾地发现，传统形而上学所祈求的那个关于“心智和灵魂的”、“先在的和绝对的”以及“理想的和至善的”现实生活世界并没有如愿以偿地到来，人类仍在梦想获得彻底自由与解放的途中苦苦思索着，并努力寻找一条更加现实的通向“至善”境界的光明大道。随着社会生产力的不断提高和科技的不断发展，人们越发真切地感受到生活在这个“现象世界”里的悲苦与凄凉。在这个超感性的形而上学的世界里，人不可抑制地沦落了，他不仅失去了具体性、历史性和现实性，也失去了否定性、批判性和超越性；他不但没有获得解脱与自由，反而失落了自己。波普尔对此自责说，传统形而上学原本“怀抱着建立人间天堂的最美好的愿望，但它只是成功地制造了人间地狱——人

① ［美］理查德·塔纳斯：《西方思想史》，吴象婴等译，上海社会科学院出版社 2007 年版，第 47 页。

② 《马克思恩格斯文集》第 9 卷，人民出版社 2009 年，第 19—20 页。

③ 转引自全增嘏《西方哲学史》下册，上海人民出版社 1983 年版，第 39 页。

以其自身的力量为自己的同胞们准备的地狱"①。也就是说，传统形而上学将自身与人的解放的关系以一种隐蔽的方式表达出来，在主观上诉求着美好与幸福，然而却事与愿违；在客观现实上，它却以一种无比抽象的方式引导着一条与人的自由解放相悖的道路。

那么，主客观之间的悖论的发生是否具有客观性与必然性？究竟是形而上学错误的逻辑理念还是人自身的存在实践制造了这一悖论？这一悖论是否能够获得现实合理的有效解决路径？……在某种程度上可以说，对这些问题的种种形式的追问与回答，构成了柏拉图哲学之后整个西方哲学发展史上众多流派之间碰撞、交流、对话以及辩论的主题。总体上看，与波普尔一样对传统形而上学将理性至上极为推崇的做法进行批判、诘难和指责的占据着主导地位。20 世纪最著名的存在主义大师海德格尔以"思之沉沦为科学和信仰，乃是存在的恶劣的命运"② 来形容形而上学的理性至上主义的可悲后果。在海德格尔看来，形而上学的理性逻辑从根本上遮蔽着存在隐含的本质丰富性，从而使作为最优越的存在者——"此在"自身的存在遭受沦为最空洞的、最普遍的概念的不幸。后来的德国著名哲学家霍克海默（Max Horkheimer，1895—1973）与阿多诺（Theodor Adorno，1903—1969）也认为，事实证明，理性至上的哲学在其后来的发展中之所以受到了质疑和挑战而丧失了合理性与独立性，是因为它自身"在其结果和现实化中表现出要依赖并服从于自己的产物"，且表现出一种与人相对立继而控制人、压抑人的力量而外在地存在着，这无疑是近代哲学的"二律背反"性说明，在一种更深层的意义上，它失去了"启蒙"的含义而自己将自己逼进了"死胡同"。因为"从进步思想最广泛的意义看，历来启蒙的目的都是使人们摆脱恐惧、成为主人"③。然而，唯理主义哲学带来的现实后果却是，"在解放的历程中，人遭受了与人的世界相同的命运，对自然的统治蕴含着社会的统治"④。

---

① ［英］卡尔·波普尔：《开放社会及其敌人》第 1 卷，郑一明译，中国社会科学出版社 1999 年版，第 315 页。

② 孙周兴：《海德格尔选集》，上海三联书店 1996 年版，第 565 页。

③ ［德］霍克海默、阿多诺：《启蒙辩证法》，洪佩郁、蔺月峰译，重庆出版社 1993 年版，第 1 页。

④ ［美］多尔迈：《主体性的黄昏》，万俊人等译，上海译文出版社 1992 年版，第 14、13 页。

“真正的哲学不是创作书而是创作人。”① 这是费尔巴哈在19世纪那个被理性浓浓地包裹着的世界里所发出的声音，犹如一道闪电划破天空，继而像巨雷一般响彻那个被黑格尔的理念哲学占据主导的世界。作为“人本主义”哲学的典型代表，费尔巴哈将哲学关注的目光从虚幻的、遥远的天国拉回了真实的、眼前的现实世界，自此，“感性的”、有血有肉的“感性存在物”开始成为哲学关注的重心，人的“创作”逐渐成为哲学所无法避开的主题。马克思以唯物史观为主导，形成了丰富的关于“现实的人”的“生活世界”理论，进而成为一座思想高峰而巍然屹立在这个现象与本质共在、虚假与真实同存的纷纷扰扰的现实世界里。马克思之后的一些西方哲学家从马克思那里汲取了诸多灵感，自觉将哲学研究的重点指向现实与现实的生活世界本身。正是在这一角度和意义上，国内的一些学者如衣俊卿将哲学研究的重点转移这一现象称为一次重大的“转向”，且具有了“范式转移”的重要意义。②

马克思曾经指出：“在黑格尔的体系中有三个要素：斯宾诺莎的实体，费希特的自我意识以及前两个要素在黑格尔那里的必然充满矛盾的统一，即绝对精神。第一个要素是形而上学地改了装的、同人分离的自然。第二个要素是形而上学地改了装的、同自然分离的精神。第三个要素是形而上学地改了装的以上两个要素的统一，即现实的人和现实的人类。”③ 也就是说，黑格尔哲学的真正基础是“现实的人和现实的人类”，遗憾的是，为了建构那个宏大的思辨体系，黑格尔哲学将“现实的人与现实的人类”“最终被淹没在晦暗的概念世界之中，成了滚滚巨流中偶尔泛起的一丝泡沫”④。人的存在最终成为“理念”支配下的一个附属性的存在物。人的真实存在和人的本真的生命状态被厚厚的“理念”所遮蔽和掩盖起来了，这样，黑格尔哲学将人的真实性以一种极为抽象的方式表达出来，最终使我们获得关于人的本真性的真实理解。康德哲学虽然将人的自由引入了道德实践领域来探讨，并将人的实践理性的确立作为人的客观自由性的表达，但是由于他将人的自由问题诉诸本体世界而远离了现实的世界，最终

① 《费尔巴哈哲学著作选集》上卷，生活·读书·新知三联书店1959年版，第250页。

② 参见衣俊卿《日常生活批判与社会科学方式转换》，《光明日报》2006年2月14日。

③ 《马克思恩格斯文集》第1卷，人民出版社2009年版，第341—342页。

④ 旷三平：《作为人的生存本性的形而上学》，《哲学研究》2006年第10期。

使得作为目的的“至善”成为一种“应然”状态而失去了客观性与具体性的基础。在康德这里，人的自由是一个超感性的形而上学的“物自体”，因而注定了生活在感性世界、现象世界里的人终究无法获得他所承诺的自由。正因为如此，马克思曾批判康德是一位飞翔在太空的、未知世界中的哲学家。与康德所倚重的此岸自由相对，费尔巴哈颠倒了人与上帝的关系，将哲学关注的目光转向了此岸的现实的人。他批判康德哲学说：“对于彼岸事物的信仰，是一种绝对没有诗意的信仰。痛苦是诗歌的源泉。只有将一件有限事物的损失看成一种无限的损失的人，才具有抒情的热情的力量。只有回忆不复存在的事物时的惨痛激动，才是人类的第一个艺术家和第一个理想家。但是对于彼岸事物的信仰，却将各种痛苦变成幻象，变成虚构。”① 费尔巴哈正是要凸显现实世界中人的存在，并思考人如何才能摆脱苦难进而获得自由与解放的现实路径。遗憾的是，费尔巴哈给出的“爱的宗教”策略的解放之道是一种纯粹的理念论和思想活动，它远离人的社会历史现实，终究让人置于传统形而上学的桎梏之下而无法获得自由。

之所以将马克思哲学当成一场革命来看待，是因为马克思哲学的最终价值旨归就在于关于人的现实的生活世界，对处于“抽象”的物的普遍性统治世界中的人充满着同情与怜悯，并寻求着将人的本真的独立性与个性置于资本的独立性与个性之上，使人获得真正的自由与解放。马克思明确指出：“对实践的唯物主义者即共产主义者来说，全部问题都在于使现存世界革命化，实际地反对并改变现存的事物。”② 显然，与康德、黑格尔等德国古典哲学家们不同，马克思哲学拒绝纠缠于对“人的自由何以可能”的纯粹理性的思辨，而诉求一种关于“人类解放何以可能”的革命性变革的实践活动。美国著名实用主义哲学家悉尼·胡克（Sidney Hook）这样说道：“马克思由于清算了他那个时代的各种各样的思想传统和态度，而达到批判的自我意识。马克思并没有写下什么教科书并把冷藏的真理装到它们里面去。他的著作都是一些行动的纲领；而他的分析则是一种为行动扫清道路的方法。因而如果不领会他所明确地或含蓄地提到的相反

① 《费尔巴哈哲学著作选集》上卷，商务印书馆1984年版，第106页。

② 《马克思恩格斯文集》第1卷，人民出版社2009年版，第527页。

立场，便不能理解他的任何著作。”① 从根本上看，马克思所实现的哲学革命在于它对传统形而上学哲学的彻底清算，在于对处于现实的生活世界里的“现实的人”而非抽象的人的哲学观照。英国最有影响的西方马克思主义文化者之一雷蒙德·威廉斯（Raymond Williams，1921—1988）也认为：“马克思主义者给予文化一种很高的价值。”②

亚里士多德在《形而上学》中明确指出：“我们不为任何其他利益而找寻智慧；只因人本自由，为自己的生存而生存，不为别人的生存而生存，所以我们认取哲学为唯一的自由学术而深加探索，这正是为学术自身而成立的唯一学术。”③ 存在主义大师雅斯贝尔斯曾说：“生存哲学是一种利用一切知识但对之加以超越的思想。靠这种思想，人希望成为他本身。”④ 因此，“唤醒对生命价值的尊重，确立生命价值至高无上的地位，解除种种对人的生命价值的遮蔽，应该成为我们的生存哲学的基本主题”⑤。也就是说，哲学得以存在和发展的根基在于关注人的现实的生活状况，表达着人对于美好的追求与自由的向往。也正因为如此，作为一种“形上之思”的学问，哲学唯有以关注人、观照人继而影响人才能拥有健康发展的力量。北宋著名哲学家张载先生将哲学的精神要旨概述为“为天地立心，为生民立命”。在他看来，哲学一方面为世界的存在探寻着“本体”，另一方面也为人的存在寻找着“意义”；它是思辨的，也是具体的。有学者对此概括说：“所有形而上学思辨都只是人类热情寻求理想国家和理想生活方式的工具，简言之，是寻求人的救赎手段的工具。”⑥ 正是在这一意义上，作为一个兼备感性与理性活动的“社会存在物”，人生活在一种极其复杂的社会环境中，他终究离不开形而上学的指引和规导，在一种解放意识中认识和理解着现实，也不断超越着现实。狄尔泰（Wilhelm Dilthey，1833—1911）对此明确指出：“历史为我们提供的最重要的教训是，我们应该理解生命与形而上学的联系方式；只有深入生活，我们才能

① ［美］悉尼·胡克：《对卡尔·马克思的理解》，重庆出版社1989年版，第57页。

② ［英］雷蒙德·威廉斯：《文化与社会》，北京大学出版社1991年版，第350页。

③ ［古希腊］亚里士多德：《形而上学》，吴寿彭译，商务印书馆1959年版，第5页。

④ ［德］雅斯贝尔斯：《现时代的人》，周晓亮、宋祖良译，社会科学文献出版社1992年版，第101页。

⑤ 姚满林：《境界与生存》，《社会科学》2005年第2期。

⑥ ［美］威廉·巴雷特：《非理性的人》，段德智译，上海译文出版社2007年版，第91页。

理解这些形而上学思想的实质；我们应该理解这些宏大的思想体系之间的关系，它们都表达了一定的人生态度——与我们对它们的限定或分类无关。唯一重要的是，我们应该学会深刻地理解生命，实现形而上学的远大理想。”①

秉承着马克思的批判精神，也汲取着马克思的本质思想，科西克也对那种漠视人的现实的感性的活动状况、对理性价值极为推崇的唯理主义进行了分析和批判。科西克将唯理主义解读为一种具有双重性质的哲学，认为这种哲学一方面假定人的理性的力量之大，认为人能够“把他的理性用于一切”②，并据此要求人理性地去看待事物，而不是盲目地跟随传统，崇拜权威。这一点也是理性主义哲学的积极方面和值得肯定的地方。但是，由于唯理主义又有着它们的弊端：“它忽视了下述事实：一个主体不仅是错置主体，而且本身也是被错置的。”③ 因而，在人可以将他的理性运用到一切事物的时候，他就会将事物、他自身都理性化地和物化地对待，从而就会将那些自身无法控制和无法解释的东西当作非理性的存在而一概排斥掉。这样一来，他们就将世界分裂为两个互不联系的存在，即一个是理性化、客体化的实在，另一个是无法驾驭、无法理解的环境。而且，更为关键的是，理性主义哲学还在客观上致使工具理性与价值理性发生分裂，科学存在的价值被他们认为是“指导人们如何有效利用资源，使用什么手段来达到确定的目的”④，在这里，他们不会考虑目的本身的正当性与合理性。他们往往片面地将“合理性”当作“有效性”来对待。人与世界的关系只是一种支配与被支配的关系，其中真理成为人们征服自然的工具，世界也就成为一种海德格尔哲学语境中“持存物”了。从根本上看，唯理主义理性造成了世界的二元化，它“把学问划分为科学的和人文的，把方法区别为解释的和理解的，分为社会现象自然化、物理学化的方法和自然现象精神化的方法”。这标志着“人类实在从理论上和实践上被划分为两个领域，一是效用的领域，即理性化、资源和技术的世界；

① 转引自［美］大卫·K. 诺格尔《世界观的历史》，胡自信译，北京大学出版社 2006 年版，第 102 页。

② ［捷克斯洛伐克］科西克：《具体的辩证法》，傅小平译，社会科学文献出版社 1989 年版，第 72 页。

③ 同上。

④ 同上书，第 73 页。

二是人类价值与意义的领域，这个领域成了一个佯谬形态的非理性王国”[①]。“理性的狡计”（The cunning of reason，黑格尔语）带给人们的是一个韦伯语境下的严实而精巧的“铁笼”（steel cage）。

科西克认为，胡塞尔之所以能够在当时科学主义占据主导的欧洲批判性地提出“生活世界”这个概念，是因为他能够立足于人类思维的根基与欧洲人们生活世界的现实，去努力思索人的概念思维与日常生活的那个“周边世界”的真实关系。胡塞尔的难能可贵之处在于他指出了位于直接性和当前性地位的“生活世界”的原初功效性，并借此对注重理性化、数学化的因果性假设与技术测量的“技术主义”进行了尖锐的批判，提醒人们过多地热衷于自然科学的力量实质是对自我的遗忘，因为自然科学的客观主义理性化最终使得人的真实的生活世界被忽略掉了，这是人的生存的真正的危机，是近代科学发展和滥觞的恶果。因为生活世界是哲学的“一个持久的有效性的基础，一个不言而喻的一劳永逸的源泉”[②]。科西克据此指出：“到了19世纪，至上的实在不再以超验的上帝（即关于人与自然的神秘化观念）的身份在天国实行统治，而是下降到地上，以超验的‘经济’（即拜物教化的人类物质产品）的身份实行统治。”[③] 康德想达到一个肯定的一般性，可是这在现实生活中并没有以肯定性形态显现出来，最后仍不得不求救于神。科西克的生活世界并不是指传统意义上的物质世界，而是胡塞尔—海德格尔语境中的那个人的意向和上手关系构成的生活世界。人的存在不是自身的存在，而是建立在某些外在功利目的之上的“拟象”或“幻象”。

因此，科西克与马克思一样，敏锐地感受到了唯理主义理性造成的现实世界的分裂，对“逻各斯中心主义”（Logos centralism）进行了批判，并从各自的立场出发努力实现二者的统一。科西克认为，形而上学理性主义的根本缺陷在于它将自身看作一种超历史的、僵死凝固的绝对实在，

---

① ［捷克斯洛伐克］科西克：《具体的辩证法》，傅小平译，社会科学文献出版社1989年版，第73页。

② ［德］胡塞尔：《生活世界现象学》，倪梁康、张廷国译，上海译文出版社2002年版，第258页。

③ ［捷克斯洛伐克］科西克：《具体的辩证法》，傅小平译，社会科学文献出版社1989年版，第85页。

"在于它拒斥否定性"①。与这一传统形而上学理性主义不同的是，黑格尔立足于运动的、发展的视野，辩证性地把否定性"看成一切存在的唯一真正的活动和自我实现的活动"②，实现了对唯理主义理性的超越，将理性与非理性内在地结合起来。但同时，黑格尔哲学所描述的只是绝对精神自我发展、自我实现的过程，这一哲学体系"以逻辑学，以纯粹的思辨的思想开始，而以绝对知识，以自我意识的、理解自身的哲学的或绝对的即超人的抽象精神结束"，绝对精神成为真正的主体，而自然界和人类社会只是这一展开过程的外化环节。针对于此，马克思批评黑格尔把人及人与世界的现实的辩证关系神秘化了，"只是为历史的运动找到抽象的、逻辑的、思辨的表达"③。

二 生活世界理论的现实呼唤

一般说来，黑暗时代之后的整个希腊文明时期都倾向于承认个人的尊严与价值，肯定个人的权利，倡导自由精神，鼓励个人创造性地发展，并以个人所表现出来的勇敢、力量、智慧为最高的人格体现。而旨在纠正近代以来人的价值迷失的人格主义，也把"人的自我、人格绝对化，当作独立存在的精神根和创造外部世界的精神力量。其特点是尊重人格、人性，渴望人的自由，留意人的生活"④。雅斯贝尔斯曾指出："生存哲学是一种利用一切知识但对之加以超越的思想。靠这种思想，人希望成为他本身。"⑤ 因此，"唤醒对生命价值的尊重，确立生命价值至高无上的地位，解除种种对人的生命价值的遮蔽，应该成为我们的生存哲学的基本主题"⑥。理性主义的至上后果使得日常生活陷入了虚无化或者"零度化"（Zero degree，列斐伏尔语）。海德格尔因此指出："哪里有危险，哪里也

① ［捷克斯洛伐克］科西克：《具体的辩证法》，傅小平译，社会科学文献出版社 1989 年版，第 75 页。

② 《马克思恩格斯文集》第 1 卷，人民出版社 2009 年版，第 201 页。

③ 同上。

④ 魏义霞：《生存论》，黑龙江人民出版社 2002 年版，第 130 页。

⑤ ［德］雅斯贝尔斯：《现时代的人》，周晓亮、宋祖良译，社会科学文献出版社 1992 年版，第 101 页。

⑥ 姚满林：《境界与生存》，《社会科学》2005 年第 2 期。

生救渡。”[①] 如上所述，面对理性主义哲学将理性主义至上而导致的对人的现实的生活世界的遮蔽，科西克哲学秉承着马克思哲学的理论旨趣，并对这种遗忘自我的真实的生活境遇的做法进行了严厉批判。他们认为，沉溺于理性世界的思辨哲学忽视了人的感性存在，从根本上说是外在于人的现实生存世界的。因此，为了还原哲学的本真面貌，就需要从根本上关注生活在现实世界中的人的真实境遇，对现实的生活世界进行深情的呼唤。

马克思指出，虽然费尔巴哈哲学开辟了“感性直观”的哲学思考路径，但是它却无力给人打通一条逃脱抽象世界进而进入现实世界的科学道路。这是因为费尔巴哈不能为他的感性哲学找到真正的感性基础，瓦解不了传统思辨哲学的根基，因而仍然无法摆脱传统形而上学的旋涡。当代英国著名马克思主义研究者戴维·麦克莱伦（David McLellan）据此认为：“马克思对费尔巴哈总的批判是：认为费尔巴哈的学说纯粹是‘静观的’，只是说明事物而不指导行动。”[②] 应当说，费尔巴哈哲学的致命缺陷就在于将事物看作静态的方式和态度来对待一切现存的事物。在《〈科隆日报〉第179号的社论》中，马克思首次对那种超越人的现实生活、远离人的真实世界之外的旧哲学进行了批判。他明确指出：“哲学，尤其是德国哲学，爱好宁静孤寂，追求体系的完满，喜欢冷静的自我审视……哲学，从其体系的发展来看，不是通俗易懂的；它在自身内部进行的隐秘活动，在普通人看来是一种超出常规的、不切实际的行为；就像一个巫师，煞有介事地念着咒语，谁也不懂得他在念叨什么。”[③] 这种远离现实生活世界的“书斋”里的学问终究不会对现实社会的变革起到什么积极的作用，康德、黑格尔哲学等属于这类哲学。马克思认为，真正的哲学是一种将旧哲学彻底摧毁的“新”哲学，也即真正同自己现时代的现实世界发生接触并相互作用的哲学。“任何真正的哲学都是自己时代的精神上的精华，因此，必然会出现这样的时代：那时哲学不仅在内部通过自己的内容，而且在外部通过自己的表现，同自己时代的现实世界接触并相互作

① ［德］海德格尔：《演讲与论文集》，孙周兴译，生活·读书·新知三联书店2005年版，第28页。

② ［英］戴维·麦克莱伦：《青年黑格尔派与马克思》，陈启伟、金海明译，商务印书馆1982年版，第119页。

③ 《马克思恩格斯全集》第1卷，人民出版社1995年版，第219页。

用。"① 无疑，马克思所理解的真正的哲学就是那种根植于人的现实生活世界，并与其进行着充分的接触，继而在与现实世界的相互作用中汲取成长的力量的哲学。

费尔巴哈将自然界当作第一性的实体存在，当然这里的第一只是时间的第一，而不是地位上的第一。与自然界相比，人的地位是第一性的，虽然发生的世界晚于自然界。这样，费尔巴哈坚持将人置于比自然界优越的地位来看待。因此，在他看来，人的本质的问题是哲学的最高问题，"只有人才是费希特的'自我'的根据和基础，才是莱布尼茨的'单子'的根据和基础，才是'绝对'的根据和基础"②。于是，费尔巴哈把哲学的主题解读为完整的、实在的人，并且强调说，这是一种与将关注的重心放在"自我"、"绝对"之上的旧哲学不同的"新"哲学。这种"新"哲学是"关于人的"以及"为人的"哲学，其兴趣点在"创作人"而不是创作书本。可以说，费尔巴哈哲学的确是将"人"置于核心地位的哲学，他的理论的确"达到了理论家一般所能达到的地步"③。但是，与费尔巴哈将人的特性和存在方式的解读不同，马克思放弃了费尔巴哈对于人的自然本性的哲学解读，而是将其诉诸社会历史实践活动当中去解读。也就是说，在马克思哲学中，人的感性活动或实践乃是人"本原性"的生命存在和活动方式，即人的真实的生存活动本身；是现实生活世界里的人的自由自觉的活动本身。为了更加清楚地将自己的哲学与德国一切形而上学的旧哲学区别开来，马克思具体而详细地指出："德国哲学从天国降到人间；和它完全相反，这里我们是从人间升到天国。这就是说，我们不是从人们所说的、所设想的、所想象的东西出发，也不是从口头说的、思考出来的、设想出来的、想象出来的人出发，去理解有血有肉的人。我们的出发点是从事实际活动的人，而且从他们的现实生活过程中还可以描绘出这一生活过程在意识形态上的反射和反响的发展。"④ 也就是说，马克思的新哲学的出发点是"有血有肉的人"；而旧哲学的出发点却是"人们所说的、所设想的、所想象"的东西或者人。通过对比，马克思哲学与西方传

---

① 《马克思恩格斯全集》第 1 卷，人民出版社 1995 年版，第 220 页。

② ［德］《费尔巴哈哲学著作选集》上卷，商务印书馆 1984 年版，第 118 页。

③ 《马克思恩格斯文集》第 1 卷，人民出版社 2009 年版，第 549 页。

④ 同上书，第 525 页。

统哲学的理论异质性就明显地表现出来了。传统的旧哲学将抽象的意识视为第一位的存在，而马克思坚持将社会实践之上的历史性现实生活当作抽象意识的基础和前提来看待，并将其视为第一位存在的东西。也就是说，在马克思的理论视野中，社会生活在本质上是实践的。“实践”是人的真实的存在样态，是人的现实的生活世界的基础，也是人类意识得以产生的前提。因为从根本上看，“思想、观念、意识的生产最初是直接与人们的物质活动，与人们的物质交往，与现实生活的语言交织在一起的。人们的想象、思维、精神交往在这里还是人们物质行动的直接产物。表现在某一民族的政治、法律、道德、宗教、形而上学等的语言中的精神生产也是这样。人们是自己的观念、思想等等的生产者，但这里所说的人们是现实的、从事活动的人们，他们受他们自己的生产力和与之相适应的交往的一定发展——直到交往的最遥远的形态——所制约。意识［das Bewuβtsein］在任何时候都只能是被意识到了的存在［das bewuβtesein］，而人们的存在就是他们的现实生活过程。如果在全部意识形态中，人们和他们的关系就像在照相机中一样是倒立成像的，那么这种现象也是从人们生活的历史过程中产生的，正如物体在视网膜上的倒影是直接从人们生活的生理过程中产生的一样”①。这充分说明了，在马克思的哲学视界中，那些从事着现实的社会活动的人们是他们自身物质活动的产物，是人的精神活动和思维意识得以产生的现实根基。因此可以说，马克思的哲学不是一种将哲学引向神秘主义去的神秘活动，它关注现实的人的现实生活状态和生存活动本身，最终将唯心主义关于意识与生活的关系彻底颠倒了过来。马克思坚持将实践活动中的人视为历史发展的真正主体，也坚持将人视为实践活动中的人来看待和认识。他明确指出：“实践开启了一切可能的存在者之存在。就此而言，它成为存在者之存在的召唤者。一切存在者的‘是其所是’，皆成就于实践境遇的开显之中。在实践这一原初性范畴的展开中，一切可能的存在者‘是其所是’，即显示并证成自身。实践的开启性和建构性即在此被成就。实践乃是存在之源，它让存在者‘出场’、‘显示’、‘澄明’、‘绽放’……总之让其‘在’起（出）来。”②

① 《马克思恩格斯文集》第1卷，人民出版社2009年版，第524—525页。

② 何中华：《实践唯物主义的奠基之作——再读马克思〈关于费尔巴哈的提纲〉》，《东岳论丛》2006年第3期。

因此可以说，马克思通过对传统旧形而上学哲学的深入剖析和批判，将哲学的重心根植于人的现实的生活世界与实践活动，并指出了形而上学哲学从根本上说是一种意识形态的压迫与体制，虽然披着“真理”和“解放”的虚假外衣。因为从根本上看，这种哲学“与宗教神学互为依托，俨然构成凌驾于人的生活之上的自足的观念世界，而事实上却执行着对异化现实掩饰和安慰的世俗功能”①。人的异化有多种表现形式，形而上学是其中的一种表现形式。观念的异化与实践的异化的表现形式与发生领域是不同的：前者发生在观念世界当中，后者则发生在现实的生活世界领域。对于这两个领域的异化的扬弃因此表现为不同的两种方式。传统形而上学其实是一种凸显观念层面的异化而忽视实践领域的异化，因此其扬弃异化的道路往往是虚幻的。然而，与之不同的是，马克思将扬弃异化的道路诉诸人的现实的实践活动，从而真实地剖析出传统形而上学背后所隐匿的那个“抽象统治”的现实基础，并明确指出：“个人现在受抽象统治，而他们以前是相互依赖的。但是，抽象或观念，无非是那些统治个人的物质关系的理论表现。”② 这说明，“个人受抽象统治”的根基在于现实的物质关系和社会关系，而不是抽象的观念和意识。抽象的观念是一定社会的现实的物质关系的产物，是社会关系的现实结果。马克思之所以高于他之前和与他同时代的其他思想家，是因为他不仅看到了个人受抽象统治的社会现实，还看到了这种现象的物质基础是现实的物质关系和社会关系，而不是将其视为“意识”“精神”“观念”等思想的统治。

西班牙著名哲学家加塞尔（Jose Ortegay Gasset）认为：“我们的哲学探索最终找着的不是哲学理论，而是一个哲学家在进行哲学活动，一个思想者在进行思想活动，一个人在生活。”③ 即是说，哲学的本性不在于将那些抽象的物质或精神性的东西视为根本实在的东西，而应该把人的现实的实践当作哲学最根本的东西来看待。因为对于哲学来说，“没有任何事物比它更基本、能走在它前头了。就是思想也不过是生活的一个片段、一

① 袁贵仁、杨耕：《当代学者视野中的马克思主义哲学》（中国学者卷下），北京师范大学出版社 2008 年版，第 101 页。

② 《马克思恩格斯文集》第 8 卷，人民出版社 2009 年版，第 59 页。

③ ［西班牙］何·奥·加塞尔：《什么是哲学》，商梓书等译，商务印书馆 1994 年版，第 125 页。

项具体活动”[1]。每个现实的有血有肉的人的实在生活应当成为哲学的真正起点，从而使哲学真正远离那些抽象的存在和空洞的概念。马克思立足于人的社会实践活动，从而实现对传统形而上学哲学的彻底批判，穿透了传统形而上学的种种虚幻面纱，为人的现实的生活世界确立了坚实的物质基础和理论根基。因为马克思坚持将人的感性的实践活动视为“解除全部形而上学魔法的利器”[2]。马克思之后的“西方马克思主义”正是沿着马克思的这一思路，继续着对传统形而上学那种理性主义至上的批判，也继续着在新的时代背景下对人的日常生活异化境遇的关注与反思。

立足于马克思的实践立场，科西克提出了他对于人的异化的境遇的认识。科西克认为，马克思那种立足于实践立场出发去理解人的方式是一种正确的思维方式，因为它不是将人视为一种现成的、固定的、静态的存在，而是辩证地将人与动物从根本上区别开来。科西克指出，与动物仅仅用一种消极被动的方式去适应外部世界不同，人是一种能够通过自身的实践活动去改造自身也改造着自然界的活动，从而达到自身力量的对象化目的。“人在劳作的基础上，在劳作中并且通过劳作塑造了自己。”[3] 人通过自己的劳作改变着自己，也改造着外部世界，进而创造出属于自己的特殊的本质。由于人改造世界的活动具有无止境性，因为人自身的对象化活动和生成过程是一个通过人的社会实践活动最终不断变化着的动态的世界。在这里，科西克强调，人自身是一个行动着的存在，是一个经验着的个体和历史性的存在。我们不难发现，科西克立足于实践的视角将人视为一种实践的存在和生成性的存在，这一认识使得他在根本上与近代的传统认识论将人的抽象化理解区别开来。

科西克认为，马克思的《资本论》正是基于一种经济学语境展开的，通过经济话语现象的背后，实在的实质被揭示出来了。他这样说道：“马克思在客体世界的背后，在价格、商品、资本的各种形式等等的运动背

---

① ［西班牙］何·奥·加塞尔：《什么是哲学》，商梓书等译，商务印书馆 1994 年版，第 112 页。

② 吴晓明、王德峰：《马克思的哲学革命及其当代意义——存在论新境域的开启》，人民出版社 2005 年版，第 113 页。

③ ［捷克斯洛伐克］科西克：《具体的辩证法》，傅小平译，社会科学文献出版社 1989 年版，第 88 页。

后，揭示出了客观的社会关系世界，亦即主—客体辩证法。”① 以客体世界为依据，通过现象世界的矛盾运动，马克思将主—客体辩证法深刻地揭示出来了。科西克认为，马克思的深刻之处正在于此。他以一种特别的手法告诉我们：“经济是人及其社会产品的客观世界，它不是物的社会运动的客体性世界。物的社会运动掩盖着人及其产品的社会关系，它是一种特殊的、历史上转瞬即逝的经济形式。”② 马克思之所以能够将经济范畴的运动当作人的社会运行的形式，并以物象化方式表现出来，是因为在马克思那里，是以“物的社会运动范畴是人的社会运动的必然的、在历史上暂时经过的存在形式”③ 来看待的。科西克在此将马克思的这一做法当作反对资产阶级意识形态的主要依据，也是没看懂建构其历史现象学的根本原则。

凭借着对马克思主义实践的基本解读和以实践为基础的认识论的深入阐释，科西克提出了他对理性主义哲学的批判及日常生活批判理论。科西克认为，人是现实生活实践活动中的人，人与世界之间的实践关系是客观的。在实践中生存，也在实践中发展，人最终能够生成本真的自己。实践是认识的基础，对认识起决定性作用。西方哲学向生活世界的回归与重构趋向表明：在经历了唯科学元伦理学和非理性人学伦理学的道德危机之后，“人们又在对人的基本价值表示关切了”④。反思理性主义形而上学所带来的种种矛盾与问题，站在感性的人的内心深处呼唤对现实生活世界的关注，成为马克思与科西克所共同面对的重大时代课题。因此，有着共同的理论“发源处”的两种异质的生活世界理论，如果单纯从理论的最终的实践归属上来看，毫无相互借鉴、相互交流与对话的可能性。然而，若我们把理论的视角转换到社会发展的因素或现代性批判上来仔细研究，便发现两者有进一步交流的可能性。

---

① ［捷克斯洛伐克］科西克：《具体的辩证法》，傅小平译，社会科学文献出版社 1989 年版，第 144 页。

② 同上。

③ 同上。

④ ［美］宾克莱：《理想的冲突：西方社会中变化着的价值观念》，马元德等译，商务印书馆 1983 年版，第 52 页。

第二节　科西克对马克思生活世界理论的贡献

自卢卡奇开启西方马克思主义这一宏大的学术流派以来，西方马克思主义得到了长足的生长与发展，在将近一个世纪的风风雨雨中，他们立足于对经典马克思主义的认识、解读与阐释，并结合当代资本主义社会发展的新变化，提出了各具特色的学术理论，在客观上不断丰富和发展着马克思主义的理论，推动着马克思主义研究的不断深化。有学者指出："西方马克思主义一些理论家承继了马克思主义哲学创始人的批判精神；他们密切关注时代的变化，密切关注人类的境遇和命运，创造了多种哲学概念、社会分析工具和方法，然后用这些'批判的武器'，对现代社会、当代社会的本质、结构、特征及人的生存境遇进行了深刻的揭示。"① 徐崇温也指出："'西方马克思主义'已经成为现代西方文化的一个组成部分，研究当代世界的新变化，努力吸取各门科学发展的最新成果，是它的一个极其重要的特征。即使当它以现代唯心主义的歪曲形式出现时，有时也还包含有一些真正由实践产生的实际的、迫切的科学问题。"② 为了消除生活世界殖民化问题，西方马克思主义自然要在理论上设计一套"合理化"生活模式作为"诊治方案"。从总体上看，他们以抑制工具理性（或技术理性、经济理性）扩张为起点，以建构交往理性或生态理性生活模式和培育"健全的人"或"总体的人"为目标，甚至要求以"爱欲"为轴心，建构一种充满"爱"的合理化生活世界。

如上所述，科西克作为一个生活在现代社会体制下的西方马克思主义者，他立足于对经典马克思主义理论的阐释，并紧密结合现时代社会发展变化的状况，提出了他对日常生活世界中人的异化状况的忧虑与深思，以一种独特的视角对马克思的生活世界理论做出了自己的贡献。从根本上看，作为一种典型的文化批判理论，科西克的日常生活批判理论直指20世纪发达资本主义社会状况下人的异化命运，深化了经典马克思主义对人的异化状况的研究，在客观上丰富了马克思主义理论，推动了马克思主义

① 赵剑英、张一兵：《国外马克思主义的基本问题》，社会科学文献出版社2006年版，第2页。

② 徐崇温：《"五月风暴"后的"西方马克思主义"》，《哲学动态》1988年第9期。

的新发展。

一　凸显马克思生活世界理论的新视野

陈学明在论及西方马克思主义的当代意义与现实价值问题时曾明确指出："马克思主义理论工作者应坚信马克思主义是多样性的统一，求同存异，放弃内部的一切无谓的争论，把注意力集中到对马克思主义现实意义的阐述上，集中到通过理论与实践的结合对马克思主义当代化的推进上。"① 如前所述，马克思以历史唯物主义奠基起坚实的生活世界理论大厦，为我们科学认识生活世界理论与日常生活批判理论提供了一个合理的理论参照。与马克思同样有着强烈生活世界理论关怀向度与批判意识的科西克，在继承马克思实践哲学的基础上，对资本主义条件下人的异化状况进行了更加细致的刻画与揭露，以自己的独特方式发展了马克思的生活世界理论，凸显了马克思生活世界理论的新视野。

（一）现时代下资本主义经济王国中"假扮性"颠倒逻辑的深刻揭露

海德格尔指出，"现象学的基本态度唯有作为生命本身的生活态度方能达到"②。毋庸置疑，在过去的20世纪，人类经历了深刻的文化价值观念和文化精神的冲突：一方面，现代工业文明的高速发展给人类带来了前所未有的物质财富，极大地改善了人类的生存条件，增强了人的主体意识和创造性，并使现代化成为一切不发达民族的主导性价值目标；另一方面，西方工业文明的发达又带来了人与自然关系的恶化和人的异化等负面效应，使生存于技术世界中的现代人面临着受自己的造物之统治的历史困境和文化危机。

科西克这位东欧新马克思主义的典型代表，立足于经典马克思主义的基本立场，对马克思主义进行了深入的解读。纵观他的论著，对马克思哲学的认识和理论始终贯彻其中。在对人的异化和社会异化现实与命运的关注上，科西克自觉将马克思哲学作为自己的理论逻辑前提和思想基础来对待，并对作为马克思主义哲学"最根本""最重要""最关键"的"实践"问题进行了深入思考，提出了自己的看法和认识。科西克将马克思主

① 陈学明等：《走近马克思》，东方出版社2002年版，第572页。

② ［德］海德格尔：《形式显示的现象学》，孙周兴译，同济大学出版社2004年版，第15页。

义哲学语境的实践具体化为功利主义的实践和革命—批判的实践，并指出这两种不同实践观的相异的理论旨趣与价值旨归。在这一基础上，科西克对人的日常生活、日常思维、辩证思维等问题进行了批判与阐释，揭示了新的时代背景下人的异化的新的表现形式。因此，科西克的理论努力无疑在客观上对于深化经典异化理论的研究提供了一个崭新的理论平台，在客观上丰富和发展了经典马克思主义的异化理论。并且，科西克的日常生活批判理论所直接面对的是“斯大林模式”统治下的捷克斯洛伐克的社会现实，因此，他的理论阐释和思想研究始终都与捷克斯洛伐克当时的社会实践结合在一起，对捷克斯洛伐克甚至整个东欧社会主义国家的现实进行了深刻思考，表现出强烈的关注社会现实、批判社会现实的浓厚色彩。纵观科西克哲学理论的发展历程，我们发现，当时捷克斯洛伐克所处的社会环境与面临的历史问题都是极为特殊的，在这一状况下，科西克的哲学理论难免会刻下现时代捷克斯洛伐克整个社会现实的时代烙印。科西克自身对人的异化状况的理论探索与坎坷的人生经历，无疑也在很大程度上折射着捷克斯洛伐克及其东欧其他社会主义国家革命与建设的斗争历程的艰难曲折。在客观现实上，科西克坚持不懈的理论努力也引发了东欧其他哲学界和思想家们对于马克思主义以及社会主义未来命运的思考。

首先，科西克的日常生活理论有着极为丰富的理论内涵。他在回归生活世界时对自己的研究对象做了各不相同的界定：生活世界、日常共在、日常生活、伪具体性世界，等等。可以断言，科西克所谈论的是处于有组织的社会活动和自觉的精神活动之外的个体的日常生活，即每个人都在从事的衣食住行、饮食男女、婚丧嫁娶、言谈交往等自在的、重复性的日常生活。当这一被人们习以为常、熟视无睹地置于背景世界之中的日常生活领域纳入哲学的视野、置于理性目光的聚焦点时，极大地改变或拓宽了人们对于人类社会结构的传统认识。因为在以往的哲学理论和史学理论中，对于人类社会结构的把握主要集中于两个层面：一是生产工具的改进，政治、经济、军事、技术等物质层面的活动；二是科学、艺术、哲学等自觉的观念层面的活动。这里很少涉及衣食住行等个体的日常生活。应当承认，马克思恩格斯在创立唯物史观时曾提及现实的人的日常生活问题。他们在《德意志意识形态》中明确指出：“人们为了能够‘创造历史’，必须能够生活。但是为了生活，首先就需要吃喝住穿以及其他一些东西。因此第一个历史活动就是生产满足这些需要的资料，即生产物质生活本身。”① 恩格斯晚年在《家庭、私有制和国家的起源》中也明确把直接生活的生产分为两种：“一方面是生活资料即食物、衣服、住房以及为此所必需的工具的生产；另一方面是人自身的生产，即种的繁衍。”② 显而易见，这里所提及的衣食住等活动和人类自身的生产都属于日常生活的范畴。但是，在唯物史观的发展过程中，人们把生产力与生产关系、经济基础与上层建筑视作人类社会的基本结构，其实这只思考了非日常的活动领域，而日常生活领域则在这一理论的视野之外。

科西克以马克思主义的异化理论为基本依据，对资本主义社会下技术理性进行了深刻的批判，并深入到现时代人们日常生活世界的真实过程当中，将异化解读为一个具有政治向度、经济向度以及文化和生活向度的存在。并且指出，在现代社会下，文化层面的异化已经作为一种文化意识形态而存在，它日益严重地渗透到人们的日常生活当中，这是异化在人们心理层面进行渗透的重要表现和重要机制。科西克对异化的认识无疑在客观上拓展了马克思的异化理论，从而也更加深刻地揭露了现时代条件下资本主义社会里人的真实的生存状况。科西克将20世纪科技的飞速发展给人类社会带来的影响视为多重的：它一方面促使了社会生产力的高度发展，以及社会财富的极大丰富；但另一方面也在客观上破坏了人与自然的关系，引发更为严重的环境问题、生态问题、粮食问题、能源问题，等等。在技术理性极度膨胀的情况下，与马克思语境中的同人的异化境遇相比，现代人的异化更为严重。特别在日常生活世界里，人们普遍地经受着“异己”的文化力量的统治与束缚，从而忘却了本真的自我的存在。在科学技术的“座架”中，人们已经失去了自我，惯于一种权威性的思维方式而失去了批判性和超越性，其结果自然是，人的异化不可自已地加剧了。科西克以一个严肃的哲学家的立场来思考人在日常生活世界的异化问题，提出对人们习以为常的日常生活进行“陌生化”，以图使人们深切感知到一个物象化世界的真实面貌，进而深刻把握这个异化了的现象世界的本质。科西克认为，资本主义条件下，人们已经将表象化层面上的现有的一切秩序、规则和存在视为原本合理的东西来对待。殊不知，是资本主义生产过

① 《马克思恩格斯文集》第1卷，人民出版社2009年版，第531页。

② 《马克思恩格斯文集》第4卷，人民出版社2009年版，第15—16页。

程的单一化、机械化、标准化和集中化导致了这一切，人们日常生活的“节律”性就是一种千篇一律、毫无新意的写照。人的日常生活完全处于一种孤立和撕裂的状态，任何完整的景象都已经不复存在。更为可怕的是，这种单调、机械和僵化了的日常观念已经渗透到人们的头脑和意识深处，使人的生存方式处于一种全面异化的状态。科西克对马尔库塞将马克思《资本论》中的经济学概念都解读为一种哲学概念的做法持否定态度，认为经济学与哲学概念从根本上说是异质的，经济学概念是人类对象的历史形式的表现，而哲学是对经济学外衣隐藏下的内在本质的揭示。科西克将人类社会实在理解为一种生产与再生产的实践过程，指出社会实在是“历史与超历史的辩证法，即本体论限定和生存限定的统一”①。这是对马克思历史唯物主义原则的一种正确解读。

其次，秉承着对马克思实践概念以及这一概念在整个马克思主义哲学中重要地位的理解和认识，与马克思一样，科西克也充分肯定了“劳动是实践的要素之一”这一命题。在科西克看来，“人是谁”与“劳动是什么”是两个无法分割开来的哲学提问。从根本上看，人不是一个抽象的具体物，或者抽象化的“沉思着的头脑”，毋宁说，人是一个客观的存在，他在实践中行动着，创造着丰富的经验；他是历史的产物，在社会历史条件下生存着，统一于自身、自然与他人的社会关系当中，因而可以说是一个“在一个特殊的社会关系综合体中实现着自己目的和利益的个人”②。科西克认为，从本质特征上看，作为一种客观现实的存在，“劳动”并不是人们通常意义上所理解的人所从事的直接性的活动或工作，人的具体的工作或者劳动活动虽然能够对人的习惯、思维和心灵产生一定程度的影响，但是从根本上说，这种影响却是有限的，它只能影响人类存在的有限的方面；但是，与工作或者劳动过程不同，“劳动”则是一个完整的概念，它具有渗透到人的全部社会存在的特征，劳动过程的展开与发生因而是一个影响人的本质及人的存在的事情。在这里，科西克对劳动的理解与青年马克思在《1844年经济学哲学手稿》中的那个劳动极为相似，因为都是被用来表示与现实的具体的劳动过程（工作）相对立的概念，它表

① ［捷克斯洛伐克］科西克：《具体的辩证法》，傅小平译，社会科学文献出版社1989年版，第143页。

② 同上书，第1页。

征着作为“类存在物”的人的“自由自觉”的本质性创造活动。而且从整体上看，科西克的这一认识与当时东欧其他的诸多马克思主义者们对劳动的解读是一样的。科西克将劳动的理解与人的本质、存在结合起来，认为劳动是一种行动，一种进程，在这一进程中，与人的存在相关的事情就会发生，人的真实本质也就会得以凸显出来。作为一种“属人”的活动，劳动使得人与动物明显区别开来，并在动物与自然的关系中插入一个中介，按照人的需要进行着创造活动。科西克还指出，劳动的另外一个重要的功能属性表现在，它是人的时间的三维性即过去、现在与将来的创造者。在三维性的时间中，人展示着自我的生存向度。科西克这样说道：“在劳动过程中表现为时间之前进的东西，在劳动产品中则表现为时间之流的凝聚或扬弃，表现为滞留和持续。在劳动过程中，人们在实现未来意图时改造着过去的劳动成果。”我们知道，海德格尔人本主义想象学理论逻辑的基础也是对于时间的三维性与人的关系的揭示，科西克显然在此受到了海德格尔的影响。在这一基础和理论前提下，科西克又借用马克思对于时间的阐释，将人与时间的关系以这样的方式表述出来：是人创造时间，而不是时间创造人。无疑，科西克在此自觉将时间性的视野纳入到对实在的理解当中，凸显出实在概念和社会历史所具有的“流动的、变化的和自我形成的”过程性特征，进而拒绝将社会实在和历史进程视为一个既定不变的现成性概念，反对对历史进程的种种僵化的和形而上学的理解。因此可以说，科西克的这种理论努力在客观上为创新马克思主义理论、推动马克思主义研究不断向前深入发展提供了一个新的平台和思路。

从根本上看，科西克以一种完全不同的方式理解人与世界之间的关系，他认为，“在对实在做最初的直接探究时”，人首先“是一个客观的实际行动着的存在，一个历史性个体，亦即在与自然和他人的关系中进行实践活动，并在一个特殊的社会关系综合体中实现着自己目的和利益的个人”。而实在“是作为人的感性—实践活动的界域呈现在他面前，这个界域构成对实在的直接实践直觉的基础”①。这就是说，在科西克的辩证思维看来，真实的个体是处于特定历史情境下、在特殊目的支配下从事实践活动的人。人与世界是一体的、不可分割的，这就超越了传统哲学主客二

① ［捷克斯洛伐克］科西克：《具体的辩证法》，傅小平译，社会科学文献出版社 1989 年版，第 1 页。

元对立的思维模式，体现了一种人与世界内在融合、亲密无间的哲学新境界。这种理解与马克思是完全一致的。马克思哲学的出发点“是一些现实的个人，是他们的活动和他们的物质生活条件，包括他们得到的现成的和由他们自己的活动创造出来的物质生活条件”。“现实的个人”就是从事实践活动的人，马克思指出：“我们不是从人们所说的、所想象的、所设想的东西出发，也不是从只存在于口头上所说的、思考出来的、想象出来的、设想出来的人出发，去理解真正的人。我们的出发点是从事实际活动的人。”从马克思的哲学立场看来，传统哲学中的“主体”不过是虚构、想象的产物，因为“任何人类历史的第一个前提无疑是有生命的个人的存在”，“有生命的个人的存在”首先意味着人是一种对象化的存在，意味着现实的个人必须满足吃、喝等生理需要才能生存下来，在此基础上才能进一步去创造自己的历史。“人们为了能够‘创造历史’，必须能够生活。但是为了生活，首先就需要吃喝住穿以及其他一些东西”，“因此第一个历史活动就是生产满足这些需要的资料，即生产物质生活本身”。[①] 这就是说，人类历史的现实起点是物质生活资料的生产，自然界由此构成了人类认识和改造的首要对象。不仅如此，“有生命的个人的存在”还意味着一定的价值指向。以这种价值指向作为衡量标准，本然的自然界和人的现实存在状态都是不合理的，要改变事物的现存状态使之符合人的要求，必须诉诸实践这种合规律性与合目的性相统一的活动。因而，在人与自然之间独特的对象性关系中，就蕴含了“生产力”因素。另外，物质资料生产活动总是在一定的生产关系中进行的，生产关系对具体的生产行为的制约作用决定了生产实践的现实展开。生产力和生产关系的统一构成了特定的生产方式即人的存在方式，归根到底，人在实践过程中创造了自身，“在社会生产和再生产过程中，他既建造经济基础又建造上层建筑。他把社会实在构造成社会关系、制度和观念的总体。在构造客观社会实在的过程中，他还把自己塑造成具有人类本性和潜能的历史社会存在，从而实现着‘人的人化’的无限过程”。人类实践是一个无限展开的过程，在这个过程中，无论是人自身、人的认识，还是人的世界都不会是永恒不变、始终如一的，而是“一个具体的总体，是一个结构性的、进化着的、自我形

① 《马克思恩格斯文集》第 1 卷，人民出版社 2009 年版，第 531 页。

成的整体”①。

再次，科西克以“具体总体”为主导的辩证法也是一种独到的理论探索，他坚持将理论置于一种开放的状态进行讨论，并拒绝对这种理论进行简单的、片面的和机械的思考，坚持将理论不断推向思维的深处来思考，这无疑是难能可贵的，体现了一个真正的哲学家对于理论思考的严肃性与严谨性把握。在理论探索中，科西克下意识地去自觉克服西方马克思主义所惯有的做法，将人视为一种绝对化了的主体性的存在，这在客观上极易带来夸大人的主体性的不良后果和缺陷。科西克立足于马克思立场，将人视为一种“类”的存在，即人是“人类学—宇宙学”② 的存在，而不是一种纯粹的主观性的存在。因此，科西克坚持将辩证法的实质理解为对人及其在宇宙中的真实位置的追问与探求，从而将人的本真性内涵解读为：“人在历史中发现的世界总体和存在于世界总体中的人。”③ 从理论的效果来看，这在马克思主义的发展史上，拓展了从前对于辩证法的理解和认识，为我们呈现了一个关于辩证法和哲学的新的开阔的视野，因而也为辩证法的多维理解提供了一个新的发展契机。

另外，科西克的日常生活批判理论多次提出要对海德格尔的关于“烦”的哲学的批判，并坚持将对于“烦”“操持”等借用的海德格尔的哲学概念与马克思的实践概念结合在一起，其用意和良苦用心就在于弥补以海德格尔为代表的传统人本主义的存在主义学说的理论缺陷，试图用马克思历史唯物主义的观念来调和传统存在主义关于人的存在理论的不足，希望以马克思的实践哲学来修补传统人道主义的片面性。虽然科西克的理论偏颇也是极为明显的，但是我们必须看到，与同时代其他新马克思主义者相比，科西克的理论无疑是独一无二的。

马克思在《第六届莱茵省议会的辩论》也即他人生第一篇论文中指出：“那最好是把真理比作燧石，它受到的敲打越厉害，迸发出的火花就越灿烂。”④ 可以说，一种文化批判理论的指向应该具有怎样的批判向度，这一点与文化本身所具有的维度密切相关。毋庸置疑，现代性是一个多重

---

① ［捷克斯洛伐克］科西克：《具体的辩证法》，傅小平译，社会科学文献出版社 1989 年版，第 37、23 页。

② 同上书，第 166 页。

③ 同上书，第 191 页。

④ 《马克思恩格斯全集》第 1 卷，人民出版社 1995 年版，第 174 页。

维度的复合体。衣俊卿在《现代性的维度及其当代命运》中将现代性划分为精神性维度和制度性维度。精神性维度体现为个体的主体意识、公共的文化精神和文化价值、系统化的历史观，等等；而制度性维度体现为经济运行的理性化、行政管理的科层化、公共领域的自律化以及公共权力的民主化和契约化，等等。正如他指出的那样："实际上，我们只是在理性分析的意义上，可以相对地区分出现代性的精神性维度和制度性维度，而在现实社会运行中它们是密不可分的。"① 现代性文化渗透在现代性的多重维度之中，从不同层面表征着现代性的内在机制以及危机特征。当现代性的文化危机已经不仅仅是理论层面争论的话题时，一种激进的文化批判理论便不能仅仅停留在构建一种理论的乌托邦，而必然要求对生存现实表达具有实践意义的观点和态度。依照这一思路，科西克的日常生活批判理论无疑是对资本主义社会出现"问题"的一种新思考，它为之后西方马克思主义的发展打开了一个新的理论空间。因为从根本上看，作为一种文化批判理论，日常生活批判哲学的实质就是根植于资本主义社会的内部，从而对现代文明进行批判性反思；它立足于文化批判的高度，以深厚的理论依据作为支撑，将资本主义现代化以及资本主义制度的合理性、合法性和有效性进行了强有力的摧毁和否定，从而从价值根本上动摇了资本主义社会存在的基础。因此可以说，科西克的日常生活批判理论是对经典马克思主义异化理论的新推进和新发展，同时也是对东西方马克思主义在文化批判视域上积极对话、开放交流的一种有效的理论展现。它为日后更好地解读马克思主义以及西方马克思主义树立了一个"美丽的范型"（艾伦·伍德语），提供了一个新的独特视角，也为更加合理地理解资本主义社会的根本矛盾和发展趋势提供了一种积极有效的理论资源。

（二）微观视域内人的生存状态的精细化表达

一般说来，经济体制、行政制度、权力话语等诸多以显性方式表现出来的东西，都可以说是现代性文化在现实层面的体现。只有融入到社会的运行体制之中，只有渗透到生活世界的领域之中，现代性文化才能够从本质上成为一个时代主导性的文化模式。因此，一种针对现代性文化危机而展开的文化批判必然要向生活世界中的现实问题回归。对此，伊格尔顿指出了文化与日常生活必然的内在联系："不管是好是坏，没有任何东西比

① 衣俊卿：《现代性的维度及其当代命运》，《中国社会科学》2004 年第 4 期。

文化崇高地远离日常生活这个指责更为虚假。”① 正是因为日常生活世界是现代性文化危机表征的重要领域，因此，20 世纪以来，越来越多的学者将文化批判的目光投向了生活世界。作为生活世界理论的创始人，胡塞尔对欧洲科学危机的批判直接围绕着生活世界展开。在胡塞尔看来，欧洲科学危机的实质就是一种现代性的文化危机。实证科学的繁荣导致了人们对实证主义思维方式的推崇和膜拜，然而，一种新科学的盛行却遮蔽了生活世界，也就是那个“最为重要的值得重视的世界，是早在伽利略那里就以数学的方式构成的理念存有的世界开始偷偷摸摸地取代了作为唯一实在的，通过知觉实际地被给予的、被经验到并能被经验到的世界，即我们的日常生活世界”。② 科西克深刻反思了西方近代以来的理性主义文化精神，并对之进行了深入批判。在他看来，这种文化精神集中表现在现代科学中，科学在近代取得了巨大的成就，不但为人类创造了丰富的物质财富，而且凭借严密的科学体系和逻辑系统展示了人类不断进步的可能性。但与之相伴随的是科学的发展陷入了意义危机，遗忘了自身的目的，失去了反思自身前提的理论自觉。现代科学自称只关心事实问题，自诩为理性、进步的事业，但却将价值、意义等排除于自身之外，它只强调对“客观性”的追求，而舍弃了对主观方面的关注，其直接后果是将人自身对象化为一种纯粹客体性的存在，将人“一体化到一个超个体的规律似的总体中成为一个组成部分”，成为“系统中的一个客体和要素”③。

哲学存在的意义在于对环境以及人的生存状况的描述，这是哲学的全部性质和使命。科西克认为，这样理解的哲学“只是对时代的偏见和意见的系统化和教条式解释，即仅仅是意识形态”④，它使人与世界绝对同一化了，遮蔽了人的存在的能动性。这种观点将资本主义时代无产阶级与资产阶级对立的状况永恒化，认为哲学只能是阶级的哲学，而且把这种理解看作属于马克思本人的。科西克认为这是一种误解，是把《共产党宣言》中的“迄今为止现存社会的历史都是阶级斗争史”误读为“不存在人类

① ［英］特瑞·伊格尔顿：《文化的观念》，方杰译，南京大学出版社 2003 年版，第 44 页。

② ［德］胡塞尔：《欧洲科学危机和超验现象学》，张庆熊译，上海译文出版社 1988 年版，第 58 页。

③ ［捷克斯洛伐克］科西克：《具体的辩证法》，傅小平译，社会科学文献出版社 1989 年版，第 62 页。

④ 同上书，第 128 页。

的历史，只有阶级斗争的历史”的结果。实际上，人类历史上的每个阶段都具有暂时性，而在每一个阶段都会有一个阶级或阶层代表社会发展的方向，它们构成人类历史发展的环节，“阶级性的东西和人类性的东西构成辩证统一”①。科西克指出，人性和人道主义都有具体的历史内容，这些内容既是它们的具体化形式又是它们的历史限度，历史的发展过程就是社会人类实在将自身总体化、把自己构造成为具体总体的过程。而在“哲学现实化”这一口号中，社会人类实在的历史行状被偷换为环境的历史性，哲学则成为环境的显相，而不是实在的真理。在黑格尔哲学中同样存在着这种缺陷：绝对精神的发展所指向的最终目标和终点是“绝对理念”，绝对理念是生命和认识的真理，是意志客观化的发展，是人与理念的绝对同一。理性在达到这个终点之前是历史的、辩证的、运动发展的，而在此之后就是超历史的和非辩证的理性了。事实上，在科西克看来，无论理性还是实在都是辩证的，“要求二者绝对同一就等于取消辩证法”②。

扬弃哲学的另一种方式是将哲学转变为“辩证的社会理论”。在这种方式看来，马克思对黑格尔哲学的超越并不是“从一个哲学立场向另一个哲学立场的转变，不是一种哲学的延续”③，而是将哲学辩证地扬弃为社会理论。这种观点具有两个理论前提：首先，这种解释预先假定了观念的内在演化。在这种观点看来，从黑格尔到马克思的哲学发展本质上表现了观念的自我发展，也就是说，历史的主体是某种超越的、绝对的精神实体。其次，在这种观点看来，“马克思的理论中所有哲学概念都是社会经济范畴”④，科西克认为这种说法本身并没有错，关键是如何理解它。马克思的历史唯物主义认为，经济结构、生产方式是社会发展的根本动力，在此基础之上产生了与之相适应的生产关系和意识形态。无论一种哲学有多么抽象，它本质上都反映着某种社会经济内容，因为创造这种哲学的人总是现实的、处于特定历史条件之下、与世界发生着总体性联系的人，而不是某种抽象的、超然于世界之外的“精神”。哲学家的思辨绝不是什么超越现实生活的“玄思”或“冥想”，而总是反映着实在的总体，反映着

① ［捷克斯洛伐克］科西克：《具体的辩证法》，傅小平译，社会科学文献出版社 1989 年版，第 128 页。

② 同上书，第 130 页。

③ 同上书，第 132 页。

④ 同上书，第 132 页。

他的现实的生存状况。然而，那种通过将哲学转变为社会理论来扬弃哲学的方式，却主观地把握概念的“社会—经济内容”，从而使马克思主义遭到了双重的歪曲：首先，无论是社会人类实在还是人本身，都成了一种纯粹主观化的存在。因为如果所有概念本质上都是“社会—经济”范畴，只表现人的社会存在，那它们就成了人的自我表现形式。其次，实践活动也成了纯粹主观化的活动。“实践不再是人类人化自身的界域，不再是构造社会—人类实在的过程和形成人对存在、对客体之真理的开放性的过程，它变成了一种封闭性。”① 马克思哲学的实践范畴说明的是客观认识和人对存在的开放性的根据，但现在实践变成了社会主观性和封闭性，人将自身封闭于主观性之中，丧失了向实在开放的性质与能力。科西克认为，这实际上仍然是以间接的方式反映了人的现实存在状况。在伪具体世界中，资本成为真正的主体，它的发展过程呈现出一种不以人意志为转移的客观性、规律性，在这一过程中，全部社会生活被建构起来。相比较起来，人则成为资本逻辑展现自身、实现自身的手段与工具，他的存在表现为偶然性、主观性、片面性。因而，通过将哲学转变为社会理论以此来扬弃哲学，这不过是“以科学和客观性的形式对人的社会地位的表现”②。2011 年年初，在西方世界被金融危机和各种危机折腾得焦头烂额之时，当今十分有影响力的英国新马克思主义理论家特里·伊格尔顿在《马克思为什么是对的》一书中毫不含糊地断言，与政治家、科学家、军人和宗教人士不同，很少有思想家能够改变历史的进程，历史上从未出现过建立在笛卡尔思想之上的政府、用柏拉图思想武装起来的游击队，或者以黑格尔的理论为指导的工会组织，但是，“马克思彻底改变了我们对人类历史的理解，这是连马克思主义最激进的批评者也无法否认的事实”③。

纵观科西克的整个日常生活批判理论，“伪具体世界”概念的益处无疑是他对于异化理论的最大贡献。“伪具体世界”也是科西克日常生活批判理论的主导性的核心概念。这一概念被科西克用来揭示和描绘资本主义社会生产方式下人的异化的现实状况，即在资本主义这个“经济动物的王

① ［捷克斯洛伐克］科西克：《具体的辩证法》，傅小平译，社会科学文献出版社 1989 年版，第 133 页。

② 同上。

③ ［英］特里·伊格尔顿：《马克思为什么是对的》，李杨等译，新星出版社 2011 年版，第 2 页。

国”里，所有的东西都是以一种颠倒了和虚假的方式存在着，这种颠倒和虚假的具体表现就是：“现象”假扮“实质”（“物自体”）、“人造物”假扮“自然性客体”、“经济人”假扮“真实主体”、“日常观念”假扮“哲学概念”、“伪具体”假扮“历史具体”，等等。科西克说，在这种“假扮”占据主导的状态下，整个资本主义世界都表现出一种明显的逻辑颠倒。无疑，科西克的这个形象逼真的描述与揭示，是对资本主义物象化世界的一个无比尖锐而深刻的批判。不仅不停留在这个伪具体世界的实质的层面，科西克还更进一步，将消除人的异化的虚假状态诉诸革命的行动上。他明确提出，人并不能仅仅依靠观念和认识去揭露现象，而且需要借助坚实的实践行动去摧毁现象，从而使真实（本质）得以凸显出来。科西克指出，与辩证的思维相比，革命—批判的实践更为重要，它是人们能够彻底消除伪具体世界、消灭拜物教化实践与现象世界的最有力的武器。人们只有在深入批判中和革命实践中才能获得真实的具体总体，最终实现主体与客体的双重解放的目的。借助于马克思、青年卢卡奇与海德格尔的力量，科西克创造性地提出了独具理论特色的日常生活批判哲学。他有意将思考和批判的笔墨放在对实践问题、人与实践的真实关系问题、“平日”现象世界问题、日常生活的异化问题、日常生活异化的扬弃问题、具体与伪具体的关系问题、伪具体与虚假总体直接的关系问题等问题上，对这些问题进行了深入透彻的分析与探讨，给我们展示了一个具体、生动、细致因而也颇具说服力的人的异化的画面。其中许多理论，如“伪具体世界”理论、“平日”现象世界理论、“技术理性批判”理论以及“具体实在”理论等都是对经典马克思主义基本理论的扩充、丰富与发展。因此可以说，科西克的日常生活批判哲学是一个有着丰富理论内涵的独特的批判哲学，是一种具有强烈革命意味和批判意蕴、富含浓厚人道主义精神的新马克思主义。而且，这种富含人道主义和人本主义精神的新马克思主义哲学以经典马克思主义的异化理论为根本依据，自觉将哲学的理论探索与捷克斯洛伐克以及东欧甚至全人类的人的前途与命运结合在一起，以人的自由全面发展为价值旨归，因此表现出对人类存在的普遍困境的密切关注和深深忧虑。无疑，这种深入到人的具体的生活世界内部当中去、对微观视域内人的生存状态的精细化表达是极为独到的。

透过对人的日常生活世界异化的细致而具体的分析，科西克对马克思将资本主义社会视为一种历史的存在的观点，以及青年卢卡奇对那个物化了现象世界的深刻指认更加认同和推崇了。“在资本主义经济中，物与人是可以互换的。物被人格化了，人则被物象化了。物被赋予了意志和意识，它们的运动成了有意识和有意志的；而人则变成物的运动的代理和执行者。物的客观进程决定着人的意志和意识；物的运动把人的意志和意识当作它的自身中介。”① 对伪具体世界的批判需要借助于具体总体的批判方法，科西克认定，资本主义社会的客观运动中，人与物的关系是清晰的。科西克这样说道：“从物的社会运动中引出的规律性，植入人的意识而成了鹄的和目标；主观性的目的客观化，它作为物的趋向或存在目的不依赖于个人意识起作用。”② 在资本主义社会里，“人（经济人）只是物的社会运动的代理人或人形面具”③。因此，人是一种异化的存在，人的意识被物化现实所包围着。科西克将马克思历史辩证视为对资产阶级虚假意识形态的批判，因为它精确地“证明物的社会运动是人与人交往的一种历史形式，而物象化意识也只是人类意识的一种历史形式”④。

二　建构中国日常生活批判理论的有益启示

围绕现代性问题所引发的争论已经成为20世纪哲学界的主要理论话语。科西克的日常生活批判理论对于我们如何评价现代性，构建中国日常生活批判理论具有重要的借鉴价值和启示意义。

如上所述，东欧新马克思主义在“非斯大林化”的斗争中，将批判矛头指向了教条主义，努力向真正的马克思思想回归，从而开始了新马克思主义的理论研究。应该注意到，以毛泽东思想为代表的中国的马克思主义研究也一直致力于对教条主义的哲学党性学说的批判。为了抵制和批判教条主义思想，毛泽东在《实践论》《矛盾论》等著作中，针对其根源、表现、性质和危害等问题进行了系统分析。从这个意义上说，中国的马克思主义研究与20世纪的新马克思主义在批判指向上是具有一致性的。随着时代主要问题的变化，马尔库塞等东欧新马克思主义学者的理论研究也发生了微观转向，但是他们在文化领域内，对教条主义一贯批判的立场却

① ［捷克斯洛伐克］科西克：《具体的辩证法》，傅小平译，社会科学文献出版社1989年版，第145页。

② 同上。

③ 同上。

④ 同上。

没有改变。这种坚持应该引起中国马克思主义研究的高度重视。我们应该积极思考和谨慎面对，在建设中国特色社会主义的道路上可能束缚我们发展的各种教条主义思想的变体。这一点，对于新世纪的中国马克思主义研究将具有重要的意义。

齐泽克说，在我们时代富有特色的各种对抗中，最关键的也许是日益破坏着我们生活的抽象化行为（以数码化、投机市场关系等为伪装）和泛滥的伪具体形象之间的对抗。在20世纪的西方社会中，晚期资本主义越来越多地暴露出现代性发展所造成的危机。这种现代性的困境已经反映在经济、政治、文化等多重领域之中，因此在西方文化语境中，已经形成了以对现代性的反思与批判为主导的模式。当然，最为激进的当数后现代主义，几乎全盘否定了现代性的所有价值，对现代性直接做出了终结的判断。然而，与那些否定性的尤其是后现代性主义的立场根本不同，科西克的日常生活批判理论并不是要颠覆现代性的意义，而是要通过对现代性人的存在困境问题的批判，力图恢复日常生活所原有的本真性的活力和价值。从这个角度上说，科西克肯定了启蒙对传统的否定力量以及奠定理性基础的建构力量。科西克对现代性文化精神的批判不是站在其对立立场的否定，而是一种身处其中的反思，科西克努力证明现代性所具有的合理性，并积极主张保留其价值内核，现代性应该在自我批判的过程中不断修正并找到发展的方向。另外，科西克从文化的层面探讨了摆脱人的存在危机的解决路径。如前所述，现代性是一个包括多重层次的复合体制。因此，20世纪的理论家从经济、政治、社会学等不同角度对现代性的危机展开了分析。在科西克看来，现代性危机的根源也可以表述为一种文化模式的危机，主要表现为人的存在的异化。基于这种理解，科西克从人的异化的各种表征入手，对现代性的内在机制展开了批判性分析，并从辩证的思维与革命的实践中找到摧毁人的异化境遇的动力因素。

科西克对文化价值和作用的肯定对于我国现阶段发展“先进文化”和提高文化“软实力”的方针政策具有现实性的启示意义。中国的现代化发展已经取得了相当的成效，这种进步尤其体现在经济领域中。在积极发展生产力的口号下，中国工业、农业、轻工业全面发展，水平已经开始赶超西方发达资本主义国家，市场经济的逐渐成熟，使资源配置更趋于合理化。因此可以说，社会层面的现代化发展已经卓有成效。应该正视的现实是，文化层面的现代化进程明显滞后，从长远角度看，将限制和阻碍中国现代化的整体进程。正如有学者指出的那样："在民众的生存方式和社会运行机制等层面上，现代性依旧没有生成，传统日常生活世界的自在的文化模式和活动图式依旧发挥着社会活动和个体行为的规范和解释功能，现代化进程的内在文化阻滞力还依旧存在。"① 因此，对传统文化模式的批判性扬弃成为中国文化转型的关键。对此，"三个代表"重要思想中的发展先进的文化指导方针就是鼓励向一种与现代化发展相协调的文化模式转向。十七大精神所倡导的发展文化软实力体现了国家对文化力量的高度重视。文化的软实力不仅是科学技术水平的提高，而且应该是民众整体的文化观念的进步。在这方面，科西克的日常生活批判理论强调了现代性文化对于传统文化的否定性力量。对于我国的文化发展来说，正是应该利用人的存在的批判视角对传统文化桎梏民众发展与创新的束缚力给予深刻的批判，从而保留传统文化的合理内核，发展一种代表先进方向的、可以提高国家整体实力的现代化的文化。现代性是一个未竟的事业，现代性对于社会的进步、科技的发展、文化的交流等各个方面所做出的贡献是不容忽视的，是人类智慧与文明发展的最高阶段，是我们当下的生存景观。作为现代性的外在表现和内在凝结，现代性文化是我们认识世界、反观自我、继续前行的内在力量。这种立场和价值取向体现了科西克成熟的哲学眼光，也为我们理性地、辩证地、冷静地认识现代性文化、发展现代性事业提供了重要启示。

（一）建设微观生活观照优先的中国文化精神的新参照

梁启超指出："文化者，人类心能所开释出来之有价值的共业也。"② 德国社会学家斐迪南·滕尼斯（Ferdinand Tönnies，1855—1936）在《共同体与社会》一书中，明确区分了基于血缘、地缘与精神信仰的"共同体"和"社会"，他认为共同体出于人的本能意志和价值取向的高度统一，所以天然是"和睦"的；社会则出于人的后天意识和人为选择，是人们谋取各自利益并展开竞争的场所，因而"分离"性是主导的。从"共同体"到"社会"的演进是普世现象，它表明人只要有可能，就会追求个性并通过交往的扩大形成更高的社会性。市场经济恰恰是这种"社会"得以产生的根本机制和基础。在依托市场经济的社会中，不是家庭、

① 衣俊卿：《文化哲学》，云南人民出版社2005年版，第284页。

② 梁启超：《国性与民德：梁启超文选》，上海远东出版社1995年版，第54页。

自然村落或宗教团体，而是独立的个人和由这些个人构成的企业成为社会的基本单元。

科西克的日常生活批判理论对处于现代化进程中的中国有重要的启示意义，是当前中国文化建设的一个新的参照和借鉴。任何哲学都是自己时代的精华。科西克哲学是他对捷克斯洛伐克以及东欧社会主义国家的革命和建设道路进行思索的产物，因此，对科西克日常生活批判理论的研究，可以帮助我们清晰再现东欧社会主义革命与建设的历史进程，以及社会主义发展过程中所面临的现实问题。从某种程度上说，科西克的哲学理论从一个侧面反映出东欧马克思主义哲学发展的历程，那么，对于我们来说，运用马克思主义的立场、观点和方法对科西克的日常生活批判理论进行梳理和审思，运用逻辑与历史统一的方法，客观理性地认识科西克理论的成败得失，有助于我们立足于时代语境去总结社会主义革命与建设的历史经验与教训，无疑，这在客观上可以推动马克思主义中国化的进程、创新马克思主义理论研究以更好地建设中国特色社会主义。

对于处于全球化不断加深且发展仍是一个占据主导性理念的国家来说，科西克对日常生活世界中的人的异化状况的细致入微的透彻分析，对当前中国的文化建设也有非常重要的启示意义。我们必须承认，科西克对处于资本主义生产方式下的人的异化状况的阐释与批判，这种微观领域对人的真实生存状态的剖析从根本上说属于现代性批判的一部分，而且是一个极为重要的组成部分。因此，这一批判哲学理论所针对的具体现象也绝非仅仅是某一个国家的事物，毋宁说，它对技术理性化的批判、对效率至上的极端市场—商品主义的批判、对人类中心主义主宰下的生态环境问题的反思、对“消费主义”思潮的抨击，等等，在某种程度上也是当前处于社会主义发展中的中国所面临的现实问题。在商品—市场主义的理念下，人的生活状况的“一地鸡毛”性也客观而真实地存在于当前中国人的现实生活中。因此可以说，科西克对人的异化的透彻分析虽然折射的是技术（根据）理性与价值理性发生分裂的现代西方社会，但通过他的日常生活批判理论，我们可以获得一个独特的视角来更加清晰地认识和理解资本主义社会下人的生活状况，从而有助于我们更好地以文化批判的立场去审视资本主义在当代的最新发展。

尤其需要指出的是，当前中国处于传统文化向现代文化转型的一个关键时期和特殊时期，可以说，当前中国社会的文化转型、文化建设与日常生活批判处于同一个历史的进程中，这对于一个历史悠久、传统包袱沉重的古老国度来说，中国当前的文化建设所面临的任务无疑是艰巨的，形势也是极其复杂的。众所周知，中国传统社会文化的根基是一个与传统农业文明相适应的日常生活世界，因此，在漫长的封建主义思想占据主导的情况下，中国人的日常生活世界里的“人情”因素与“面子”因素占据着重要的位置。在费孝通先生所描述的“熟人世界”里，他们往往以“经验”来处理自己的“平日”事务，在“人情”“面子”重要的理念支配下生活在自己熟知但非真知的世界里。究其原因，这与中国传统农业生活的封闭性、持久性与顽固性有着极大的关系。因此，对于中国的现代化进程，要想建构起科学合理的日常生活批判模式，就亟须对传统农业社会下那种落后的、不科学的日常生活世界进行反思、批判和重构，让传统的日常生活世界从封闭的状态中走出，最为重要的是要让日常生活的主体“在开发的和创造性的非日常生活空间中成为自由自觉的非日常主体”①。这对于一个处于全球化浪潮中的现代化国家的文化建设尤为重要和紧迫。因为从根本上说，一个民族自身的文化建设失去了基本的批判力，这种文化最终就会失去发展前进的动力，其原本的优越性也会消失殆尽。科西克的日常生活批判理论启示我们，当代中国的文化建设应该在直面文化危机的基础上，以批判的精神反思自我，最终为自己赢得超越自我和创造自我的力量，这无疑是极为重要的。对此，当前在美国和加拿大都颇具影响力的技术哲学家安德鲁·芬伯格（Andrew Feenberg，1943— ）谈到中国的发展问题时强调：“西方对技术和社会的反思也许能够为中国提供一种更有选择性和批判性的观念。如果中国的知识分子和政治精英们不仅考虑西方政府和公司的官方宣传，而且还考虑将对西方未来的形成作出贡献的各种批判的声音，那将肯定是有益的。”②

此外，科西克所建构的人—世界—宇宙本体论，对于在当代世界科学技术发展日新月异的今天破除“人类中心主义”，正确对待人与宇宙、人与世界的关系有着十分重要的现实意义。

---

① 衣俊卿：《理论理性和实践理性交汇处的文化批判》，云南人民出版社 2005 年版，第 321 页。

② ［美］安德鲁·芬伯格：《可选择的现代性》，陆俊等译，中国社会科学出版社 2003 年版，中文版序言第 5—6 页。

（二）有中国特色的大众文化建设的有益启示

对于一个“去斯大林化”道路极为艰难的国度来说，要想在意识形态上摆脱传统的凝固的束缚是何其的艰难与不易。科西克曾经担任过捷克斯洛伐克共产党中央委员，后来因为被视为“持不同政见者”被开除党籍。因此，科西克的日常生活批判理论作为一种与官方正统哲学相对立的“异端派”哲学理论，从总体上看是对传统意识形态的一种抗争与挣脱，它力求对僵化的、封闭的和教条化的马克思主义做全新的审视与理解，以达到还原马克思的真实思想的目的。科西克希望以他的“总体性”的概念来还原马克思主义的本来面目，使马克思主义哲学得到合理科学的解释，并希望打破当时在捷克斯洛伐克甚至东欧国家占据主导、极为盛行的对马克思主义的机械化、庸俗化的解读模式。

科西克在他的名著《具体的辩证法》一书中宣称，真正的哲学绝不是作为一种社会经济状态的直接式反映或者“副产品”而存在的，毋宁说，哲学原本是人的存在的一个极为重要的组成部分，哲学是人类的一种基本的活动，也是一种“不可缺少的活动”。因为从根本上看，哲学能够为人们提供科学而准确的观察世界的洞察力，从而使我们了解自身的真实状况，以及我们自身在宇宙的真实地位究竟是什么。而人类要想获得更加美好的生存状态，必须拥有这种理解。作为一种“人类学—宇宙学”意义上的社会存在物，人类自身有能力且也有责任去采取切实的行动，来实现个人、社会以及哲学的潜能。科西克据此认为，当前最为现实的情况是，马克思的总体性概念遭到了机械化和庸俗化的理解，这在客观上造成了极为严重的后果，马克思的“整体”被当作一种高于现实的日常生活现象的东西来理解，人们过分强调社会的政治结构，从而将个人的责任与自由无端地损害了，这样一来，人的现实的日常生活被当作一种科学对象“社会物理学”兴起的结果来看待，不仅如此，艺术、宗教、哲学、文化都被笼统地归结为社会经济状态的基础的具体表现来认识。在这种状况下，人类现实的真相被隐瞒起来，人类自身在揭露现实中的重要作用被忽视掉了。因此，可以说，“总体性”概念的实体化从根本上看就是一种将马克思主义庸俗化的表现，总体性概念的实体化做法被当作一种超乎日常生活现象来对待，并且当作比日常生活现象自身更重要的事物来对待，其实质就是一种“虚假总体性”，是将具体的现实武断地从属于那种设想为自主性的状态或结构。在“虚假总体”中，“主体消失了，或者更确切地说，现实的主体，即作为有目的地进行实践活动的主体的个人，其地位被神秘化、物化和偶像化的主体所取代，被结构的自主运动所取代”①。人失去了自我，从而异化为一种社会经济政治结构的构成要素。

原本具有“反思”功能的文化在这个以商业和信息技术主导的消费社会里已经不复存在。当代西方著名的马克思主义文化批评家特里·伊格尔顿指出，文化不再具有高雅性的精神品味始于20世纪60年代，“它现在的意思是对一种特殊身份——国家的、性别的、种族的、地域的——的肯定而不是超越”②，从而蜕变为一种被商品—资本社会主导下的商业逻辑而存在着，在很大程度上，文化与世俗的权力结合在一起，其结果是，“文化已不再是呈现古典美的属于上流社会的闲适性畛域，而是动机各异且针锋相对的战场”③。在这个“大众文化”（mass culture）的时代里，批判、反思与超越意识逐渐淡去了，物化力量的强大使得文化的存在样态发生了变化，原来曾经的那种泾渭分明的高雅—低俗、理想—现实的层次已经不见影踪，文化已经“堕落”为大众文化与通俗文化了。霍克海默与马尔库塞也曾使用“肯定的文化”（affirmative culture）这一范畴来表述他们对于资本主义时代下文化的功能已经发生异化的现实的理解。在他们的心里，资本主义时代下文化的性质已经发生了改变，其否定与批判的性格失去了，文化已经扭曲为一个为人们提供着不同于现实世界的虚幻的精神世界，进而将此作为平息社会的反叛欲望与内在否定性的工具；它借助于这一工具，使人们沉溺在幻想中，并得到一定程度的满足。这样，文化的现实功能就体现为为资本主义现存秩序的合理与美好提供证明，从而为现状的合理性辩护。他们还认为，资本主义社会条件下，文化已经成为一种工业性的存在，即“文化工业”（culture industry）。它主要是指资本主义社会通过现代性的科技手段和力量，从而大规模地复制和传播那些已经商品—市场化了的、具有非创造性的文化产品，最终形成一个庞大的娱乐工业体系。在这一体系里，艺术、宗教、哲学等通过大众传媒来欺骗大众，在客观上行使着意识形态的功能。有学者指出，西方马克思主义尤其是法

① ［捷克斯洛伐克］科西克：《具体的辩证法》，傅小平译，社会科学文献出版社1989年版，第31页。

② ［英］特瑞·伊格尔顿：《文化的观念》，方杰译，南京大学出版社2003年版，第31页。

③ Edward Said, *Culture and Imperialism*, London: Vintage, 1993, p. XIV.

兰克福学派的大众文化批判理论也是对现代西方社会出现的文化危机和人的存在困境的一种理论上的回应，这种回应及其方式正是在西方社会这个总体的文化批判背景和氛围中得以可能并具体实现的。由此不难看出，“大众文化批判与席卷西方的技术理性批判思潮是直接相关的，因为大众文化正是技术理性和经济力量侵入文化领域的结果，因而意味着理性化和物欲化对文化的一种侵占与渗透。大众文化批判首先是一种文化层面的批判，主要是针对文化工业和传媒技术所造就的商业型文化、媒体文化、娱乐文化对人的生存方式和文化模式之影响而进行的批判；同时大众文化批判也是一种经济批判、政治批判以及社会批判，主要体现于文化理论、哲学理论、审美理论、文艺理论、文学批评以及社会理论等理论形态之中，表现为一种文化价值论或文化哲学”①。

作为当代西方日常生活批判理论最为著名的代表人物，列斐伏尔对西方马克思主义文化批判理论者的文化政治目标是这样解读的：凡是生活在现时代的左派知识分子，要想更好地理解世界，并为了更好地改造世界，这一愿望“不仅需要坚持马克思的一些基本观点，而且还需要增加一些新的观念”②。一般说来，“大众文化是资本主义现代工业社会的产物，是少数人利用现代技术、手段人工合成和传播的面向普通民众以消费娱乐为主要特征的文化，它有着一种明确的功利目的”③。在现代商品—市场经济的作用与技术理性推动下，人成为一种失去创造力与想象力的动物，在一种紧张、压抑、恐惧不安的状态下生活着。葛兰西（Gramsci Antonio，1891—1937）曾指出：“生活愈是合理愈是有秩序，社会纪律是铁一般的严明，每个个性承担的义务愈是明确，富有预见性，冒险精神得以施展的余地便愈益缩小。正如野生灌木在大庄园围墙的压迫下，必定要逐渐枯萎一样。”这种“对生活的强制合理化，在前所未有的程度上愈来愈严重地打击着中产阶级和知识分子”④。在这样的氛围下，大众文化往往以一种对死气沉沉、刻板划一的生活方式的反叛面貌出现，希望以一种独特的方式来逃脱这种庸俗不堪的生活方式的折磨。

---

① 傅守祥：《大众文化批判与审美化生存》，《文艺理论研究》2006 年第 5 期。

② Cary Nelsonand Lawrence Grossberg（ed.），*Marxism and the Interpretation of Culture*，Urbana and Chicago：University of Illinois Press，1988，p. 77.

③ 张汝伦：《论大众文化》，《复旦学报》1994 年第 3 期。

④ ［意大利］葛兰西：《论文学》，吕同六译，人民文学出版社 1983 年版，第 68 页。

在科西克看来，在资本主义社会条件下，大众文化借助于电视、电影、广播、广告、期刊等大众化的传媒手段，在一定程度上融合着政治、宗教、艺术、哲学甚至商业的功能，在人们的闲暇时间，将那些流行于大众中的通俗文化施加于人们的头脑与意识当中，从而操纵着大众化心理和思想，培育着他们对于现状的支持、拥护与顺从意识。科西克指出，艺术、宗教、哲学等领域的文化创造原本是最能够体现出人的创造性与自由性的思想性存在活动，然而在技术理性化的世界里，这些文化的创造性却是日益走向异化，沦落为一种不断消解着人的主体性、特殊性的存在，行使着保护现实、辩护现实的功能，因此，这种现状不得不引起我们的反思。

在当前中国的大众文化建设中，中国共产党一直将大众即人民群众视为意识形态的真正推手来看待。中国共产党认为，自觉完成了从革命党到执政党的转变后，作为占据主导性的意识形态即马克思主义主要是通过文化精英与政治精英完成的，因而它迫切需要影响大众，面对大众，进而在大众化的实践中体现出其特有的价值。正是因为这样的理论自觉，中国共产党在十五大报告中强调，有中国特色的社会主义文化唯有面向科学、面向民族、面向大众才有生命力："建设有中国特色的社会主义的文化，就是以马克思主义为指导，以培育有理想、有道德、有文化、有纪律的公民为目标，发展面向现代化、面向世界、面向未来的民族的科学的大众的社会主义文化。"① 也就是说，马克思主义作为一种主导的意识形态，要想不断焕发出新的活力和生命力，就决不能仅仅停留于学术研究与政治功能的层面上，而需要从讲台与圣坛上走下来，走向最普遍的人民大众，与人民群众的精神文化需要紧密结合在一起，也即实现从理论形态向文化心态的一个转变。无疑，在这里，要想实现这个转变，最为紧要的和根本的就是要大力发展马克思主义指导下的中国特色的社会主义大众文化。从历史上看，在新中国成立后的前 30 年中，中国的大众文化一直处于备受压抑和压制的状态。改革开放之后，伴随着中国社会主义市场经济的不断发展，中国的大众文化开始得以健康发展，日益对整个中国经济社会发展的运行产生积极的影响。因此，对于改革开放之后的中国，"从本质上说，大众文化是现代工业社会背景之下所产生的并与市场经济和商品社会相适

① 《中国共产党第十五次全国代表大会文件汇编》，人民出版社 1997 年版，第 19 页。

应的一种市民文化，是以现代信息技术和大众传媒技术的发展为支撑、按商品市场规律去运作的、旨在使大量普通市民获得感性愉悦的日常文化形态"①。在社会主义市场经济的运行逻辑与条件下，作为一种"日常文化形态"而存在着的大众文化已经打破和改变了传统的文化格局与运作方式，对大众的吸引力和感染力也日益增强，正因为如此，有学者在20世纪就宣称，"中国文化进入了一个大众文化的时代"②。大众文化已经成为人民群众文化生活的一个最为重要的方面之一。

从现实来看，当前中国的大众文化也无可置疑地出现了诸多让人忧虑的状况。从整体上看，当代中国大众生活已经深深地"嵌入"在全球化的进程中，大众"场域"（field）各个体空间中文化的政治化功能明显消退，同真正的文化创造与艺术创作相比，通过现代化的传媒手段如电视、电影、期刊、互联网等映现在人民群众面前的那些大众文化，也在很大程度上表现出一些消极的和否定的因素与功能。对此，有学者指出："在中国大众文化生产与消费过程中，'快乐'成为塑造社会认同的重要途径。时至今日，随着中国大众文化生产能力的大幅提高，不仅各类艺术活动皆可以纳入到大众文化的消费逻辑之中，就连各种大型社会活动也变身为仪式化的大众文化产品呈现在人们面前。于是，传统的娱乐文化的生产方式被新兴的、单一快乐为目的的文化生产方式所替代。这就使得中国大众文化的政治功能发生了重大转向：大众文化复杂的政治经济学图景被一种简单的'快乐经济'所替代，形成了一种'傻乐主义'的文化样式。"③"毋庸讳言，当前中国大陆的大众文化生产是被市场逻辑控制的消费主义主导着，其产品内在的精神维度几近丧失而唯存一种表象，其商品性从其生产到销售甚至包括所谓的售后服务都与其他质量不稳定的物质商品无异；可以说，当前大众文化的商品属性占据了绝对统治地位，而精神属性则被高科技的包装和工艺性的装潢所取代。"④ 应该说，从一种复杂的文化批判蜕变成为一种"狂欢化行为"，大众文化的"傻乐主义"无疑是一

① 黄长义：《当代中国马克思主义大众化的文化场域与路径选择》，《湖北大学学报》2008年第5期。

② 尹鸿：《大众文化时代的批判意识》，《文艺理论研究》1996年第3期。

③ 周志强：《从"娱乐"到"傻乐"：论中国大众文化的去政治化》，《天津师范大学学报》2010年第4期。

④ 傅守祥：《大众文化批判与审美化生存》，《文艺理论研究》2006年第5期。

种集体化的“政治化无意识性”的恰当说明。而从实际后果上看，这是一种“景观化”了的“快乐政治”逻辑，这种逻辑暗含着一种对传统大众文化极强的政治化的现实性遏制与批判，从而使大众文化成为一种现象逻辑的存在，摆脱意识形态的控制“快乐”地存在着。西方著名文化批评家尼尔·波兹曼指出：“如果一个民族分心于繁杂琐事，如果文化生活被重新定义为娱乐的周而复始，如果严肃的公众对话变成了幼稚的婴儿语言，总而言之，如果人民蜕化为被动的受众，而一切公共事务形同杂耍，那么这个民族就会发现自己危在旦夕，文化灭亡的命运就在劫难逃。”① 德波在《景观社会》（*The Society of the Spectacle*）中指出，所谓景观其实就是人对现实社会生活的逃避，也是人对自身实践活动的重新思考与修正。在景观中，社会不再是人真实生活于其中的具体可见的现实生活，而是成为一种远远观望的符号性的景观而存在着的。在景观化的图像中，对话、批判与怀疑消失了，景观在独立的自我中重构着自我的法则。在当前中国“娱乐化”（也即一些学者所谓的“傻乐化”）的大众文化生产中，人们的“傻乐主义”占据着大众文化的生产，电视机、电影、报刊前面出现的一个个人，其实就是一个个失去了现实参与功能的冷漠的、无意识的观看者。在这种状况下，“景观”作为一种“去政治化”的工具，在很大程度上扮演了“鸦片战争”的角色，它无休止地麻醉着社会主体，使其尽可能地从真实的社会生活的急迫任务中逃离出来，从而无法把握自己的真实存在，坠入虚幻的幻象的深渊当中去了。无疑，这是人的异化的一种深刻表现，而在这种异化的背后，大众文化的“景观”制造功能体现得极为明显。这正如一位学者所形象地指出的那样：“迷入景观制造的世界中，疯狂追逐着景观幻象之时，人们对真实社会存在中发生的各种矛盾和冲突总是视而不见，自然无法把握自己存在的意义和生活的真相。以上即为景观意识形态最重要的社会控制功能。”② 无疑，艺术、哲学、宗教等一旦失却了与现实对话的能力，其生命力自然也就不会长久了。因此可以说，大众文化一旦丧失了其原本所具有的创造性与自由性，自然就会呈现出商品拜物教与功利主义的特性。在商品—市场经济的交换价值的导向下，在利润动机的支配和控制下，依托科技力量制造出来的大批量的、复

---

① ［美］波兹曼：《娱乐至死》，章艳译，广西师范大学出版社2004年版。

② 张一兵：《景观意识形态及其颠覆》，《学海》2005年第5期。

制性的文化商品，在很大程度上导致着大众文化标准的单一化与标准化，从而在客观上扼杀了文化所真正具有的创造性与想象力，成为强制和欺骗着现代人的异化了的文化形态而存在着。

然而，作为一种具有特殊政治功能的文化，大众文化的建设需要顺应一定的社会意识形态的潮流，来行使其为大众服务的功能。因此，对于当前中国特色社会主义大众文化建设来说，马克思主义大众化是一种极为现实和紧迫的道路。“当代中国马克思主义大众化必须贴近大众文化生活、满足大众文化需要、尊重大众文化权利、反映大众文化理想和提升大众文化人格，实现主流文化与大众文化的整合与共生，提高主流意识形态的亲和力和对各种社会思潮的整合力，从而达到当代中国马克思主义的大众化与文化大众的有机统一。”① 马克思主义大众化的实质就是要将马克思主义理论转化为通俗化的方式被广大劳动人民所接受，从而自觉将马克思主义的精神实质与理论内涵内化到自己的日常生活当中去，成为自己的行动指南和向导。列宁曾经指出：“最高限度的马克思主义 = 最高限度的通俗和简单明了。”② 也就是说，马克思主义作为一种科学的立场、观点与方法，从根本上说不是一种书斋里的抽象理论，毋宁说，其生命力就在于被最广大的人民群众所接受，进而成为他们认识世界、改造世界的武器和力量。马克思主义理论只有最广泛地和最普遍性地走向人民大众，马克思主义的中国化进程才能得以更加顺利，马克思主义在当前中国特色社会主义大众文化建设中才能发挥更加积极的价值与意义。一旦马克思主义为主导的主流文化成为深深扎根于大众文化的力量，马克思主义也才会更加坚实地成为广大人民群众的“大众话语”。当然，马克思主义大众化的过程并不是一定要与大众文化的发展过程相契合，而是需要我们清醒地认识到，当前中国大众文化中的消极性和否定性因素的存在是客观的，它带有极强的“感性化”“娱乐化”与“景观化”特征，这在根本上与马克思主义大众化的理性化、自觉化与生活化的要求存在着一定的冲突。因此，坚持马克思主义在大众文化中的主导地位与作用，就是为了实现马克思主义的大众化和通俗化，而不是机械化和庸俗化。

---

① 黄长义：《当代中国马克思主义大众化的文化场域与路径选择》，《湖北大学学报》2008年第5期。

② 《列宁全集》第36卷，人民出版社1959年版，第467页。

因此，笔者认为，对于当前中国特色社会主义大众文化建设来说，科西克的日常生活批判理论无疑具有极为重要的参考价值。一方面，现代化的进程呼吁对传统日常生活的批判与重建，呼吁人的素质的现代化；另一方面，西方高度工业化过程所带来的日常生活世界萎缩、破碎的消极后果和负面效应也清晰地展示在我们面前。如何兼顾两方面因素，寻求一条日常生活世界和非日常生活世界从传统向现代协调嬗变的途径，自然是需要我们深思的课题。

第三节　科西克对马克思生活世界理论的背离

毋庸置疑，马克思哲学是人类哲学史上的一次重大革命，它无情撕毁了传统形而上学的面纱，建立起以实践为核心主题的唯物史观，将一种兼具革命性与科学性的理论贡献给无产阶级的革命事业。160 多年后的今天，作为“千年思想家”的马克思主义仍然绽放着其独特的思想光芒，在“没有过时”（哈贝马斯语）的当代语境中继续照亮着当代社会主义发展与无产阶级的革命事业。从根本上看，马克思之所以成为至今矗立在人类思想运动史上一座“不可超越”（吉登斯语）的思想高峰，是因为这一学说有效地解释了资本主义运动的规律，解释了人类社会历史发展的最终趋势，为无产阶级的彻底解放指明了前行的道路。正如有学者指出的那样：“一种思想体系对历史影响的深度和广度，同它所蕴涵的真理性成正比。随着岁月的流逝，风行一时的理论学说失去了昔日的光辉，可是，马克思主义却与时俱进，日益显示出它的真理的威力。在马克思长眠于海格特公墓以来的一百年中，马克思主义越出欧美，以雷霆万钧之力磅礴于全世界。”①

如上所述，从整体上看，科西克的日常生活批判理论对深化马克思主义、发展马克思主义的生活世界理论做出了独特的贡献，但是，这一理论自身所存在的缺陷与错误也是极为明显的。以马克思辩证唯物主义与历史唯物主义来审视科西克的日常生活批判理论，其凸显的人本主义现象学逻辑从根本上说是对马克思主义理论的一种背离。

① 靳辉明：《唯物史观的创立及其伟大意义》，《马克思主义研究》2003 年第 2 期。

一　历史本体结构的人本主义化

（一）马克思哲学是以实践为主旨的历史现象学

一般说来，马克思主义是辩证唯物主义与历史唯物主义的统一，是无产阶级的科学世界观与方法论，是广大劳动人民认识世界和改造世界的强大思想武器，是实现无产阶级和全人类解放的科学，是一种关于自然、社会和思维发展普遍规律的科学，特别是关于资本主义发展和转变为社会主义，以及社会主义和共产主义发展普遍规律的科学。从根本上看，马克思的哲学实现了哲学的重大变革，它以无可辩驳的理论告诉我们人类社会历史发展的客观性与规律性，创建了一种以实践为主旨的“历史现象学”①。之所以将马克思哲学称为“历史现象学”，是因为从根本上说，广义上的历史唯物主义②的创立是马克思的第一个伟大发现，也是马克思主义哲学革命的真正体现。通过对古典经济学家李嘉图、斯密等资产阶级意识形态的批判与超越，以及对他们关于社会历史观的社会唯物主义理论的认同，马克思才得以创立了科学的历史辩证法与历史唯物主义。历史唯物主义的创立使得马克思与以往一切传统的旧形而上学哲学彻底决裂开来。从此之后，随着马克思哲学研究的进一步深入，建立在狭义历史唯物主义之上的关于资本主义社会矛盾所揭示的历史现象学逐渐建立起来了。从根本上看，这一科学理论之所以能够建立起来，是因为马克思经济学研究历程中所获得的具有革命性突破的第二个伟大的发现也即剩余价值理论的产生。马克思在1847年之后，开始对资本主义社会这一当前人类社会生产力发展的制高点的社会形态进行深入的研究，从而对这个社会获得了更加科学的认识。马克思发现，在资本主义社会化大工业的生产方式与生产过程中，由交换与分工所形成的生活条件必然会造成人的社会劳动关系的外化，而且，在资本主义市场条件下，人与物的关系以一种颠倒的形式表现

---

① 马克思本人从未使用过“历史现象学”这个概念来指认自己的理论，笔者在这里按照张一兵的理解，用来借喻马克思对资本主义经济生活过程所进行的、经由对多重物化颠倒的商品—市场中介关系的历史性剥离，最终获得对事物本质认识的一种非直接性的批判认知，也即他所称的“历史性的批判现象学”，在很大程度上与列宁所说的“透过现象看本质”相一致。

② 一般说来，马克思主义的语境下的历史唯物主义有两种含义：一种就是广义的历史唯物主义，往往是被看作关于社会历史运动发展规律的科学描述，是一个中性的存在；另一个是狭义的历史唯物主义，是特指对资本主义社会生产方式所导致的种种矛盾进行的尖锐批判。

出来，资本成为一种占据核心的话语存在。马克思最终运用历史的辩证法去穿透资产阶级意识形态拜物教的实质，剥去各种物化的和颠倒的虚假现象，最终为科学地认识资本主义生产方式的本质提供有力的证据。这即是马克思所创立的“历史现象学”的核心所在。

在《哲学的贫困》中，马克思对蒲鲁东的经济学与历史观方法论进行了深入的分析与批判。马克思认为，以蒲鲁东为代表的资产阶级经济学家们之所以不能对经济学理论进行正确的分析，是因为他们缺乏了历史的眼光，将信用、货币、分工、价值等资本主义生产关系中占据主导的东西当作永恒不变的东西来看待，虽然在他们的理论中也交代了社会生产是在一定的现实关系下进行的，但是从根本上看，却没有说明现实的社会关系本身是如何产生出来的。即是说，他们“没有说明产生这些关系的历史运动”①。因此，马克思发现：“经济学家们的论证方式是非常奇怪的。他们认为只有两种制度：一种是人为的，一种是天然的。封建制度是人为的，资产阶级制度是天然的。”② 马克思进一步分析说，问题的关键在于，“经济学家所以说现存的关系（资产阶级生产关系）是天然的，是想以此说明，这些关系正是使生产财富和发展生产力得以按照自然规律进行的那些关系。因此，这些关系是不受时间影响的自然规律。这是应当永远支配社会的永恒规律。于是，以前是有历史的，现在再也没有历史了”③。马克思认为，这正是以蒲鲁东等资产阶级经济学家们对于社会历史的肤浅认识，也是资产阶级意识形态的本质所在。这些经济学家虽然明白人们是在一定生产关系内进行生产的，但是却不能明白生产力与社会关系的内在关系，看不到历史的辩证本质。从根本上看，“这些一定的社会关系同麻布、亚麻等一样，也是人们生产出来的。社会关系和生产力密切相联。随着新生产力的获得，人们改变自己的生产方式，随着生产方式即谋生的方式的改变，人们也就会改变自己的一切社会关系。手推磨产生的是封建主的社会，蒸汽磨产生的是工业资本家的社会”④。对此，马克思反问道：“这难道不是说，生产方式，生产力在其中发展的那些关系，并不是永恒

① 《马克思恩格斯文集》第1卷，人民出版社2009年版，第598页。

② 同上书，第612页。

③ 同上。

④ 同上书，第602页。

的规律，而是同人们及其生产力的一定发展相适应的东西，人们生产力的一切变化必然引起他们的生产关系的变化吗?"[①] 马克思据此明确指出，真实地展现历史现实的过程就是历史的辩证法，是一种关于人的实践的历史现象学。蒲鲁东等资产阶级经济学家们之所以看不到历史的真实，是因为他们无法站在历史的高度来审视那些作为现实经济规定的经济学范畴，认识不到这些范畴其实也是一定社会生产关系的产物。殊不知，归根结底，"……这些观念、范畴也同它们所表现的关系一样，不是永恒的。它们是历史的、暂时的产物"[②]。马克思批评他们说："他们各自的需要、他们的生产力、生产方式以及生产中使用的原料是怎样的；最后，由这一切生存条件所产生的人与人之间的关系是怎样的。难道探讨这一切问题不就是研究每个世纪中人们的现实的、世俗的历史，不就是把这些人既当成他们本身的历史剧的剧作者又当成剧中人物吗？但是，只要你们把人们当成他们本身历史的剧中人物和剧作者，你们就是迂回曲折地回到真正的出发点，因为你们抛弃了最初作为出发点的永恒的原理。"[③] 这正是资产阶级经济学家们的错误之所在，也从反面衬托出马克思的政治经济学批判所坚持的方法论原则，那就是以历史的辩证法作为剖析人类社会实践的根本方法论原则。

黑格尔认为，他的精神现象学的灵魂就是"辩证"和"发展"，其根本任务在于，"运用辩证的方法和发展的观点来研究分析人的意识、精神发展的历史过程，由最低阶段以至于最高阶段分析其矛盾发展的过程"[④]。在黑格尔看来，精神现象学就是用来描述"一般科学或知识的形成过程"的一种方法与立场。众所周知，费尔巴哈通过对黑格尔唯心主义的颠倒，创立了关于人的类本质的异化的人学现象学。与费尔巴哈的这种人本主义逻辑不同的是，马克思能够站在科学的视域中完成对古典经济学意识形态的批判与超越，穿透了现实的资本主义经济关系的颠倒的假象与物化的复杂性，最终得以创立起对资本主义社会深入剖析的历史现象学。其核心要旨在于，以一种历史的辩证法去透视资本主义经济关系中的颠倒的假象，

① 《马克思恩格斯文集》第1卷，人民出版社2009年版，第613页。

② 同上书，第603页。

③ 同上书，第607—608页。

④ ［德］黑格尔：《精神现象学》上卷，贺麟译，商务印书馆1979年版，第16页。

通过一层层对假象的剥离，最终获得对资本主义社会真实本质的规律的科学认识。马克思在自己的哲学探究历程中认识到，在资本主义经济社会关系当中，面对现实的客观发生的多重颠倒与异化现象，仅仅靠直观性的和现成性的现象学是无法完成对这些假象的科学认识的。马克思认识到，对资本主义生产方式下的社会关系的颠倒与假象的消除，仅仅依靠人的观念（例如黑格尔的“理念”的辩证法或费尔巴哈人本主义逻辑主导下的人本主义现象学）是无法完成的，它必须借助于现实的社会实践运动中的物质变革来完成。而对于社会历史的科学的认识就需要揭示出资本主义经济生活中种种颠倒与假象究竟是如何历史地形成的。也就是说，马克思需要通过那些复杂的社会关系，去一步步寻求这些复杂关系的社会结构，仅凭一般性的常识观察是无法看清资本主义社会经济关系中的资本、价值、货币、商品等真实面目的，因为这些现象呈现给人们的是一种虚假的、歪曲的和颠倒的社会存在。马克思对资产阶级经济学家们的批判的实质在于，通过“去意识形态化”的努力，他终于发现了呈现于资本主义经济社会中的纷繁复杂的经济现象背后所隐藏的真实的生产关系。因此可以说，马克思哲学的理论制高点就是他的历史现象学的奠基，也是他在《1857—1858年经济学手稿》中的最重要的哲学发现。

马克思指出：“正像一切自然物必须形成一样，人也有自己的形成过程即历史，但历史对人来说是被认识到的历史，因而它作为形成过程是一种有意识地扬弃自身的形成过程。”① 人的历史性品质决定了人的存在的现实性，“历史”构成了人存在的真实内涵。在马克思那里，“历史”就是“现实的个人”的生成和敞开，辩证法则是人的感性存在的生成样式。异化是人的存在展开不得不承担的命运，它有一个历史地生成和消解的过程。共产主义是历史向着未来的不断生成。历史唯物主义承认历史过程是由现实的个人所推动的，但并不认为历史过程的解读必须从个体的观念入手。历史唯物主义的核心是用生产方式的内在矛盾运动，解释主体的社会实践活动的深层本质，而不是用实践的主体性来否认历史过程的规律性。历史辩证法不理会人们对现代性的种种悲天悯人的责难与抱怨，只是一往无前地行进。面对历史辩证法，浪漫主义透支了他们的想象，悲观主义则耗尽了他们的忧郁。别无选择，我们的生活只能是现代性。除此之外，还

① 《马克思恩格斯文集》第1卷，人民出版社2009年版，第211页。

是什么？也许，这里用得着犹太法典中的一句格言：“如果不是现在，是何时？”

（二）科西克哲学是人本主义现象学逻辑

从根本上说，马克思哲学革命的实质就是历史现象学的科学方法的建立。与马克思那种透过呈现在资本主义社会外在的经济关系现象，一层层剥去那些颠倒、假象与歪曲的社会经济关系的面纱，进而从更深的层次上揭示和剖析资本主义社会生产方式实质的方法相对比，科西克虽然对马克思的实践概念进行了解读，也提出了独属于他自己的祛除日常生活世界异化的实践概念，但是，从根本上看，科西克的“具体总体”的辩证法所最终展示给我们的不是关于人类社会发展的真实的历史运动过程，他的“经济”学概念也是建立在一种人本主义逻辑之上的。从这一点上可以说，科西克哲学是一种人本主义的社会存在论，是一种人本主义现象学的逻辑布展。

如前所述，“生活世界”作为胡塞尔用来抗击资本主义世界里“科学世界”占据主导的情况下，欧洲人的生存状态发生了危机，因而将那个位于“科学世界”之前的被科学世界遮蔽起来的“生活世界”的概念制造了出来。我们知道，在胡塞尔以及海德格尔等存在主义哲学大师那里，“生活世界”并非我们经验世界里的那个“日常生活世界”，它是一个非现实的世界，是先验性的、存在于人的头脑与意识中的理念世界，或者叫作理想世界。这个世界无比纯粹，因为它超越了主客观世界并建立在这一世界之上。因此可以说，这个世界是一个关于现实的逃避的世界，在这里，抽象性、神秘性、预设性占据着主导地位，与我们现实的感性的真实世界没有直接性的对应关系。

与胡塞尔、海德格尔以及后来的列斐伏尔等人本主义想象学大师如出一辙，科西克所提出的以“具体总体”辩证法来消除人的异化、重构本真的人的日常生活批判哲学是一个以日常生活为平台的“文化革命”概念。他将马克思辩证法解读为一种关于总体的辩证法，但是马克思的哲学缺失了对人的真实存在的生存状况的关注，也就是人学的“空场”，因而希望通过对人的存在的关注，以弥补和重建马克思的历史辩证法。但是，从根本上看，科西克的总体性文化策略是一种抽空了社会物质根基的、重返人的本真性存在的“文化构想”，是一种理性化的、乐观的乌托邦构想与空中楼阁。

可以说，从人的本质和人的存在的视角强调哲学的彻底的批判本性，即真正的哲学所应具有的发自人的实践的创造本质的革命本性，这是科西克和马克思的共同特征。马克思的异化理论和实践哲学构想是全部人本主义新马克思主义的最根本的理论基础，在某种意义上，科西克具体的辩证法是马克思的异化理论在20世纪的具体应用，或者说都是20世纪条件下以文化批判为本质特征的特殊的异化理论。然而，虽然马克思也是依据人的存在和实践活动而展开对现代社会的批判的，但马克思更多地把人的异化状态同资本主义时代的政治制度、经济制度和阶级属性联系起来，因此，马克思学说的批判主题更多地集中于政治层面和经济层面，集中批判资本主义的政治压迫、经济剥削，以及资本主义劳动的非人道化。而科西克虽然也对现存资本主义的政治制度和经济制度进行批判，但其批判主题更多地集中于文化层面，他致力于揭示发达工业社会条件下意识形态、技术理性、大众文化等文化力量从人的创造物转化为统治人、消解人的主体性的异化力量的状况。马克思所处的时代是阶级对立和阶级冲突异常激烈的时代，各种矛盾都集中于政治和经济层面，而在20世纪人类经历了深刻的文化冲突和文化危机，科学技术的飞速发展和科学技术理性的过度发达，在促进社会生产力高度发展和社会财富急剧增长的同时，也引发了人与自然关系的破坏和人与人的异化的加剧，人不但面对着阶级冲突和阶级矛盾，而且更加普遍地经受着异己的文化力量对人的束缚和统治，因此，文化层面开始从历史进程的深处凸显出来，成为各种社会矛盾的集中点。

科西克认为，实践的基本模式就是黑格尔的“主奴辩证法”，也即关于劳动与自由的辩证法。实践是一个包含着劳动与生存要素的双重性存在，人一方面在劳动中改造着自然，从而实现自身的目的；另一方面又在生存中焦虑和恐惧着，他在争取实现自身的自由中与外部世界抗争着。缺失了生存的因素，劳动也就不能构成实践的一部分；而真正的劳动又必须是以人的自由的存在为前提的。基于对黑格尔精神现象学与主奴辩证法的解读，科西克立足于人的实践概念，并具体地提出了实践维度上对人的异化现象的摧毁路径。立足于实践的人本主义立场，科西克的认识是非常到位的和全面的，但是这种实践人本主义现象学的审视与马克思的历史唯物主义相比，其理论的弊端与缺陷也是极为明显的。科西克只是笼统地提出了摧毁伪具体世界的三种方式，而对于这三种方式究竟怎样在现实的历史过程中生成的，以及实现的可能性究竟有多大，科西克没有实质性的交代和证明。笔者认为，缺失了历史唯物主义的立场和方法，科西克的人本主义现象学逻辑的思想力量必然会得到极大的减弱。它只能局限于“哲学”的抽象层面上看待问题，无法实施到现实的社会实践当中，进而对人的现实日常生活世界发生作用。对于现象世界的颠倒性与虚假性表现，马克思这样描述道：“在竞争中一切都颠倒地表现出来。在表面上呈现出来的经济关系的完成形态，在这种关系的现实存在中，从而在这种关系的承担者和代理人试图借以说明这种关系的观念中，是和这种关系的内在的、本质的但是隐蔽着的核心形态以及与之相适应的概念大不相同的，并且事实上是颠倒的和相反的。”① 科西克通过对平日和资本主义的异化了的伪具体世界的批判，已经创建了一种批判的现象学，这种批判理论已不同于一般的存在主义批判，而在很大程度上已十分接近于马克思的历史批判现象学。但遗憾的是，科西克的人本主义理论立场最终还是决定了他的理论批判的非法性。因而这最多只能是一种人本主义的社会现象学批判。要想真正摧毁伪具体世界，消除人的异化状况，需要借助和求助于马克思的历史观现象学。因此可以说，科西克这种以人本主义逻辑主导的现象学虽然正如科西克正确指出的那样，是“分割原一以便理智地再现物的结构，也就是去理解它”②，但是并非如他解释的仅仅是黑格尔式的。无怪乎伽达默尔会说：“近代社会发展起来的‘实践’概念是对实践真正所是的一种可怕歪曲。”③

与科西克哲学不同的是，马克思将人置于一种感性的生命活动中来看待，在这里，人是一个能动的具有创造性的生产主体，而不是一个静止的被动性存在。这使得人将自己与动物区别开来了。马克思明确指出：“可以根据意识、宗教或随便别的什么来区别人和动物。一当人开始生产自己的生活资料，即迈出由他们的肉体组织所决定的这一步的时候，人本身就开始把自己和动物区别开来。”④ 其根本原因在于，“个人怎样表现自己的生命，他们自己就是怎样。因此，他们是什么样的，这同他们的生产是一致的——既和他们生产什么一致，又和他们怎样生产一致。因而，个人是

① 《马克思恩格斯文集》第7卷，人民出版社2009年版，第231页。

② ［捷克斯洛伐克］科西克：《具体的辩证法》，傅小平译，社会科学文献出版社1989年版，第5页。

③ ［德］伽达默尔：《科学时代的理性》，薛华等译，国际文化出版社1988年版，第76页。

④ 《马克思恩格斯文集》第1卷，人民出版社2009年版，第519页。

什么样的，这取决于他们进行生产的物质条件”①。人的生产活动是具体的和历史的，人因而也是一种现实的存在物。因此可以说，科西克的日常生活批判理论是一种以人为本的日常生活批判的形而上学，是一种哲学的人本主义。它首先预设性地构建出关于世界的基本图景与理想的（本真的）人形象，然后指出现实的人的生活困境，并将这种困境视为与世界的基本图景发生了冲突，进而建构起一种文化批判的社会理论，最终为人摆脱这种困境、实现人的理想性（本真性）存在进行了理论上的探索与努力，寻求一个积极有效的反抗异化、实现人道的社会主义道路的方案。从理论效果上看，科西克借助于他的功利主义实践或拜物教实践批判来摧毁人的异化现象的方法与历史唯物主义是有着根本不同的，科西克寄希望于这种方案来取代资本主义，其实质是一种伦理的、人道的诉求，或者说一种关于乌托邦的构想。

二　辩证法的主观性向度

（一）马克思哲学是实践视域中的历史辩证法的主客体向度的统一

如上所述，马克思立足于实践的基本视域，将历史辩证法或历史唯物主义解读为一个以实践为核心的历史现象学。在广义的历史唯物主义与狭义的历史唯物主义的完整结构中，马克思将历史辩证法解读为一种关于社会历史理论的主体向度与客体向度内在统一性的理论。也就是说，在马克思的哲学中，一条重要的逻辑布展是围绕着人类社会历史客观发展规律而进行的，同时在这一规律揭示的基础上，对资本主义生产方式的实质进行了深入的剖析，这即是马克思历史辩证法的客体向度；另一条则是围绕着处于资本主义生产方式奴役下的工人，伴随着其社会实践经验的发展，最终必将起来冲破资产阶级意识形态的牢笼，来反抗资本拜物教的观念束缚，从而实现由一个自在的阶级上升为自为的阶级的转变，这即是我们理解的马克思历史辩证法的客体向度。在马克思的哲学进程中，历史唯物主义的主体向度与客体向度是统一的，虽然在不同的历史时期，这两个向度的表现形式有所不同。

需要指出的是，马克思一生下来并非就是一个马克思主义者，他的历史现象学的批判高度是经历了一个曲折的道路逐步得以形成的。在《1844

---

① 《马克思恩格斯文集》第1卷，人民出版社2009年版，第520页。

年经济学哲学手稿》里，以“劳动”“异化”为主题的哲学人本主义批判是“应该”与“是”发生逻辑分裂的产物，或者说，是以人的异化的劳动来诠释历史的。这是马克思建构其人学现象学的阶段。到了1845年关于《费尔巴哈的提纲》与1846年的《德意志意识形态》那里，他实现了对之前的人本主义现象学的批判与超越，创立了广义的历史唯物主义，实现了对社会生产的基始性考察，因此可以说到了社会现象学的历史阶段。而到了《1857—1858年经济学手稿》与《资本论》阶段，马克思意识到广义的历史唯物主义无法深入到资本主义经济社会现象的本质层面，无法实现对古典经济学的彻底超越，因而，他将重点观照的目光放在了对资本主义生产方式下人与世界关系的颠倒与假象的揭示上，以及对资本主义社会自身发展运动的逻辑布展上，并在此基础上建立了以狭义历史唯物主义和历史认识论为理论根基的历史现象学。也就是说，以历史来观照异化，异化就被置于历史的尺度之下了。

一般说来，以斯密、李嘉图为代表的古典经济学的抽象是一种无法用感官直接把握的关于社会事实与行为的抽象，因而是一种关于社会唯物主义的抽象，它与费尔巴哈式的感性直观的、镜子反映论的抽象是不同的。而正是前者的这种抽象，构成了马克思科学抽象的批判的起点。马克思历史唯物主义语境中的“物”实质上是一种无法直接用肉眼把握得到的社会关系，但是异质于古典经济学家们的是，马克思语境中的社会关系是由人的现实的实践活动所建构的，它是一个变化运动的过程。而且，这种社会关系在物化的商品—市场经济中往往以物的形式表现出来，但从根本上看它又不是一种实体性的存在，因而无法通过实证的方法来获得。古典经济学语境中的物不是现实的实践活动的主体，而人被当成物来对待，显然这是一种颠倒的逻辑。这种颠倒的结果使得古典经济学把人的关系当成了物的关系，从而把物的关系当成了人的关系。人成为一种自然性的东西而存在。黑格尔指出，太阳底下没有新东西，自然物本身是一种没有历史的存在。这样一来，在古典经济学那里，资本主义就是一种没有历史性的存在物了，而这种社会唯物主义抽象的结果必然是将资本主义社会当作一个物性的、非人的社会来对待的。在李嘉图那里，抽象劳动就是他的经济学的逻辑起点，这暗示着这样一个基本的客观现实，任何一种劳动在机器大工业生产条件下，都不再是一种支配一切的劳动，也远离劳动者自身的个性。于是，一个一个的人被自然地联系在一起，成为一种抽象的类本质的存在。在这种量的抽象的同一性逻辑理论下，无差别的劳动造就着无差别的人。

而在马克思那里，劳动本身不具有价值，但它可以创造价值。因此，工人之所以成为商品是通过出卖他的劳动力而不是劳动。资本主义社会生产的目的是商品的交换价值而不是产品的使用价值。在这样一个以商品交换为目的的社会生产过程中，生产本身就为一种无限的存在。在这种无限制的运动中，资本主义的生产力惊人地提高着，而人却在一种物化的社会关系中存在着。生产资料的社会化与私人占有之间的矛盾再次展示出资本逻辑的自反性特征。与传统的外在的看得见的专制相比，这种“看不见的手”的抽象的控制看上去似乎是一种公正的客观支配，然而，从根本上看，“无人统治并不一定意味着没有统治；相反，在某些特定的情形之下，它甚至有可能成为最残酷、最暴虐的统治形式”①。显然，在这里，资本的统治形式不再以暴力化的殖民地形式表现出来，而是一种“文化帝国主义”（汤林森语）的逻辑性存在。当现实的人的无意识被抽象逻辑所深深统治着的时候，一种物对人的更深的奴役现实也就凸显出来。

马克思认为，“解放”绝不是施蒂纳视野中的思想活动，毋宁说，解放始终是一个历史的活动，因为从根本上看，任何思想范畴也只是历史的范畴。马克思以实践为根本的历史唯物主义揭示出了现代经济世界是人的工业创造的结果的基本事实，将人诉诸一个能动的、实践的产物来理解。人在实践的物相图景中存在，他能够通过社会实践，从而更深刻地去超越感性直观，来科学把握物质世界的本质与规律。在人的动态的实践建构中，物相世界才能够得以存在。马克思指出：“社会——不管其形式如何——是什么呢？是人们交互活动的产物。……在人们的生产力发展的一定状况下，就会有一定的交换［commerce］和消费形式。在生产、交换和消费发展的一定阶段上，就会有相应的社会制度形式、相应的家庭、等级或阶级组织，一句话，就会有相应的市民社会。有一定的市民社会，就会有不过是市民社会的正式表现的相应的政治国家。”② 而在古典经济学那里，由于“经济学家们把人们的社会生产关系和受这些关系支配的物所获得的规定性看作物的自然属性，这种粗俗的唯物主义，是一种同样粗俗的唯心

① 汪晖、陈艳谷：《文化与公共性》，生活·读书·新知三联书店 1998 年版，第 72 页。

② 《马克思恩格斯文集》第 10 卷，人民出版社 2009 年版，第 42—43 页。

主义，甚至是一种拜物教，它把社会关系作为物的内在规定归之于物，从而使物神秘化”①。正因为如此，马克思将古典经济学的“事实”与“行为”，以及费尔巴哈的“物”，都当作一种凝固不变的东西来看待的。马克思认为，“资本只有同非资本……它只有同资本的否定发生关系才是资本；实际的资本就是劳动”②。资本的力量实施着对劳动的盘剥，最终导致了人的主体地位的失落。

纵观马克思整个哲学发展历程，一般说来，青年马克思转向无产阶级的政治立场是在1844年完成的，这时，青年马克思的哲学观完成了一次重要的转变，那就是由一个革命民主主义者转变成了一个共产主义者。此时，在青年马克思的心里，“无产阶级”还只是作为一个理想化了的范畴停留在逻辑预设的本质层面上。作为一个特殊存在的、与资产阶级相对立的哲学概念，无产阶级天生就是一个具有强烈革命意识的阶级，有着与一切旧的意识形态彻底决裂的决心与信心。马克思在《〈黑格尔法哲学批判〉导言》中明确指出：“就在于形成一个被戴上彻底的锁链的阶级，一个并非市民社会阶级的市民社会阶级，形成一个表明一切等级解体的等级，形成一个由于自己遭受普遍苦难而具有普遍性质的领域，这个领域不要求享有任何特殊的权利，因为威胁着这个领域的不是特殊的不公正，而是普遍的不公正，它不能再求助于历史的权利，而只能求助于人的权利，它不是同德国国家制度的后果处于片面的对立，而是同这种制度的前提处于全面的对立，最后，在于形成一个若不从其他一切社会领域解放出来从而解放其他一切社会领域就不能解放自己的领域，总之，形成这样一个领域，它表明人的完全丧失，并因而只有通过人的完全回复才能回复自己本身。社会解体的这个结果，就是无产阶级这个特殊等级。”③但是，对于此时的马克思来说，有着革命意识的无产阶级与资本主义中处于异化了的观念形态之间的内在性历史关系究竟在哪里，他是无法给出科学的答案的。然而到了1846年，也就是马克思与恩格斯一起撰写《德意志意识形态》时，他已经完全将之前重点关注的关于人的异化的人本逻辑抛弃了。历史唯物主义的建立，无疑为之前他心里对于无产阶级的理解提供了一个

① 《马克思恩格斯全集》第31卷，人民出版社1998年版，第85页。

② 《马克思恩格斯全集》第30卷，人民出版社1995年版，第232页。

③ 《马克思恩格斯文集》第1卷，人民出版社2009年版，第16页。

全新的逻辑框架。于是，在历史辩证法的引导下，马克思实现了对无产阶级的具体性历史性的分析。但是，此时的马克思对于无产阶级冲破拜物教观念的束缚无疑是完全科学的，或者说，马克思此时无疑高估了无产阶级的积极性与能动性，他乐观地认为，革命的无产阶级必然会“产生出……彻底革命的意识，即共产主义的意识”①，在这种意识的支配下，无产阶级就必然会付诸行动，在革命的洗礼下，“抛掉自己身上的一切陈旧的肮脏东西”，“才能胜任重建社会的工作”②。然而，马克思此时却将资产阶级国家意识形态以及资本主义生产方式下的观念拜物教对无产阶级自身的束缚忽视掉了，因而，不能从日常生活层面来认识无产阶级，不能清楚地看到工人自身的拜物教问题，以及无产阶级冲破观念拜物教束缚的方式问题。

在高扬无产阶级革命意识即历史辩证法的主体向度得到凸显的时候，1848 年爆发的欧洲大革命打破了马克思对于工人意识的迷梦。在那场轰轰烈烈的革命中，无产阶级不仅没有能够成为他所期望的共产主义革命的真正代言人，从而彻底摆脱拜物教观念与资产阶级意识形态的束缚；反而陷入到拜物教与资产阶级意识形态的束缚当中去了。马克思、恩格斯失望地看到，在革命中，“一切保皇党人都变成了共和党人，巴黎所有百万富翁都变成了工人。与这种在想象中消灭阶级关系相适应的词句，就是博爱——人人都骨肉相连、情同手足。这样和气地抛开阶级矛盾，这样温柔地调和对立的阶级利益，这样想入非非地超越阶级斗争，一句话，博爱——这就是二月革命的真正口号。只是纯粹出于误会才造成各阶级的分裂，于是 2 月 24 日拉马丁就把临时政府叫做‘消除各阶级间所存在的可怕误会的政府’。巴黎无产阶级就沉醉在这种宽大仁慈的博爱气氛中了”③。马克思、恩格斯给予极高期望的无产阶级并没有获得彻底革命的意识，而是在资产阶级意识形态的糖衣炮弹中迷失了自我，从而将自己的历史使命丢失了。不仅如此，无产阶级不仅不能将那些肮脏的东西全部抛弃，而且还可悲地陷入了金钱拜物教的旋涡当中去了。马克思这样说道：“我们还不应当忘记，1850 年是少有的工商业繁荣的年头，所以当时巴黎

① 《马克思恩格斯文集》第 1 卷，人民出版社 2009 年版，第 542 页。

② 同上书，第 543 页。

③ 《马克思恩格斯文集》第 2 卷，人民出版社 2009 年版，第 90 页。

的无产阶级有充分就业的机会。可是1850年5月31日的选举法根本剥夺了无产阶级参政的权利，甚至断绝了他们接近战场的机会。这个法律使工人回复到他们在二月革命以前所处的贱民地位。面对着这样的事变，他们却让民主派来驾驭自己，为了一时的安逸而忘记了自己阶级的革命利益，由此放弃了作为制胜力量的光荣，屈服于自己的命运。"① 马克思此时已经意识到，无产阶级的革命意识是有条件的，只要他们还能够找到一个维持下去的工作，只要能够拿到相应的报酬，他们就会放弃自己的革命利益，屈从于那一点点可怜的工资。马克思这样总结说："商业和工业的繁荣，阻碍了无产阶级进行任何革命的尝试。"② 无疑，金钱拜物教是对无产阶级革命斗志的严重摧残和腐蚀，进而使他们忘却了自我的革命目标，陷入到对金钱的追逐当中。

这一严酷的现实促使马克思不得不重新思考无产阶级的革命意识问题。他发现，现代工业社会支配下的资产阶级社会并不纯粹是一个关于资本主义生产与再生产的机器，毋宁说，资本主义社会是一个由政治、经济、文化、意识、观念等因素相互作用、错综复杂的过程。我们对这一过程的审视需要一个全方位的视角，不仅立足于生活世界的外部层面，还应当深入到生活世界的内部本质层面去思考，只有这样才不会被日常拜物教与资产阶级的意识形态所困扰。无疑，这使马克思认识到，历史辩证法主体向度的单一性张扬，是无法获得关于资本主义生产方式的内在本质的科学认识的。马克思思考着，作为生活在普通的日常生活之中的工人，他们一开始并不就是属于自为阶级的一员，而是在现实中极易受到资本拜物教观念束缚。于是，马克思将自己思考的重心转向了对于无产阶级摆脱拜物教观念的束缚问题上。这时，马克思借助于历史发生学的方法，对资本主义经济学进行了更加细致而深入的研究，终于透视到了无产阶级的内在本质，实现了关于阶级意识与经验存在的辩证关系的科学分析。这时，在马克思那里，历史的辩证法就是关于资本主义生产方式本质的客体辩证法与关于无产阶级革命意识的主体辩证法的内在统一，它是一个完整的存在。

马克思明确指出："资产阶级的生产关系是社会生产过程的最后一个对抗形式，这里所说的对抗，不是指个人的对抗，而是指从个人的社会生

---

① 《马克思恩格斯文集》第2卷，人民出版社2009年版，第519页。

② 同上书，第178页。

活条件中生长出来的对抗。”① 也就是说，在马克思那里，无产阶级不会永远受到观念拜物教的束缚，在资本主义奴役实践的发展与无产阶级自身斗争经验的不断积累下，无产阶级最终必定会站立起来，冲破观念拜物教的束缚，反抗资产阶级意识形态的奴役，从而使自己由一个自在的阶级上升为一个自为的阶级。只不过，这种反抗意识的获得是需要前提条件的。具体说来，在资本主义奴役的实践条件下，无产阶级深受资本主义生产奴役的痛苦，这种痛苦必然会促使无产阶级联合起来，结成一个强大的同盟，来对抗这种主客颠倒了的虚假意识形态。马克思指出：“在资本主义制度内部，一切提高社会劳动生产力的方法都是靠牺牲工人个人来实现的；一切发展生产的手段都转变为统治和剥削生产者的手段，都使工人畸形发展，成为局部的人，把工人贬低为机器的附属品，使工人受劳动的折磨，从而使劳动失去内容，并且随着科学作为独立的力量被并入劳动过程而使劳动过程的智力与工人相异化。”② 在这种情况下，无产阶级作为资本主义生产的当事人，必然会在这个主客体颠倒的社会里产生出颠倒了的观念与意识。另外，资本家作为资本自身运动的代表，与工人之间的关系也是颠倒的和矛盾的：“他在现实中是怎样的，他在意识中也是怎样的。因为他体现着关系的肯定的统治的一方，所以这些矛盾并不使他不安，相反，只有处在这些矛盾中间，他才感到很美好，而受这同一种被歪曲了的观念束缚的雇佣工人，则只是处在这种关系的另一极上，是被压迫的一方，实践迫使他反对所有这种关系，从而反对与这种关系相适应的观念、概念和思维方式。”③ 也就是说，伴随着资本主义生产的不断发展，无产阶级的痛苦必将日益加重，这必然在客观上促使工人起来对资本统治关系进行反抗。不仅如此，伴随着社会生产力的不断发展，以及不可避免的周期性经济危机的爆发，无产阶级自身会逐渐意识到资本主义生产方式的有限性，从而在客观上提高自己的意识。马克思认为：“生产力——财富一般——从趋势和可能性来看的普遍发展成了基础，同样，交往的普遍性，从而世界市场成了基础。这种基础是个人全面发展的可能性，而个人从这个基础出发的实际发展是对这一发展的限制的不断扬弃，这种限制被意识

① 《马克思恩格斯文集》第2卷，人民出版社2009年版，第592页。

② 《马克思恩格斯文集》第5卷，人民出版社2009年版，第743页。

③ 《马克思恩格斯全集》第32卷，人民出版社1998年版，第414页。

到是限制，而不是被当做神圣的界限。个人的全面性不是想象的或设想的全面性，而是他的现实联系和观念联系的全面性。"① 在客观上，是资本主义社会的生产为无产阶级更高意识形式的获得奠定了坚实的物质基础，也为未来更高级的社会形态的到来奠定物质条件。认识到了这一点之后的马克思总结说："如果从观念上来考察，那么一定的意识形式的解体足以使整个时代覆灭。"② 也就是说，在社会生产力得到不断发展的情况下，工人自身的阶级意识会不断提高，从而认识到资本生产的局限性现实，进而就会在意识上产生超越这种现实的冲动。而一旦工人的这种意识与冲动付诸实践，这个时候，也就是资本主义的丧钟敲响的时候了。因此，在这一意义上，"个人的全面发展，只有到了外部世界对个人才能的实际发展所起的推动作用为个人本身所驾驭的时候，才不再是理想、职责等等，这也正是共产主义者所向往的"③。韦塞尔（David Wessel）因此认为，马克思相信，"主体性和客体性之间的和解是主体征服客观性的结果。这一积极的自豪的态度恰好和马克思在《人的自豪》中所表达的感觉相一致"④。

从以上的分析可以看出，作为"不崇拜任何东西"的辩证法，马克思立足于人的社会实践的历史辩证法是人本主义逻辑批判与历史本质论逻辑批判的统一，也即关于社会发展历史理论的主体向度与客体向度的统一。黑格尔曾经说过，哲学家只能提出一个时代的问题并只能解决这个时代的问题。马克思在建立了他的历史现象学之后，仍然致力于思考着关于"人"的问题。任何一种结果如果没有通向这一理论的道路，那么这种结果无疑是没有生命力和有效性的。对于马克思历史辩证法的主体向度与客体向度的同一性事实，不同的人站在不同的视角下给予了不同的理解。

（二）科西克哲学凸显了辩证法的主体向度而消解了辩证法的客体

在马克思的历史辩证法中，主体向度与客体向度的内在统一是一种逻辑上和历史上的客观统一。然而，在马克思主义之后的西方马克思主义者那里，对历史现象学或历史发生学方法论的摒弃，使得他们非此即彼地将马克思的辩证法推向了极端：或者张扬人的主体性的价值，或者凸显历史

① 《马克思恩格斯文集》第8卷，人民出版社2009年版，第171—172页。

② 同上书，第170页。

③ 《马克思恩格斯全集》第3卷，人民出版社1960年版，第330页。

④ Leonard P. Wessell, Jr., *Karl Marx Romantic Irony, and the Proletariat*, Baton Rouge: Louisiana State University Press, 1979, p. 112.

本质论的力量，这样一来，马克思的“总体性”概念就被他们以各种各样的方式歪曲着，或者被庸俗化地机械理解着。第二国际的马克思主义者们将马克思的历史唯物主义意识形态地解读为一种机械化的“经济决定论”或泛历史化的唯物史观，于是，历史唯物主义就成为一种早期社会主义的伦理批判；“西方马克思主义”往往抽空了马克思主义中的政治经济学批判，而将其视为一种意识形态的分析话语或者文化哲学来对待。

作为一位被西方马克思主义语境所滋养的现代哲学家，科西克的日常生活批判理论虽然立足于对经典马克思主义的解读，而且还对马克思的实践概念提出了自己的认识与理解。但是，从总体上看，异质于马克思哲学以及马克思所理解的实践概念的是，科西克的哲学因为失却了历史现象学的维度，无法从总体上把握马克思的“总体性”概念，他所理解的异化，是失去了历史维度的人的异化，而不是商品—市场经济社会中的人的异化。因而，终究不能逃脱人本主义现象学逻辑的框架，是马克思历史现象学的倒退。

将实践看作哲学的重要构成因素，科西克明确表示，那种将人与环境分裂开来的二元论方法是错误的，因为他坚持自己的观点与马克思的认识是一致的，即都是关于唯物主义的一元论。从根本上看，是资本主义的社会现实导致了二元论思维的发生，使得在社会实在中，主体从客观运动中分离出来，造成了主客体之间的相互对立的状态。科西克认为，在这种分离的状态下，“一边是纯粹的主观性，另一边是物象化的客观性”①。而与这种状态对应的是唯物主义的一元论立场，在这里，由于人的社会实践的客观性与现实性，社会实在是一元论的产物，因而总起来看，“社会实在比环境和境况要丰富得多，具体得多。这恰恰是因为社会实在包含着构造这些环境和境况的人类客观实践。境况是社会实在的固定下来的方面。就在与人类实践即人的客观活动相分离的那一瞬间，它们变成了某种僵化的无精神的东西”②。人的主客观活动发生分裂的后果，就是对作为人的客体性存在的实践活动的忽视，因此，社会实在是无法脱离人的实践活动和环境而孤立存在的。“历史之外的环境、没有主体的环境不仅是僵化的、

① ［捷克斯洛伐克］科西克：《具体的辩证法》，傅小平译，社会科学文献出版社 1989 年版，第 93 页。

② 同上书，第 193 页。

神秘化的人造物，而且还缺乏任何客观意义。”①

科西克多次强调实践概念对于哲学的重要性，认为实践不能被功利主义地理解，将马克思语境中的实践置于人与社会实在之间关系的维度上去解读。科西克指出，作为一种本体意义上的关于社会实在的规定，实践是人存在的基本场域，人正是在实践中创造着自己的本质，最终形成了社会实在。立足于这一界定，科西克将马克思的实践概念视为一个近代的产物，并且认为，实践的本质与普遍性在于对人的秘密的揭露，正是在实践不断展开的过程中，“人是一种构造存在的存在，是构造从而把握和解释社会—人类实在（即人类的和超人类的实在，总体上的实在）的存在”②。科西克认为，人类社会实在正是在实践过程中形成的，因此，实践也就是人类构造实在的过程，也即决定人类存在的关键性因素。基于这样的理解，科西克反复强调，实践是人类特有的一种存在方式。人在这种能动的、历史性的自我生产过程中进行着关于自我的生产，从而“不断建立起来的人与世界、物质与精神、主体与客体、产品与生产能力的统一”③。应该说，科西克对实践的特征的认识大体上是正确的，但是不容忽视的是，他对于人的实践的描述是一种严重脱离社会历史语境的认识，因此带有明显的抽象意味。从总体上看，科西克语境中的实践过多地强调了人，以及人的能动性与创造性特性，而忽视了人的实践活动得以展开的根基与始源性的社会认识，抽空了社会的物质生产力量，因而与马克思曾经批判过的施蒂纳有着惊人的相似。虽然从表象上看，“实践”仍然是他的哲学的理论中轴，但是由于缺失了历史现象学的批判维度，这里的“实践”就只能算是一个被抽空了根基与支撑的空洞的概念了。也正因为如此，科西克最后干脆直接将实践当作一种关于人的“精神”维度的再生产的概念来对待了：“人的存在就是社会—人类进程与超人类实在以特殊方式接触和冲突的所在。人是这样一种存在：他的存在以社会—实在的实践性生产，和人类实在、超人类实在乃至一般实在的精神上的再生产为基本

① ［捷克斯洛伐克］科西克：《具体的辩证法》，傅小平译，社会科学文献出版社 1989 年版，第 95 页。

② 同上书，第 170 页。

③ 同上书，第 171 页。

特征。”[①]

致力于对人的异化的深入透视与超越，科西克也将实践作为自己建构日常生活批判理论的核心，他立足于经典马克思主义的立场，对青年卢卡奇的物化理论进行了细致的、富于时代气息的阐释。但是遗憾的是，科西克的日常生活批判理论虽然在逻辑上运思缜密，从对异化的分析批判到对异化的消除与超越路径，他都是用心良苦的。然而，由于他在根本上丢失了马克思的历史现象学的方法原则，在客观上将马克思关于社会生产的基本逻辑忽视和否定掉了，这样一来，马克思最基本的最重要的理论被抽空了，成为一种抽象化的概念空壳而没有分量地存在着。从整个20世纪新马克思主义的总体特征来看，科西克的理论缺陷似乎不是特别的，而是一种具有共性的客观性事实。没有了马克思主义以及列宁主义对于资本主义世界、帝国主义理论的政治经济学批判，而仅仅停留在纯粹的哲学层面分析人、分析实践以及分析社会实在，以哲学的抽象来理解马克思的经济学话语，科西克哲学理论的结果必然是一种“从抽象到抽象”的思辨性话语，最终无法承担起改造现实世界的重任。

缺失了历史现象学的方法，科西克的日常生活批判理论与马克思的异化理论的理论深度和广度就不可同日而语了，难怪伽达默尔会发出这样的感慨：“近代社会发展起来的‘实践’概念是对实践真正所是的一种可怕歪曲。”[②] 我们知道，马克思立足于社会物质生产的客观现实，将人看作处于现实的历史实践中的具体的存在，以对资本主义生产方式的政治经济学批判为主要批判方式，来深入揭示资本主义社会下劳动与资本相对立的客观现实，从而将资本对人的劳动的非人道性的经济剥削与政治压迫阐释得淋漓尽致。也就是说，马克思的异化理论也立足于现实的人的生存现状与真实的客观实践，但是它并不是纯粹地陷入哲学的抽象性思辨性话语当中来谈论人的异化问题，而是将揭示人的异化境遇的视野置于一个更加广阔的维度来看待。即是说，在马克思那里，人的异化境遇绝不是孤立的，它是同资本主义的经济制度、政治制度以及阶级属性紧密联系在一起的，因而，要想获得关于人的异化的科学认识，决不能仅仅就异化理论而谈论异化问题。然而，在

① ［捷克斯洛伐克］科西克：《具体的辩证法》，傅小平译，社会科学文献出版社1989年版，第190页。

② ［德］伽达默尔：《科学时代的理性》，薛华等译，国际文化出版社1988年版，第76页。

科西克那里，虽然生产逻辑也是他的理论的出发点，虽然他对资本主义社会经济制度和政治制度进行了严厉的批判，但是从整体的着墨来看，科西克的日常生活批判理论则是致力于对现代资本主义工业文明下技术理性对人的主体地位的消解，以及工业社会条件下资产阶级意识形态对人的思维的束缚的强烈控诉。并且，他对于人的异化的状况的控诉的目的，就是为了能够寻求一条科学有效的消除伪具体世界的道路，从而使人回归本真性的存在状态上来。在科西克的理论论证中，他并没有像马克思那样将扬弃异化的主要条件寄希望于作为社会存在的物质基础的物质生产，而是在理论上混淆了物化与异化，笼统地认为那些独立于人的物质存在与规律的现象都是人的异化的现实表现，因而也都是对人的自由的一种限制与束缚。虽然在科西克的批判话语中，关于商品拜物教的批判也是其立论的基本出发点，但是他的拜物教批判理论是一种抽象的话语批判，因而与马克思将劳动视为理论基础与逻辑前提的商品拜物教批判理论具有很大的异质性。历史视野的缺乏，使得科西克眼中的人的日常生活异化的画面是一种超历史性的存在。殊不知，伪具体世界与人的操持世界都只是现代工业文明的产物，它是作为一种具体的历史的社会现象而存在的；同样，商品拜物教世界与功利主义世界也只是商品—市场经济发展的产物，人与物的关系的颠倒也只是人类社会发展到一定历史阶段的结果。从这一角度上说，科西克的历史局限性是极为明显的，因而他的关于人的日常生活异化的日常生活批判理论终究无法成为一种积极有效的现代性批判理论。

无疑，要想消除科西克的理论焦虑，马克思的历史现象学是最好的解毒剂。因为从根本上说，马克思以历史现象学来透视资本主义的物质世界时，他并没有寄希望于一个“超历史”的、独立于经济话语之外的另一个充满诗情画意的新的历史的出现，而极力指责这种空想的错误、幼稚与荒唐。毋宁说，在现行的生产方式或劳动体制下，要想彻底实现人的自由与解放，在客观上具有不可能性。马克思认为，彻底消除人的日常生活世界的异化的愿望，既不能寄托在科西克所指称的“劳动不是人所从事的劳作活动或工作”① 上，也不能寄托在排除人的劳动而进行的哈贝马斯式的交往理论上。模仿科西克的话说，要想使人的主体地位得以恢复，就需要

---

① ［捷克斯洛伐克］科西克：《具体的辩证法》，傅小平译，社会科学文献出版社 1989 年版，第 149 页。

恢复那个作为“人及其社会产品的客观世界”的经济，因而，这就需要对那个作为“物的社会运动的客体性世界”[①] 的客观存在的经济进行彻底的摧毁。

因此可以说，将马克思的历史辩证法抽象化为一种关于人的主体性的社会实在的辩证法，不管科西克对实践提出多么具体而细致的界说与解释，总体上看，这些描述终将与马克思的历史辩证法背道而驰。

三 方法论的生存论特性

列宁指出：“马克思把社会运动看做受一定规律支配的自然历史过程，这些规律不仅不以人的意志、意识和意图为转移，反而决定人的意志、意识和意图。”[②] 由于缺少历史现象学的科学指引，科西克的日常生活批判理论在客观上将马克思的历史辩证法分裂开来，使其成为一种凸显了关于人的主体性价值的人本主义色彩极为浓厚的人学现象学。究其原因，由于方法论的生存论特性的偏向，科西克的日常生活批判理论最终偏离了历史唯物主义的“从抽象到具体”的方法，成为一种“从抽象到抽象”的思辨性话语存在。

（一）历史唯物主义是“从抽象上升到具体”的方法

作为剖析资本主义经济生活现象本质的有力武器，历史唯物主义将批判资本主义的矛头直指资本主义生产方式自身。具体说来，纵观马克思的哲学思想发展历程，他坚持将“从抽象上升到具体”作为自己的根本方法论原则来对待，也正是在这一科学方法论的指引下，马克思最终建立起了广义的和狭义的历史唯物主义，并完成了对人类社会发展规律的深入探究与资本主义经济生活现实的深刻揭露。

在“莱茵报时期”，青年马克思作为一个青年黑格尔派的民主主义战士，最初在现实的经济生活中动摇了自己内心的唯心主义认识，对那个关于“物质利益占上风”的“感性具体”产生了怀疑；而在“克罗茨纳赫笔记”期间，青年马克思在与费尔巴哈站在同一条思想战线的时候，他走向了一般唯物主义的“感性具体”，也是在那里，他开始第一次直面经济

① ［捷克斯洛伐克］科西克：《具体的辩证法》，傅小平译，社会科学文献出版社 1989 年版，第 144 页。

② 《列宁专题文集 论辩证唯物主义和历史唯物主义》，人民出版社 2009 年版，第 186 页。

生活历史发展的“现实具体”，对黑格尔的那个抽象的思辨逻辑举起了反对的旗帜，这对于马克思来说，是他的哲学思维的一次重大转变。这里需要强调，与费尔巴哈的感性自然状态不同，马克思此时在关于“感性具体”的唯物主义道路上，坚持和依据的是关于社会存在的具体的“历史总体”，而不是费尔巴哈眼中的那个处于自然状态中的人。于是，在《1844 年经济学哲学手稿》中，青年马克思在直面经济学现实这个“历史具体”时，他是用一种关于人的异化的理论的人本主义抽象逻辑来抽象地否定经济学的历史具体。也就是说，1844 年的马克思，还是无法体认到古典经济学的方法论前提与那种基于感性具体的经验论唯物主义之间的根本联系。因而，他还不能将古典经济学语境中的非实体的物质存在解读为一种更深层次的历史性具体。然而，从整体来看，虽然立足于无产阶级的立场，也汲取了古典经济学家们的“异化”理论，“但其深层语境却仍然构筑在抽象的人本主义价值伦理悬设与批判上。直观的感性具体与本质上的非历史抽象并举，在这一逻辑情景中，马克思恰恰距离真正的历史具体即社会历史的本质和规律最远！”① 也就是说，此时的马克思哲学的深层逻辑架构却是借费尔巴哈的“感性具体”来反对黑格尔的唯物主义抽象话语。他认为，资产阶级经济学将生活的一切意义否定了，这是一种极端的非现实的、“无耻”的抽象。因此，斯密等人关于价值的理论遗漏了关于市场与竞争的“感性具体”的现实性因素，在客观上导致了抽象的现实性。于是，他与恩格斯一样，对于劳动价值论持反对态度。有学者指出：“从哲学认识逻辑上看，这是用一种自然唯物主义感性具体的现象论否定了比较深刻的社会唯物主义历史具体的本质论；而从经济学上看，马克思则迷失了从劳动价值论翻转过来，现实地否定资本主义的科学方向，从而也使他失去了科学区分古典经济学与庸俗经济学的可能性前提和理论依据。”②

因此，马克思 1847 年之前的哲学历程其实是一种人本主义抽象逻辑向“历史具体”的转变过程。在这个复杂的逻辑转变中，马克思先是否定了黑格尔的抽象的思辨逻辑，继而否定了费尔巴哈的自然的感性直观，在一种新的“感性具体”中完成了对抽象预设的意识形态的批判，于是，

① 张一兵：《文本的深度耕犁》第 1 卷，中国人民大学出版社 2004 年版，第 192 页。

② 同上书，第 193 页。

感性的具体的实践活动代替了实体化的抽象的物相，一种新的“感性具体”话语建构起来，这是一种非实体化的关于社会存在的本质的建构，是关于历史运动的主体与客体的内在统一性建构，因而是一种真实感性的“历史性具体”，也即马克思的那个“一定的”时间性规定。因此可以说，马克思所确立的本体意义上的这个一定的时间性，也就是关于“具体”的历史性的本质性规定。或者说，马克思历史唯物主义语境中的本体论意义上的“具体”规定，是那个关于时间的“历史性”存在。马克思在其一系列的重要文本中，集中使用了“一定的”这个定语。从根本上看，马克思历史辩证法的一个最重要的界定其实就是这个“一定的”，“它的话语内涵就是历史的现实的具体的分析原则和本质规定”①。在马克思的历史唯物主义中，对生产力发展的强调与客观性原则的重视是明显的，然而，在解释历史辩证法是一种从“一定的”社会历史现实出发来进行具体的关于社会历史现实的研究时，马克思批判蒲鲁东、赫斯、费尔巴哈等以一种抽象的方式解读着具体的社会历史，因而在根本上是一种隐性的唯心主义的历史观。“马克思的历史唯物主义在面对任何事物与现象时，不仅仅看到物质第一性，而且是在历史具体的一定联结中把握这种基始性的。”② 在马克思的理解中，是“一定的”社会存在决定“一定的”社会意识，才真正构成了历史唯物主义的前提。也正是这一重要的“具体性”规定，使马克思最终超越了一切旧唯物主义的历史观。

在资产阶级意识形态本质的作用下，被古典经济学家们所肯定的“历史具体”在资本主义的经济社会现实中，以一种颠倒的物化的形式表现出来。在《1857—1858 年经济学手稿》中，马克思科学地建立起了历史现象学的方法论原则，这时，“历史具体”的真相才得以在马克思那里展现出来。在《资本论》及其手稿中，黑格尔的从抽象到具体的方法被马克思从表述结构的层面上进行了深层的改造，同时，黑格尔哲学中那种非法性的逻辑构件的本体性特征也得以有效的消除。在手稿中，马克思对这种科学的历史抽象有一个非常详细的解释：“哪怕是最抽象的范畴，虽然正是由于它们的抽象而适用于一切时代，但是就这个抽象的规定性本身来

---

① 张一兵：《文本的深度耕犁》第 1 卷，中国人民大学出版社 2004 年版，第 193 页。

② 同上书，第 194 页。

说，同样是历史条件的产物。”① 也就是说，只有在这种历史关系之中，作为这种历史关系的产物的抽象的范畴，才会获得现实的规定性，从抽象上升为具体，这是马克思研究资本主义经济过程的非常重要的方法。

（二）科西克的方法论是“从经验抽象到感性抽象”

与马克思历史唯物主义语境对于“一定的”社会历史的具体性规定不同，科西克的人本主义社会现象学逻辑从根本上偏离了“从抽象到具体”的方法论原则，将马克思的辩证法修正为一种从抽象到抽象也即“从经验抽象到感性抽象”的逻辑布展。

如前所述，科西克在理论上试图将海德格尔的存在主义人本主义思想与马克思的经济学理论进行调和，他把马克思的实践解读为人的感情的集合，而不是作为现实的人的感性的物质活动而存在的实践来看待。科西克将海德格尔关于人的生存因素的哲学阐释纳入马克思的实践理论中，并将实践看作关于革命—批判的实践与关于人的拜物教化的或功利主义的实践，也即关于劳动与生存的实践。“除了劳动的要素之外，实践还包括生存的要素……在前一活动中，人改变着自然，并把人的意义雕凿在自然材料上面；在后一过程中，焦虑、恶心、恐惧、愉悦、欢笑、希望等生存要素，不是作为切实的‘体验’而是作为争取承认的斗争即实现人类自由的过程的一部分表现出来。”② 强调实践的“生存论”特性，使得科西克在理论上将人的本质当作人的生存的斗争过程，其最终目的是指向人的自由。这样一来，在科西克的哲学理论中，关于人类历史发展的本质就直接等同于人的意志情感同外部客观环境进行的必然性的残酷的斗争过程，而最终远离了人类物质生产的具体过程。因此可以说，科西克的带有浓烈生存论意味的实践，与马克思所说的物质生产实践，也即广义历史唯物主义语境下的那个关于社会历史的基础和本体而存在、既包括物质资料的生产和再生产也包括交往形式的生产与再生产的物质生产实践是异质的。

从根本上说，思辨辩证法毕竟不是原始生命的展现。这一点海德格尔看得很清楚：“把辩证法描述为正题、反题与合题的统一体，这始终是正确的，但也始终只是一种派生出来的描述。对于把辩证法解释为无限的否

① 《马克思恩格斯选集》第2卷，人民出版社1995年版，第23页。

② ［捷克斯洛伐克］科西克：《具体的辩证法》，傅小平译，社会科学文献出版社1989年版，第99页。

定性的做法，情形亦然。这种无限的否定性的基础乃是意识的对话形态向绝对概念的普遍的自行聚集；而作为绝对概念的意识就在其完成了的真理性中存在。论题——肯定特性和否定着的否定是以原始辩证的意识之显现为前提的，但决不构成意识之本性的成分。我们既不能在逻辑上根据表象的肯定和否定来解释辩证法，也不能在存在状态上把它确定为实在的意识范围内一种特殊的活动和运动方式。辩证法作为一种显现方式归属于存在，而存在作为存在者的存在状态从在场中展开出来。黑格尔不是辩证地把握经验，而是根据经验的本质来思考辩证法。”① 然而，黑格尔的深刻之处在于指出了作为精神自显现的样式，辩证法只有作为现象学才是可能的。在人本主义现象学逻辑特征极为明显的海德格尔那里，科西克读到的是关于对社会历史的现实具体的再现，在很大程度上等同于现实具体本身。受这种思维逻辑的影响，科西克也依照着人的不同的思维与实践，对现象与本质也即伪具体世界与实在世界进行了划分。这样一来，科西克就在客观上人为地将世界进行了分裂，当然，这里的世界也已经不再是客观存在的现实世界，而是胡塞尔语境下的那个先于“科学世界”而存在着的“生活世界”，也即人的头脑与意识中的观念世界。在这一意义上，科西克所强调的以辩证思维与革命实践呈现具体实在的愿望，是一条与马克思主义立足于实践立场来实现对现存世界的批判与超越的异质的路径。最终，这种浓厚人本主义意蕴的“存在主义的马克思主义”哲学也是无法完成对二元分裂了的世界的批判与超越愿望的。

同时，深受青年卢卡奇关于消除人的异化的“总体性”革命路径以实现社会主义革命的胜利的影响，科西克提出他的“具体总体”观，将青年卢卡奇的总体性解读为一种关于“具体”的总体性，并在此基础上主张，作为一种“具体”而存在的总体性，不应当仅仅被当作认识论来对待，还应该被赋予“具体总体”的本体意义来理解，当成一种关于社会实在的本真应然状态来理解。无疑，科西克的这一认识应当说是对青年卢卡奇总体性逻辑理论的延伸，是他理论的深刻之处。正因为如此，有学者指出：“从总体化到具体化，是西方马克思主义在理论逻辑上的递进。”② 如果说青年卢卡奇的总体性概念还具有一定的思辨意味，那么可

① ［德］海德格尔：《林中路》，孙周兴译，上海译文出版社2004年版，第197页。

② 张一兵：《文本的深度耕犁》，中国人民大学出版社2004年版，第231页。

以说，科西克对总体性的理论推进已经有意地将现代科学的一些重要观念融入进来了，因而带有明显的“具体”性质，使总体性的概念得到了更加具体的认识。但总体来看，科西克自身文本逻辑的混乱与思维的跳跃，使得他的“具体总体”的理论最终为没能成为一种科学的认识方法，因此，在客观效果上，“具体分析成了主观认识问题，这就与他的伪具体世界理论不一致了”①。这无疑是令人遗憾的。庄子曰：“井蛙不可以语于海也，拘于墟也；夏虫不可语于冰者，笃于时也；曲士不可语于道者，束于教也。”② 意思是说，要想获得真理，必须破除认识上的片面性。

总之，科西克使用“伪具体”概念来批判资本主义的物化现实，以“具体总体”作为他的本体论、认识论和方法论来剖析人的日常生活世界的异化，同时借助于马克思、青年卢卡奇以及海德格尔的一些理论来构建其日常生活批判理论。然而，当他主观上以马克思的文本为依据力图去解读马克思的时候，他并没有准确地理解马克思的真实含义，特别对马克思的“从抽象到具体”的方法的认识存在着明显的偏颇。同时，由于他的认识论的立场的不坚定性，使得他最终也没有从根本上给我们描绘出他的伪具体世界的具体构成过程。科西克期冀借助于黑格尔的那个处于本体地位的异化观，试图借助黑格尔的从抽象到具体的辩证思维路径来实现对不透明的现象世界的彻底穿透，最终使得伪具体世界得以真实展示出来，人的异化得到彻底消除，本真性的处于本体地位的“具体总体”最终就会呈现出来。然而，正如上文已经指出的那样，科西克给我们呈现出的那个“具体总体”，其实是一个没有理论根基与支撑的空洞的概念存在，一个没有实质只有形式的外在的空壳。而且仔细看，这个空壳其实也就是黑格尔语境上的那个处于“理念”地位的上帝的化身，或者是上帝假借人类实现自身目的的愿望而化身成世俗的人的一个圣灵或者“幽灵”。在这一角度看，科西克所精心打造与苦心经营的那个“具体总体”在客观上很可能与他深恶痛绝的“伪具体”和“伪具体世界”一样，难免不是一种“抽象”、“空洞”的存在，进而也成为一种虚假的“恶的”形成而呈现在我们面前。马克思对此明确指出：“在土地所有制处于支配地位的一切社会形式中，自然联系还占优势。在资本处于支配地位的社会形式中，社

① 张一兵：《文本的深度耕犁》，中国人民大学出版社 2004 年版，第 222 页。

② 《庄子 · 秋水》。

会、历史所创造的因素占优势。”①

因此，科西克是无法透彻地体悟到马克思的“具体”概念的。在马克思哲学中，“具体”概念既是一个本体性的存在，也是一个认识论的范畴。在具体的认识过程中，马克思以“多样性的统一”来规定着他关于具体的真实含义，并借此来直接反对那个“抽象的统治”。也就是说，在马克思那里，任何一种关于进步和发展的谈论都不是抽象的意义上的进步，人的解放绝不是一种思想范畴的活动，毋宁说，是人的社会历史的具体的活动过程。因此，科西克虽然在某些地方对马克思的一些理论进行了非常深刻的理解和认识，但是从根本上看，他对于马克思的“从抽象上升到具体”的科学方法论是没有完全理解的，或者说，是理解得不够透彻的。也正因为如此，他的“具体”与马克思的“具体”就不是处于同一个理论层面的概念。具体地说，前者的“具体”是带有明显的人本主义情结的关于“人的存在”的主体性的“具体”，因而终归是一种抽象占据主导的“具体”；后者的“具体”是一种以历史现象学作为深厚的理论根基的“具体”，因而是一种具有丰富性的多样性的内容的真实展开的“具体”，是一个彻底去除了抽象概念的“具体”的存在。所以，虽然科西克对于处于商品—市场经济中的人的异化的拜物教意识进行了深刻的批判和揭露，但是我们仍然将他的这一批判与揭露作为一种乌托邦的认识来看待。更为重要的是，科西克将他的“具体总体”与马克思的“从抽象到具体”置于对等的地位，认为他的“具体总体”就是马克思语境中的总体性的具体运用与延伸。科西克无法理解，在马克思的认识论意义上，任何一种预先悬设的伦理价值都被取消了，其结果使得他的处于本体意义上的那个“一定的历史的”② 存在就是一种关于“具体性”的内在规定。而且，这个关于具体性的内在规定是一个有着无限多样性内容的丰富的关于过去、现在与未来的规定，或者可以说，它直指人类实践和人类历史的时间性。在这样的语境下，我们就会具体地理解马克思在《1857—1858年经济学手稿》中所呼唤的对于资本主义这个历史的本体的彻底炸毁的真实用意何在了。马克思所说的对资本主义的炸毁并不是想引进另一个关于本体的概念，而是想告诉我们，资本主义作为一个历史的本体性存在，它是

① 《马克思恩格斯文集》第8卷，人民出版社2009年版，第31页。

② 参见张一兵《哲学本体论视域中的具体性规定》，《东南大学学报》2000年第2期。

一个包含着具体性的存在的实在的“总体”，虽然这个具体性是被隐藏起来的。也就是说，这个被隐藏起来的具体性并不是总体的组成部分，也就是科西克所一直强调的那个“具体总体”。具体性被当作一个具体的动态的历史过程来理解，那么，我们心里的那些关于现实的解放的议程问题以及关于未来的谋划问题就不再是一种带有浓厚乡愁意味的怀乡式的乌托邦幻想，具体就呈现为一种关于当前的期待。只不过这种关于未来的期待被当下的神秘形式所厚厚地包裹着，因而不能立即兑现罢了。可以说，科西克的理论逻辑的矛盾性就是这种语境下的主体焦虑的真实表现。

因此，思考哲学命运，解答现实问题，就不能仅仅诉诸哲学，而是要“离开哲学的基地”。科西克虽然将劳动置于经济学的语境下进行了解读，但是没有能够将实践与劳动、实践与物质生产的关系阐释清楚，并将自己对实践的认识转向存在主义对于人的生存要素的解读上。由于科西克对实践的分析脱离了一定的社会历史条件，在这种情况下，他的理论逻辑就表现为人的主体性地位的凸显就是伪具体世界得以彻底摧毁之后的真实展现，也是“具体实在”的生成过程，就是他所期望的主体与客体都能够获得解放的那种状态。然而，通过他极具思辨性和混乱的文字描述，我们仍然无法得到清晰的通达解放的具体道路。究其原因，科西克的实践概念是一种脱离了一定的社会历史条件的抽象概念。

第四节　科西克理论失误的原因诊断

“本真性日常生活”需要两个根本性的条件：一是对抗性社会生活条件的消灭（马克思）；二是市场经济基础上虚无意识形态的消除。科西克的日常生活批判理论将他对于马克思哲学的总体性概念解读为一种“具体总体”，希望借助于这一理论努力来消除人的日常生活的异化状态。然而，他的理论从根本上看是对马克思理论的倒退。究其原因，是历史现象学视野的缺乏，以及政治经济学批判方法的空场，导致了科西克的理论沦为一种施蒂纳式的、抽象的、无法付诸实践的乌托邦。

一　历史哲学眼光的缺乏

作为一种科学的世界观与科学方法论的统一，马克思主义的根本宗旨在于为无产阶级和劳动人民指明一条通向自由与解放的光明大道，这使得他在客观上坚持以历史的眼光来打量这个复杂的世界。纵观马克思的历史唯物主义理论，无论是广义层面的对于人类社会发展历史运动规律的揭示，还是对资本主义社会矛盾运动的弊端的深入剖析与无情揭露，都隐含着一种内在的理论逻辑，资本主义发展运动的必然趋势是一定会被未来更高级的社会运动形式所代替，而这一未来的现实前提就是社会的生产关系真正成为生产力发展的桎梏的时候。在此，马克思将"无产阶级"作为"资本主义的掘墓人"的身份来看待。同时，马克思立即告诉我们，无论是"无产阶级"还是"资产阶级"，终究都生活在现代社会的同一个体系下，都是现代资本主义生产方式的历史性产物。因此，如果现代社会的资本主义生产方式不能得到改变，那么由生产方式所主导的社会体系也就不会改变。从深层次的根本性的逻辑上说，无产阶级虽然与资产阶级处于对立的位置上，但是，在客观上看，他们都是这个社会体系的一个不可或缺的组成部分。亦是说，只有社会生产方式发生根本性的变革，才会有一种新的生活形态来取代资本主义的现实的出现。因此，在马克思的历史辩证法中，其关于社会发展规律与社会矛盾运动揭示在客观上具有优先性的、基始性的地位。即便是处于资本国际化了的今天，资本在全球范围内自由流动，然而雇佣劳动却是以本体化方式存在着。作为一种旨在说明无产阶级的自由解放理论的马克思主义学说，至今没有科学地解释与说明处于现代资本主义生产方式下雇佣劳动与资本的对立关系及其对立的根本原因之所在。也就是说，只要资本主义的生产方式没有消失，社会阶级之间的对抗也就不可能从根本上被消除。马克思因此断言，"无论哪一个社会形态，在它所能容纳的全部生产力发挥出来以前，是决不会灭亡的；而新的更高的生产关系，在它的物质存在条件在旧社会的胎胞里成熟以前，是决不会出现的"①。

也就是说，马克思主义是一种关于无产阶级和劳动人民何以获得自由与解放的历史哲学，它的理论根基是将历史看作一个具体的现实的运动过程，人的实践就是这一现实过程的一系列的连续建构。历史不是远离现实的理论，历史哲学是关于实践活动中的人的现实生存境遇的抽象概括。对此，马克思恩格斯这样说道："在思辨终止的地方，在现实生活面前，正是描述人们实践活动和实际发展过程的真正的实证科学开始的地方。关于

① 《马克思恩格斯文集》第2卷，人民出版社2009年版，第592页。

意识的空话将终止，它们一定会被真正的知识所代替。对现实的描述会使独立的哲学失去生存环境，能够取而代之的充其量不过是从对人类历史发展的考察中抽象出来的最一般的结果的概括。”① 在这里，历史哲学观照的人不是抽象的人，而是处于现实实践建构过程中的那个从事着实际活动的人，也即马克思所言的那个“处在现实的、可以通过经验观察到的、在一定条件下进行的发展过程中的人”。“现实的”、“一定的”、“过程的”、“进行的”一系列定语是用来说明，马克思将自己的理论定位为一种关于现实的理论学说，而不是远离现实的空中楼阁式的乌托邦构想。这种关于现实的理论学说之所以能够对人与社会做出有穿透力的、透彻性的解释与说明，从根本上说，是因为他将历史看作关于人的存在的现实的生产过程与运动过程来对待。用马克思恩格斯自己的话说：“这种历史观就在于：从直接生活的物质生产出发阐述现实的生产过程，把同这种生产方式相联系的、它所产生的交往形式即各个不同阶段上的市民社会理解为整个历史的基础，从市民社会作为国家的活动描述市民社会，同时从市民社会出发阐明意识的所有各种不同的理论产物和形式，如宗教、哲学、道德等等，而且追溯它们产生的过程。这样做当然就能够完整地描述事物了（因而也能够描述事物的这些不同方面之间的相互作用）。”② 从事现实的物质生产运动的人的现实的生产过程，构成了整个社会赖以存在的根本前提，这就是马克思历史哲学理论的核心要旨。因此，从根本上看，唯物主义视野下的历史观立足于物质实践现实来解释运动，这与唯心主义历史观有着质的区别。因此，马克思、恩格斯这样解释唯物主义观照的历史观：“这种历史观和唯心主义历史观不同，它不是在每个时代中寻找某种范畴，而是始终站在现实历史的基础上，不是从观念出发来解释实践，而是从物质实践出发来解释各种观念形态。”③ 视野的不同，使得唯物主义历史观与唯心主义历史观的分野极为明显。也正是从这种区别出发，马克思恩格斯批判“哲学家”及其构建的“独立的哲学”。与那些“独立的哲学”及其“哲学家”的理论幻想不同，马克思果断地将其创立的关于现实的人的实践运动的历史观视为一种关于历史的科学。在马克思恩格斯看来，人的现实的

---

① 《马克思恩格斯文集》第 1 卷，人民出版社 2009 年版，第 526 页。

② 同上书，第 544 页。

③ 同上。

实践运动是一个处于现实境况下的能动的生活过程，而只要能够真实地描绘出这一过程，历史就是一个动态的过程性的集合，而不是“像那些本身还是抽象的经验主义者所认为的那样，是一些僵死的事实的汇集，也不再像唯心主义者所认为的那样，是想象的主体的想象活动”①。拒绝将历史描述为一种静态的、关于人的想象的活动，历史就表现出一个动态的、由其内在矛盾所决定了的暂时性过程。笔者认为，正是基于对历史这样的理解，马克思才能够给那些现象世界的日常生活事实以及关于这些日常生活事实的种种想象性的解释以无情的批判与鞭笞。马克思认为，斯密、李嘉图等古典经济学家们一贯将历史视为事实的简单堆积，且将这些事实置于一种自然的、永恒不变的静态状况来理解。黑格尔的理论努力的目的是试图将真知从熟知中解放出来。从理论成就上看，他最终打破了古典经济学家们的传统的思维观念，在辩证运动的思维模式中思考着人及其社会历史。然而，遗憾的是，黑格尔最终将历史解读为一部关于“理念”、“意志”、“精神”的大写的运动或展开过程，终究没能在客观上超越他自己所抛弃了的康德哲学。异质于古典经济学家，也异质于黑格尔对于人类社会历史的理解，马克思的哲学革命，正是将“理念”与“物质实践”的关系颠倒了过来，他将寻找抽象范畴的努力置于对现实历史的基础的理解与认识上，从而创立了关于历史的真正的科学。换句话说，真正的历史科学本身便旨在打破绝对观念或绝对真理的神话。我们不难理解，为什么马克思恩格斯一边提出他们的历史科学理论，一边对意识形态进行着自己的说明，并明确表示对一般的历史哲学理论持反对的立场和态度。因为在他们看来，那些所谓的“一般的历史哲学”或者历史理论都是紧紧抓住概念、思维、想象死死不放，并期冀以此来超越历史发展本身的错误认识。正因为如此，海德格尔这样感慨道：“马克思在体会到异化的时候深入到历史的本质性的维度中去了，所以马克思主义关于历史的观点比其余的历史学优越。但因为胡塞尔没有，据我看来萨特也没有在存在中认识到历史事物的本质性，所以现象学没有存在主义也没有达到这样的一度中，在此一度中才有可能有资格和马克思主义交谈。”② 因为在马克思的语境中，“历史”作为人的存在的敞开，无非是追求着自己目的的“现实的个人”

① 《马克思恩格斯文集》第1卷，人民出版社2009年版，第525—526页。

② 孙周兴：《海德格尔选集》上卷，上海三联书店1996年版，第383页。

的活动；而辩证法只有作为人的感性存在的生成样式才是可能的。在批判黑格尔思辨哲学中，马克思多次宣示自己的哲学出发点——“现实的个人”（或“现有的前提”、“现有的事实”）：“我们开始要谈的前提不是任意提出的……这是一些现实的个人……这些前提可以用纯粹经验的方法来确认。”① 正因为如此，历史唯物主义直接穿透了人的存在的真实本质。马克思继续解释说：“我们的出发点是从事实际活动的人，而且从他们的现实生活过程中还可以描绘出这一生活过程在意识形态上的反射和反响的发展”②，“这种考察方法不是没有前提的。它从现实的前提出发，它一刻也不离开这种前提。它的前提是人，但不是处在某种虚幻的离群索居和固定不变状态中的人，而是处在现实的、可以通过经验观察到的、在一定条件下进行的发展过程中的人”③。马克思对“现实的个人”或“现有的前提”的强调，显然是为了同黑格尔的出发点是人的精神的抽象物，也同费尔巴哈感性直观的“人”划清界限，以确立人的感性活动在哲学上的原初地位。

异质于马克思语境中的关于历史的科学描述的历史哲学，或者说，正是属于马克思所指责的、纠缠于一般性的“理念”、“概念”、“想象”范畴来建构关于历史的普遍性的一般性的历史理论，科西克哲学中的“历史”正是属于马克思所要抛弃的对象。科西克的日常生活批判理论的根本弊端在于，“人为地认为事物与人的世界或生活实践无关，把它们主题化地从人的世界中分割出来，以为它们是作为独立自存的对象与人无关地存在着，如同自然科学观察和研究所认定的那样”④。在对事物的感性认识中，科西克人为地将事物从人的日常生活世界中分离开来，因而，在他的视野中，事物就是一种外在于人的社会历史的、“孤立”存在的事物。在静态的、非历史的思维模式中，科西克抛开了关于现实的人的历史的实践活动，因此获得的对于事物的感性直观只能是一种脱离了历史语境的感性认识。虽然在他的哲学理论中，我们也能够发现他试图以人与人之间关系为依据和中介来理解人的本质，但是，他却将人与人之间的关系当作一种

① 《马克思恩格斯文集》第1卷，人民出版社2009年版，第516—519页。

② 同上书，第525页。

③ 同上。

④ 张汝伦：《历史与实践》，上海人民出版社1995年版，第4页。

静态的、横向的状态来对待，因此，人就成为一种现成性的、静态模式下的外在对象而存在着，他与历史的进程无关。无疑，这个感性直观的、静态的外在化了的人，也就成为马克思所批判费尔巴哈时所概括的那种“单个人所固有的抽象物”①，从而失去了任何具体的、历史性的规定了。然而，历史唯物主义语境中的“历史”，从来都是一个与人的实践紧密联系在一起的历史；它拒绝那种“直观”的方式去理解人的感性的实践活动，而是紧紧结合着历史真实的进程也即人的实践活动的展开性过程来理解一切事物。因此，可以说，科西克的现代唯物主义理论是一种“直观”式的唯物主义，是一种历史与实践处于双重缺席且相互分离状态下的唯物主义。这种“直观”式的唯物主义最终使得科西克对人、社会、历史、世界等都进行了“非历史”或者“超历史”的解读，实践的空场，历史的缺席，也导致科西克的历史观最终与费尔巴哈、施蒂纳、鲍威尔兄弟等一样，不可避免地滑向唯心主义的理论深渊当中了。从整个西方传统哲学的发展历程上看，立足于抽象的概念、范畴或观念、想象的起点来认识人理解人，是他们一贯坚守的立场和方法。只不过，作为一位生活在“现代”工业文明和经济体制下的哲学家，科西克沿袭了传统的思维模式，而不能推陈出新。人类社会实践已经无可辩驳地证明了，一旦将人的现实的、活生生的实践活动当作一种抽象的概念或意识来解读，必定会在理论上招致这样的可怕后果：人的生活的自然化，以及人的生命的机械僵化。这正如有学者所指出的那样，人的现实生活被“非感性化”地理解，最终“必定导致双重问题，一是使人的生活非感性化即抽象化、概念化，二是使人的生活非历史化即固定化、永恒化，这样人的活生生的生命活动就将成为异己的僵死的东西”②。因为具体的现实的存在被抽象的思维所掩盖、吞噬或遮蔽了，现实的生动的生活也就被那种抽象的观念意识所消解，其必然结果就是导致对人的真实生活状况的曲解和遮蔽，成为一个“伪具体”的抽象存在。在这一意义上，马克思的深刻之处就在于此。而马克思意识到，现代资产阶级社会并不是一个纯粹的经济过程，而是经济、政治、文化、国家意识形态、日常意识形式相互作用的过程，如果只是直观地面对日常生活，只站在生活世界的外在层面，不仅不能透视生活世界的内在本

① 《马克思恩格斯文集》第1卷，人民出版社2009年版，第505页。

② 张曙光：《历史唯物主义与现代历史》，《哲学研究》2008年第4期。

质，相反，还会陷入统治阶级的意识形态和日常拜物教的枷锁之中。因此，“马克思的思维方式和理论解释力不是现成的，不是理论逻辑的自然延续，而是生成的，是在历史变迁中不断建构的过程”①。立足于人的感性的实践活动来理解人的生存状况和历史的具体运动过程，马克思完全抛弃了西方传统哲学对于具体对象的实体化的僵化的理解模式，因此可以说，马克思哲学从根本上“历史性地终结了永恒真理、永恒正义和意识绝对确定性的哲学幻想，终结了西方传统哲学思维方式的有效性”②。从根本上看，马克思的历史唯物主义是一种奠基在历史发生学之上的历史本质论，是对一切形而上学本质的彻底颠覆与推翻，因为马克思坚定地认为：“他周围的感性世界决不是某种开天辟地以来就直接存在的、始终如一的东西，而是工业和社会状况的产物，是历史的产物，是世世代代活动的结果。”③ 西方近代哲学在本质上都是一种理性本质主义，即假设一个自明性原点（比如黑格尔的“绝对精神”），一步步地架空生活世界，也即把所有现实存在最终归咎于观念本质。马克思哲学的精神本质则是历史的，它并不是把资本主义社会的现象形态归结为一种理性形而上学的“本质”，而是揭示这些现象的内在联系和历史趋势，揭示现实历史本身的内在矛盾和自我否定，是一种历史发生学意义上的历史本质论，也正因为如此，它与近代以来所有形而上学本质主义存在着本质差别，是对后者的一种革命性超越。当现代实证主义或后现代主义在解构西方形而上学的“本质主义”时，无端地连马克思的“历史本质论”也一同抛弃了，这种做法完全抹杀了马克思在这一问题上的独特贡献，因此不仅是非法的，而且是极其错误的。马克思之所以从人的感性活动去理解世界，是因为人的感性活动是人生活于其中的世界的现实基础。“马克思的兴奋点不是像纯粹意识哲学和思维哲学范式那样，按照科学的理性推理的办法概括出人的实践活动的一些普遍的特征的必然性，然后以此来说明现存世界的结构是如何服从这些必然规律的；相反，马克思更多的是把实践作为现存社会历史结构在其中得以生成的意义结构和得以变革的现实基础。”④ 这也使得马

① 孙麾：《马克思主义哲学的研究进路》，《哲学研究》2006年第10期。

② 叶汝贤、孙麾：《马克思与我们同行》，中国社会科学出版社2003年版，第23页。

③ 《马克思恩格斯文集》第1卷，人民出版社2009年版，第528页。

④ 衣俊卿：《马克思主义哲学演化的内在机制研究》，《哲学研究》2005年第8期。

克思哲学能够成为一种“在自身中变得自由的理论精神成为实践力量，作为意志走出阿门塞斯冥国，面向那存在于理论精神之外的尘世的现实”①。因此，马克思哲学革命所具有的开创性意义主要在于，不再从传统唯心主义形而上学的思辨中思考人类和历史问题，而是开始从社会现实中寻找解决问题的方案，也就是马克思的历史唯物主义的诞生。历史唯物主义根本的实践品格，使马克思在对人类活动和社会历史的描述和理解中提出了全新的概念框架，因而它是一种真正的指导人们认识世界和改造世界的“最好的劳动工具”与“伟大的认识工具”。

将商品—市场经济置于人类社会历史发展的整个历程中来看待，与科西克得出的结论自然不同，马克思认为，商品—市场经济体制下人的异化状况是现实的，因为商品—市场经济的社会化生产为人的自由全面发展创造着必要的不可或缺的物质条件和物质准备。因此，应当对作为现代化成果的商品—市场经济体制下的人的异化现象做客观的、冷静的分析；发泄高尚的义愤或者浪漫主义的拒绝都是一种不合时宜的做法。因为历史现象学的奠基，马克思坚持将资本主义社会当作一个善恶兼备的复杂性的社会形态来解读。马克思认为，资本主义带来现代文明，又带来了人的异化。因此，他一方面对英国殖民者侵略印度的行为进行激烈的谴责，另一方面对其历史进步作用给予充分的肯定。勘破了历史辩证法的全部秘密，马克思在此与歌德一起吟唱：“既然痛苦是快乐的源泉，那又何必因痛苦而伤心？难道不是有无数的生灵，曾遭到帖木尔的蹂躏？”②

正是在这一意义上，恩格斯指出，马克思主义在很大程度上其实“已经根本不再是哲学，而只是世界观”③。这是因为，马克思的哲学革命在于对实践自身的“理解”，而不是对于实践外在特性的“描述”。毋宁说，马克思的实践是作为一种“思维方式”而存在的，这一思维方式重点用来理解人以及人与世界的关系，因此，马克思哲学也可以理解为“实践论的世界观”。这里需要强调的是，实践既不是一个“实体”性的存在范畴，也不是一个客体意义维度上的“关系”范畴，从根本上看，实践就是一个哲学意义上的解释原则。它立足于人的内在性矛盾本身，以及在此

① 《马克思恩格斯全集》第1卷，人民出版社1995年版，第75页。

② 《马克思恩格斯全集》第9卷，人民出版社1961年版，第150页。

③ 《马克思恩格斯文集》第9卷，人民出版社2009年版，第146页。

基础上所客观形成的人与世界之间的内在矛盾，来解释和理解一切哲学问题。因此，“实践论的世界观”这样一种具有革命意义的解释原则，在客观上诠释了马克思主义哲学的革命性质。历史唯物主义是超越一切人本主义缺陷的科学理论，是因为这一理论的“出发点是从事实际活动的人，而且从他们的现实生活过程中还可以描绘出这一生活过程在意识形态上的反射和反响的发展”。因此，马克思高屋建瓴地指出：“只要描绘出这个能动的生活过程，历史就不再像那些本身还是抽象的经验主义者所认为的那样，是一些僵死的事实的汇集，也不再像唯心主义者所认为的那样，是想象的主体的想象活动。”① “一旦人已经存在，人，作为人类历史的经常前提，也是人类历史的经常的产物和结果，而人只有作为自己本身的产物和结果才成为前提。”② 历史是人的活动的历史，“‘历史’并不是把人当做达到自己目的的工具来利用的某种特殊的人格。历史不过是追求着自己目的的人的活动而已”③。于是，传统哲学语境下的那个具有永恒不变特征的抽象的人就被马克思果断地摒弃了，唯物史观的逻辑前提就成为社会历史情境下的具体生活着的现实的人，也即在社会物质生产活动的建构中不断推动自身发展进而也推动社会前进运动着的历史的人。这些现实的人与历史的人都是历史活动的主体，他通过自己的不断的革命性批判性实践活动的建构，在客观上去选择与构造着自己的历史，也改变与塑造着自己的未来。因此，马克思批判“精神现象学”的“纯粹形式”时指出：“因为这种所谓否定性无非是上述现实的、活生生的行动的抽象的无内容的形式，所以它的内容也只能是形式的、抽去一切内容而产生的内容。”④

科西克自认为他的方式兼顾了个人和社会转变两个方面，是一个完美无缺的方法，因此，他信心十足地宣称，只要用他的方法来实施对资本主义异化了的伪具体的摧毁，就能达到实在的“本真”状态，达到主客体的双重解放。然而，事实上，科西克并没有为我们指出一条具体的现实可行的道路。并且，很遗憾的是，这只能是一种学者式的主观理论革命，是一种人本主义的具体乌托邦。这种具体的乌托邦式的批判在坚持马克思对

① 《马克思恩格斯文集》第1卷，人民出版社2009年版，第525—526页。

② 《马克思恩格斯全集》第26卷第三册，人民出版社1974年版，第545页。

③ 《马克思恩格斯全集》第2卷，人民出版社1965年版，第118页。

④ 《马克思恩格斯文集》第1卷，人民出版社2009年版，第218页。

资本主义现实批判的同时，失却的恰恰是马克思的科学的批判方法：历史唯物主义的批判理论。因为这种本真的美好状态本身只是一种理论悬设，这在很大程度上类似于青年马克思的那个异化前的美好社会。事实上，马克思最终放弃了这样一种抽象的人本主义的“应该”与“是”式的乌托邦批判方式而开创了历史唯物主义的、科学的马克思主义的革命批判道路。因而在马克思之后重新拾起这种人本主义的批判武器，用美好的价值悬设的“应该”去批判现实资本主义的坏的“是”，这不能不说是一种理论上的倒退，并且西方马克思主义的人本主义的理论都在这条理路上付出了理论和实践上的沉重代价，因为从根本上看，在科西克的视野中，“历史总是遵照在它之外的某种尺度来编写的；现实的生活生产被看成是某种非历史的东西，而历史的东西则被看成是某种脱离日常生活的东西，某种处于世界之外和超乎世界之上的东西”①。

二　政治经济学批判视野的空场

在马克思的语境中，“历史”和辩证法并非互相外在的两种东西，它们从内容和形式两个方面描述“人的存在”本身。“历史”作为“现实的个人”的生成和敞开，使辩证法成为人的感性存在的生成样式。在批判资本主义对人的异化的理论基础上，科西克借助于“具体总体”、“具体实在”等具有价值意义与理想状态的概念，来描绘他心里的那个处于主体性地位的本真的人的真实存在状态，并借此对人们的历史活动进行着价值理性维度的积极引导，希望以“具体实在”来观照人类全部的历史活动。总体来看，科西克提出的关于人的具体存在的辩证法，在客观上为我们提供了一个思考与认识人的历史活动的新视角。他将批判的锋芒直指现代西方社会，并对人的解放与自由、重回人的主体性地位、合理调适人与世界—宇宙的关系提出了自己的构想与愿景，无疑，这种理论努力与主观愿望是值得肯定的。但是，由于他方法论的指导错误，将异化的作用超历史性地扩大和夸大了，因而寄希望于通过人性的复归来克服异化。科西克无法理解马克思语境中的异化，其实是关于人类社会历史发展过程中否定之否定过程的一个环节，因而它决不是一种永恒的现象，而是一定社会历史发展阶段中的特殊产物。然而科西克却将异化这一根源于资本主义基本矛

① 《马克思恩格斯文集》第 1 卷，人民出版社 2009 年版，第 545 页。

盾的历史性现象当作一种根源于人自身的本体性现象来看待，将马克思异化理论解读成关于人的本质的异化论，并将这一理论置于马克思整个理论的核心来看待。其实，在马克思那里，异化是一种暂时的历史性现象，在一定历史条件下产生，也在一段历史条件下灭亡；异化依附于一定的历史条件而存在，也依附于一定历史条件而灭亡。异化要想得到彻底的根除，需要借助于一定的经济革命、政治革命以及在此基础上的文化革命，而绝非像科西克所臆想的那样，仅仅依靠文化上的革命就可以取得胜利。因此可以说，局限于人本学逻辑维度的层面去抽象地谈论异化与异化的消除，对异化的批判就会被局限在社会学层面，以及局限在生物学、心理学层面来描绘对于未来社会的展望。忽视了对人的社会生产方式的考察与思考，科西克借以消除异化的文化路径只能是虚幻的，也是没有实质意义的对现实压迫的抗议。将人的现实的实践活动置于社会历史发展的总进程中来理解，马克思的历史唯物主义之所以是一座理论高峰，就是因为他立足于现实的人的现实生活来定位人的日常生活意识和日常生活世界。马克思指出："在资本—利润（或者，更恰当地说是资本—利息），土地—地租，劳动—工资中，在这个表示价值和财富一般的各个组成部分同其各种源泉的联系的经济三位一体中，资本主义生产方式的神秘化，社会关系的物化，物质的生产关系和它们的历史社会规定性的直接融合已经完成：这是一个着了魔的、颠倒的、倒立着的世界。在这个世界里，资本先生和土地太太，作为社会的人物，同时又直接作为单纯的物，在兴妖作怪。古典经济学把利息归结为利润的一部分，把地租归结为超过平均利润的余额，使这二者以剩余价值的形式一致起来；此外，把流通过程当做单纯的形式变化来说明；最后，在直接生产过程中把商品的价值和剩余价值归结为劳动；这样，它就把上面那些虚伪的假象和错觉，把财富的不同社会要素互相间的这种独立化和硬化，把这种物的人格化和生产关系的物化，把日常生活中的这个宗教揭穿了。"①

科西克虽然多次提出要以"实践"为核心来实现对人的日常生活异化的伪具体世界进行彻底的摧毁，但是，他的实践是没有历史在场的实践，因而是一种人本主义意义上的人学逻辑的理论布展。不同于科西克的是，马克思将消除人的异化存在的希望寄托在了一种关于社会历史的客观

① 《马克思恩格斯文集》第7卷，人民出版社2009年版，第940页。

性运动发展的“实践”上，是资本运动的现实逻辑的运动过程。马克思对此说道：“然而资本家作为资本家，无非是资本本身的这种运动……因为他体现着关系的肯定的统治的一方，所以这些矛盾并不使他不安，相反，只有处在这些矛盾中间，他才感到很美好，而受这同一种被歪曲了的观念束缚的雇佣工人，则只是处在这种关系的另一极上，是被压迫的一方，实践迫使他反对所有这种关系，从而反对与这种关系相适应的观念、概念和思维方式。”① 因此，“每一历史时代主要的经济生产方式和交换方式以及必然由此产生的社会结构，是该时代政治的和精神的历史所赖以确立的基础”②。无疑，马克思语境的实践已然是关于历史的必然性的结果的实践，而不仅仅是人的主体性力量运动的实践了，这与科西克所认识的实践是有着很大的差异的。因此，对于马克思哲学所具有的革命性变革与意义，马克思给了这样充分的解释与说明：“这种扭曲和颠倒是真实的，而不是单纯想象的，不是单纯存在于工人和资本家的观念中的。但是很明显，这种颠倒的过程不过是历史的必然性，不过是从一定的历史出发点或基础出发的生产力发展的必然性，但决不是生产的一种绝对的必然性，倒是一种暂时的必然性，而这一过程的结果和目的（内在的）是扬弃这个基础本身以及扬弃过程的这种形式。”③ 毋宁说，在马克思那里，生活世界是现实的、具体的和历史的存在，是现实的人连续不断地建构实践活动的能动性的过程。人的生活世界的异化具有一定的现实性，是一定社会历史发展阶段的必然产物。要想彻底消除人的异化，需要借助于社会生产力的高度发展，以及在此基础上的经济革命、政治革命和文化革命。因此，“革命”作为一种现实的活动，是一个具有实质性意义的存在方式。然而，科西克却将去除异化的希望寄托在观念革命上，或者说一种纯粹的社会批判理论上，以为通过文化革命的力量，人性的本真性就会回归，现实的异化的生活世界就会得到彻底改变。从根本上看，科西克的“让日常生活回归艺术”的文化策略，与他的前辈胡塞尔将人摆脱生存危机、回归“生活世界”的途径指向一种作为严格的科学哲学目的的实现如出一辙，也与他的精神导师海德格尔主张摆脱“常人”、逃离“操持”世界的束缚

---

① 《马克思恩格斯全集》第32卷，人民出版社1998年版，第414页。

② 《马克思恩格斯文集》第2卷，人民出版社2009年版，第14页。

③ 《马克思恩格斯文集》第8卷，人民出版社2009年版，第208页。

的希望指向一种“向死而生”的观念革命与生活态度殊途同归。殊不知，只要产生异化的现实土壤得不到彻底的根除，滋生异化的资本主义生产方式得不到彻底的撼动，人的异化要想获得彻底的消除，只能是一种好高骛远的、不切实际的虚妄。或者直接说，科西克的日常生活批判理论之所以是一种文化观念层面的乌托邦设想，是因为这一局限在人的观念、意识层面的对于人的异化状态的消除的文化策略是缺乏现实政治、经济力量支撑的一种空洞的理论。马克思语境下的那个宏大的经济政治领域的制度革命就这样被科西克篡改为一幅微型的文化领域的革命图景。政治经济学批判视野的空场，使得科西克的日常生活批判理论成为一种飘浮在空中的、看上去分外美丽但却难以真实触摸的一簇没有生命力的假花。

科西克认为，作为一种实践的存在，人在劳动中不断改变着、创造着自我的现实世界；实践既包括劳动要素，也包括生存要素；人在劳动中不仅实现着自身的目的，也构造着生存意义维度上的自由。在他的哲学视野中，人的社会生活需要借助于实践才能获得合理的理解，因此马克思的实践概念被放在重要的地位来看待。但是，正如前面所指出的那样，科西克的“实践”概念是用来特指人的实践活动“本身”的一个概念，因此可以说等同于海德格尔意义上的那个“在者”。科西克将关注的重点集中于对人的实践活动的外在表现特性的描述上，因此对于实践的客观性、历史性、目的性、能动性特征不惜给予大量的笔墨。并且，科西克立足于人的实践活动的外在特性去解释各种各样的哲学问题，其结果是，实践被当作一个动态的概念来理解了：“实践是一个被描述的对象，是一个实体性的哲学范畴，尚未构成一种哲学意义的解释原则。”[①] 同时，科西克的实践与青年黑格尔派语境中的哲学极为相似，也与南斯拉夫“实践派”的认识大致相同。因为它们共同的一个特点是，人的纯粹的能动性的方面被凸显了，实践成为一种空洞的“理论原则”而凌驾于一切客观现实之上。在这一角度上，我们将科西克的实践概念定位为一种缺失了现实性维度的、充其量只能算是一种关于实践的“哲学”或者立足于实践特性描述的“理论”。虽然从科西克的重要文本来看，他将实践的位置置于一个较高的高度，但是，他的这个关于实践的“理论”终究是一种没有什么实质性的具体内容的理论。虽然它也呼吁自由，反抗异化，却不能对于实现

① 孙正聿：《怎样理解马克思的哲学革命》，《吉林大学学报》2005 年第 3 期。

自由的现实性道路给予有说服性的证明，因此，科西克以实践为理论主轴的日常生活批判理论在实质上是一种隐性的唯心主义。马克思当年在批判施蒂纳的思辨方法时曾这样说道："根据这种方法，孩子生父亲，后生的东西影响先有的东西。"① 显然，这句话同样适用于批判科西克。

其实，恩格斯之所以说马克思主义已经"不再是哲学"，是因为在马克思的视野中，"哲学"向来都不是独立存在着的，它需要借助于具体的政治经济学批判的力量得以真正确立起来。纵观马克思的整个哲学发展历程，"从抽象到具体"的方法论原则的自觉运用，是他能够拥有穿透资本主义物相世界的表象的重要武器和根本力量所在。也就是说，马克思对于资本主义社会的批判，是一种具有坚实理论根基的科学批判，因而这种批判是那样的掷地有声，分量十足，并最终能够超越一切传统形而上学哲学。马克思抛弃了传统形而上学所惯用的观念范畴，借助于"资本"这个维系着资本主义社会中心枢纽的中介性的力量，在一种具体的存在概念（例如"商品"、"货币"、"资本"、"工资"、"地租"、"价值"等经济学的核心概念）上运思着关于资本主义社会的一切。无疑，借助于对这些具体存在的抽象功能的揭示，以及这些具体存在的存在论的描述，马克思就成功地为剖析现代社会里人的异化境遇奠定了坚实的理论根基。在笔者看来，那些极易以自身外在表象来掩盖其内在本质的具体性的概念与基本命题，被马克思置于"资本"存在论的话语中心来理解与认识，最终为我们提供了认识人以及人与世界的关系，甚至分析当今一切问题，奠定了不可超越的理论基础。经济全球化的实质是资本的全球化运动，因此，正是在资本不断增殖原则的促动下，现代性的一些产物如"生产的强制"、技术的拜物教、"虚假的消费"、"人类中心主义"等才得以产生出来。资本的增殖本性也衍生出"消费社会"、"后工业社会"、"弹性生产时代"、"晚期资本主义"、"金融资本主义"等纷繁复杂的现代性后果。资本作为一个"普照的光"与"特殊的以太"，一旦脱掉其感性的物质外衣之后，就成为一个赤裸裸的抽象性存在，并随意游走在这个地球的上空，如同幽灵一般。可以说，无论经济全球化的态势以何种方式表现出来，资本依然是现时代无法逾越的一个"游荡着的幽灵"，以"大写"的姿态横亘在这个马克思已经逝世了160多年之后的现实的大地上。在这一意义上，任何

① 《马克思恩格斯全集》第3卷，人民出版社1960年版，第152页。

一种关于现代性的批判话语——不管是技术理性批判还是文化批判理论——终究都无法避开这一核心话语的无处不在的“纠缠”。同样，作为一种典型文化批判理论的日常生活批判理论，如果淡化或者失却了资本的本质性存在，都会在客观上无可阻挡地畸变为一种没有理论根基的空洞说教，或者蜕变为现实的“共谋者”和“辩护者”，不管在外在语言的使用上表现出多么激进的话语。并且，在客观效果上，资本话语的淡化或失却，必将使我们失去对于自身所处真实历史处境的深刻领悟，在一种抽象的、空洞的、非历史主义的言说道路上危险地走着，最终陷入“观念演绎”的形而上学泥潭而无法自拔。正是在这一意义上，有学者指出，“我们现在所处的历史时刻是回到马克思的最佳的、最合适的时刻。即便是马克思在世，现在也是他应该而且能够大有所为的时代，他绝不会拒绝这一历史时刻要求。其原因是：我们所处的时代，资本主义第一次真正成为一种普遍的制度。……而且其规律——包括积累、利润最大化、竞争等等——已经渗透到了几乎人类生活和自然本身的所有方面，其方式也是发达资本主义国家在二三十年前所不能比拟的。所以，马克思比以往更加具有重大的现实意义，因为与以往及现在的其他任何人相比，他都更加有效地解释了资本主义制度的规律”①。

更进一步来看，伴随着社会生产力的不断提高，在资本主义私人劳动与社会劳动的矛盾道路无法调和的情况下，资本内在地所蕴含的这个无法消除的矛盾就会爆裂，资本原则就会被一种新型的生产关系所超越和代替。这样，资本主义必将随着交换价值的发展而灭亡。“在以交换价值为基础的资产阶级社会内部，产生出一些交往关系和生产关系，它们同时又是炸毁这个社会的地雷。”② 正是在这一意义上，马克思指出：“资本的限制就在于：这一切发展都是对立地进行的，生产力，一般财富等等，知识等等的创造，表现为从事劳动的个人本身的外化；他不是把他自己创造出来的东西当做他自己的财富的条件，而是当做他人财富和自身贫穷的条件。但是这种对立的形式本身是暂时的，它产生出消灭它自身的现实条件。”③ 资本的“自我增殖”促发“自我贬值”，“克服限制”伴生着“自

---

① 郗卫东：《美国学者伍德论马克思主义的现实意义》，《国外理论动态》1998 年第 2 期。

② 《马克思恩格斯文集》第 8 卷，人民出版社 2009 年版，第 54 页。

③ 《马克思恩格斯文集》第 8 卷，人民出版社 2009 年版，第 171 页。

我限制”，再由“自我实现”走向“自我毁灭”。这是资本逻辑从“无限扩张”走向“自我克服”的矛盾性总体性演化趋势。因而，资本逻辑就是通过自我贬值—消灭来自我实现—发展的过程，通过“自虐”的方式来“自恋”的过程。这样，资本逻辑的二重性就是文明化与对抗化的矛盾，创造与毁灭的矛盾，罗马双面神的矛盾。马克思指出：“历史是认真的，经过许多阶段才把陈旧的形态送进坟墓。世界历史形态的最后一个阶段是它的喜剧。”① 生产方式的辩证运动赋予了资产阶级摧毁以往一切、创造崭新世界的“权力”，同时也构成资本主义毁灭的“自因”。总之，在现代社会里，资本将现代性的多个要素、多重内涵和多种逻辑统合在一起，经济领域的商品生产、政治领域的权力生产以及文化思想的生产，都不得不臣服于资本支配的工业生产及其关系。资本广泛渗透并全面主宰了社会的经济基础、上层建筑等各个层面，渗透于政治、经济、文化，甚至个人的身体—个性—心理等各个领域，成为马克思恩格斯称谓的那个“由物质生活的生产方式制约着的整个社会生活、政治生活和精神生活”的总体性存在。

当代著名社会学家鲍曼（Zygmunt Bauman，1925— ）总结说：“迄今为止的两个世纪来，除了资本主义幻想和实践积淀下来的研究领域外，学术界并没有在自己的概念网中，来理解、反思、描绘和阐释其他的领域。200 年来，企业界和学术界一直处于一种会合的状态之中，即便因为它们没有能够相互对话和交流，而给人一种相互保持距离的印象。而且，就像今天一样，这个会合的场所总是由企业界来指定和提供。”② 这一论断是极其深刻的，但是它只适用于科西克等将人的日常生活世界与人的现实的境遇的分析分割开来的形而上学思想家，而显然不适合马克思。鲍曼的这一论析显然不能用来指称马克思哲学。因为从根本上看，马克思哲学将人的生活世界认定为一个能动的生活过程，这在根本上与西方马克思主义的日常生活批判理论将人的日常生活世界当作一个自然的生活现象是有着较大差别的。毋宁说，他们是处于两个不同理论层次的批判理论中。正因为如此，马克思在《评阿·瓦格纳的“政治经济学教科书”》中才会十

① 《马克思恩格斯文集》第 1 卷，人民出版社 2009 年版，第 7 页。

② 转引自唐正东《自然的生活世界与能动的生活过程——一种历史性的剖析》，《河北学刊》2004 年第 2 期。

分明确地说："我的这种不是从人出发，而是从一定的社会经济时期出发的分析方法，同德国教授们把概念归并在一起……的方法毫无共同之点。"① 坚持从"一定的社会经济时期出发"作为根本的认识与分析方法，马克思才能够站在理论的一个制高点上，看到了资本本身是对资本主义生产的限制性力量。资本主义最终的消亡必然是社会生产力与生产关系矛盾运动的结果，是以一种更新的生产关系的出现为表现的，而绝不是科西克所指认的那几种借助于人类主体性的力量就可以将伪具体世界彻底摧毁的方式。因此，科西克其实是没有真正理解那个被他置于与拜物教化实践相异的、通过人的辩证思维所获得的"革命—批判实践"的真实内涵。科西克的二元分裂思维模式的理论缺陷以及从抽象到抽象的方法论原则的弊端都是极为明显的。科西克想建构一种既不同于马克思主义辩证法，又不同于科学实证主义、功利主义的辩证理性，在痛恨功利主义理性的滥用及其危害上，他们达成共识。但他们对辩证理性内涵及目的的理解又是不同的，科西克想凭借辩证理性厘清和摆正人与世界的关系，而萨特则想凭借辩证理性测试出在历史范围内个人自由的限度和范围、个人自由实践的至上性。马克思主义认为唯物辩证法既是唯物的又是辩证的，是科学性和革命性的统一。唯物辩证法的目的和归宿是为无产阶级服务的，是无产阶级为了消灭私有制，实现共产主义——人的本质真正复归的行动指南。唯物辩证法的阶级基础是无产阶级。科西克人为地扩大实践的内涵和范围，把存在主义思想纳入实践的概念，从根本上消融了辩证法的阶级基础。20世纪德国著名的哲学家布洛赫（Ernst Bloch）曾经这样指出："对尚未实现的可能性的期待、希望和向往……是人类意识的根本特征。"② 科西克虽然给出了他的消除异化的具体路径，但是他的革命—批判实践是一种脱离现实生活的虚幻的理论，终究无法对现实发生实质性的作用。因此，这种理论只能是一种学者式的书斋里的理论实验，难以对改造实践提供有价值的力量。马克思主义实现了对世界二元论分裂的超越，将人类社会的发展作为一个具体的社会实践来看待："共产主义对我们来说不是应当确立的状况，不是现实应当与之相适应的理想。我们所称为共产主义的是那种

① 《马克思恩格斯全集》第19卷，人民出版社1965年版，第415页。

② 《当代西方著名哲学家评传》第9卷，山东人民出版社1996年版，第209页。

消灭现存状况的现实的运动。”[①] 在马克思主义那里，共产主义是一种面向未来的现实的社会运动。虽然科西克自己坚持自己是一个马克思主义者，然而由于他的哲学理论的倒退与实践的虚幻化，最终使得他在根本上远离了马克思主义。

总之，历史哲学的空场与政治经济学批判视野的缺乏，导致科西克的日常生活批判理论在根本上偏离了马克思主义理论。除此之外，科西克自身的经历与境遇也是导致理论失误的一个重要原因。在20世纪六七十年代的捷克斯洛伐克，由于科西克不屈服于现实的压力，始终坚守着自己的理想，因此被视为“持不同政见者”的一个“异端”，只能在颠沛流离的生活中小心翼翼地建构着自己的哲学理论，并以此表达着自己对现实的一种不满与抗争。在被剥夺了写作与工作权利的非常性生活境遇下，科西克的著作不能及时发表和出版。科西克内心的困苦和沉默使得他的哲学理论客观上表现出扭曲以及挣扎的印迹，且内容与形式也表现出不一致性。因此，他给出的改造社会的方案在很大程度上缺乏现实的操作性，这也使得这些方案只能停留于呼吁或构想的层面，无法找到与现实连接起来的恰当路径。也正是在这一意义上，存在主义哲学大师萨特指出，马克思是不可超越的。任何企图超越他的哲学，不是在重复马克思说过的旧话，就是回到马克思之前的哲学上去。当代法国著名哲学家雅克·德里达（Jacques Derrida，1930—2004）以一种特殊的语气这样说道，马克思是一个形式上“不在场”但精神实质却“在场”的幽灵。这个幽灵在他去世之后的这个世界上“游荡”着，以各种文明看得见的与看不见的方式。它“注视着我们，我们觉得自己正被它注视着，并且是在任何共时性之外，甚至在我们的任何目光之前和之外，按照一种绝对的前后关联和不对称性，按照一种绝对不可控制的不对称性注视着我们”[②]。之所以将马克思当作一个“永在”的游荡着的幽灵，是因为在德里达看来，马克思主义在他之后的西方马克思主义那里始终“复活”着，无论是福柯（Michel Foucault，1926—1984）的权力理论还是鲍的消费社会理论，无论是詹姆逊（Fredric Jameson）的文化政治诗学还是赛义德（Edward Said，1935—　）的东方

① 《马克思恩格斯文集》第1卷，人民出版社2009年版，第539页。

② ［法］雅克·德里达：《马克思的幽灵——债务国家、哀悼活动和新国际》，何一译，中国人民大学出版社1999年版，第13页。

学理论，都能够找到这个幽灵徘徊的身影。因此，不管是接受还是拒绝，我们都无法摆脱这个“父亲”般的幽灵的纠缠。[①] “马克思主义的经历，马克思在我们心目中的几乎慈父般的形象，以及我们用来和其他的理论分支、其他的阅读文本和阐释世界方式做斗争的方法，这一方法作为马克思主义的遗产曾经是——而且仍然是并因此永远是——绝对地和整个地确定的。”[②] 在《〈政治经济学批判〉序言》中，马克思则非常明确地指出了自己的研究方法就是：“我所得到的、并且一经得到就用于指导我的研究工作的总的结果，可以简要地表述如下：人们在自己生活的社会生产中发生一定的、必然的、不以他们的意志为转移的关系，即同他们的物质生产力的一定发展阶段相适合的生产关系。这些生产关系的总和构成社会的经济结构。”[③]

马克思主义之所以是不可超越的，是因为马克思主义学说自身的正确性与深刻性。美国著名的马克思主义学者莫里斯·迈斯纳（Maurice Meisner）指出：“西欧工业资本主义的发展引起了一系列社会的和政治的创伤性变革，马克思主义则是对于这种变革的一种社会主义的思想反应。马克思主义既不像它的一些信仰者所宣称的那样，是一种永恒的真理；也不像一些批评家要我们相信的那样，是古老的犹太—基督教先知传统的现代翻版。”[④] 因为从根本上看，马克思所说的现实是一种以实践为基础的现实生活，是一种以人类的劳动为生存条件的具体历史的生存。马克思指出：“整个所谓世界历史不外是人通过人的劳动而诞生的过程，是自然界对人来说来的生成过程。”[⑤] 其实，马克思对于资本主义社会中的那个抽象统治人的现象的描述也即人的异化在马克思之后得到了有力的证实。特别到了海德格尔以及科西克所生活的时代，技术的“座驾”使得人的异化不仅没有减弱反而加剧了。并且，在经济动物的王国里，物相世界里的那个物化力量的统治在某种程度上披上了合理合法性的外衣。阿多诺对此这样

① ［法］雅克·德里达：《马克思的幽灵——债务国家、哀悼活动和新国际》，何一译，中国人民大学出版社1999年版，第3页。

② 同上书，第22页。

③ 《马克思恩格斯全集》第31卷，人民出版社1998年版，第412页。

④ ［美］莫里斯·迈斯纳：《马克思主义、毛泽东主义与乌托邦主义》，张宁译，中国人民大学出版社2005年版，第31页。

⑤ 《马克思恩格斯文集》第1卷，人民出版社2009年版，第196页。

说道："非我急剧地走在了我的前面。"意思是说，生活在现代社会里，一切看上去都是合理的存在，除了"我"自己。面对"此在"的严重异化境遇，科西克借助于海德格尔的哲学理论去求助于"诗性之思"，将回归本真的自我、获得内心的安宁寄希望于"此在"自身的内在体验上。然而，他们给出的药方似乎只是抚慰那些精神空虚的精英们的一种诉求和对于物化世界的一种观念上的畸形的反抗。在很大程度上，"常人"是永远无法企及的。因此，他只有通过自我救赎的方式去求得新生，从而摆脱这个幽暗的物化世界与他性社会的奴役。但是由于"常人"自身最终难以完成救赎自我的重任，去构筑一个稳固的精神家园。正因为如此，阿多诺将海德格尔的理论斥责为一种类似法西斯主义的"理论强暴"，因为他的救赎理论具有非现实性的特征，归根到底属于一种"垂直的变相奴役"①。的确如此。海德格尔与科西克的哲学理论从本质上看与传统的形而上学哲学没有区别，是一个换了一副面孔的唯心主义，或者意识形态的幻象，这是其理论必然无法挣脱的一个悲剧性的结局。然而，在马克思那里，由现代工业社会文明所滋生的"现代性的危机"并非意味着我们可以一股脑儿地"将孩子与洗澡水一起倒掉"，因而对现代性自身进行全盘否定。现代性的危机只是表明，人们对于实现现代性的途径与方式出现了偏颇。马克思既抛弃像尼采那种试图从传统形而上学的思想谱系中去寻找有效地克服价值虚无主义的良药，也拒绝像科西克那样寄希望于个体主体性地位的回复之路。马克思将探寻现代性危机的根源直指资本主义社会的内在矛盾，并通过对这种内在矛盾的剖析来思考价值虚无主义滋生的根源，并借助于现实的革命，将资产阶级的生产关系彻底推翻，从而也就完全终结了资本主义私有制的霸权地位，使人与社会的和谐发展成为可能。与价值虚无主义不同的是，马克思认为，是现实资本主义社会的内在矛盾性导致了人的无家可归状态，并不是人自身没有人的自我存在的意义问题。基于此，要想消除人的异化，就不能依靠那个远离现实的人的生活根基的"诗性之思"的自我救赎，毋宁说，它必须依靠推翻和变革现实的社会生产关系来解决。科西克意识不到资本逻辑在现代社会里的弹性存在方式，他仍然沉浸在海德格尔的浓郁的诗意的语境当中。因为从根本上看，人的生存问题始终是一个历史的、现实的、具体的问题，从来就不是

① ［德］阿多诺：《否定的辩证法》，张峰译，重庆出版社 1993 年版，第 81—85 页。

一个充满抽象意味的形而上学问题。因此，仅仅局限于将人从语言词语的束缚与统治下解放出来的种种行为，在客观上不能使人的解放真正前进一步。正如马克思所深刻揭示的那样："正如共产主义的历史所证明的，尽管这种变革的观念已经表述过千百次，但这对于实际发展没有任何意义。"① 马克思立足于资本主义社会生产力与生产关系矛盾运动高度来剖析资本主义社会，使得他正确地看到了资本主义社会存在的暂时性与必然灭亡的客观性。"劳动者在经济上受劳动资料即生活源泉的垄断者的支配，是一切形式的奴役的基础，是一切社会贫困、精神沉沦和政治依附的基础。"② 这一论断告诉我们，只有将资本主义社会中存在的种种不合理的、束缚生产力发展的生产关系推翻，人类社会的解放才会具有现实的可能。也就是说，对日常生活的研究与分析如果脱离了具体的社会生产的经济与政治的认识与把握，其终究难以逃脱形而上学的困扰。

与科西克形而上学之思的、具有神秘意味的内在体验与个人体悟的道路不同，马克思坚持从社会历史的现实的具体的进程出发，将实现人的全面自由发展的希望寄托在：通过对资本主义社会内在性矛盾的剖析，进而在此基础上将那些不合时宜的陈旧的、落后的、束缚生产力发展的生产关系统统推翻掉的道路上。笔者认为，将人的日常生活异化问题置于人类社会历史总体性进程的深层理论逻辑的维度去理解，是一条通向自由王国的正确道路。因此可以说，马克思的哲学绝非一些人所认定的那样，是一种人的"不在场"的关于社会历史运动的学说。与西方一些哲学家不同的是，马克思将关注人、分析人的异化境遇的重点放在历史现象学的维度之上，而不是从一种抽象的人道主义伦理立场去关怀人。从外表上看，那种感情色彩浓厚的伦理激愤似乎容易起到振奋人心的作用，但是从根本上说，那些空喊了一千遍甚至一万遍的口号在客观上并没有社会关系的一点点推进来得真实，也更为厚重。因为如果仅仅停留在口号的层面上，那么这种理论终究是一种软弱无力的空洞的存在，它不会对推动现实的实践运动起到任何积极的作用。马克思坚持认为，人的异化问题只有被置于历史的逻辑当中才能得以科学认识和消除，同样，人的自由问题也只有被置于历史的逻辑当中才能得到真正的实现。在这一意义上，马克思的历史唯物

① 《马克思恩格斯文集》第1卷，人民出版社2009年版，第545页。

② 《马克思恩格斯文集》第3卷，人民出版社2009年版，第226页。

主义是一种超越一切形而上学思想家的科学理论，也是一种比科西克的存在论哲学更加高明的哲学。解放绝不是一个思想活动，而是一个历史活动；任何思想范畴也只是历史的范畴。马克思不是神话，而恰恰是我们神话中唯一的现实，是那个最能切中资本主义命运的人。正是在这一意义上，美国学者约翰·卡西迪（John Cassidy）认为：“他（指马克思——引者注）写下了关于全球化、不平等、政治腐败、垄断化、技术进步、高雅文化（high culture）的衰落、现代生存的萎靡不振的性质等动人的段落，现代经济学家们又碰到这些问题，他们有时并没有意识到自己正在步马克思的后尘。”①

① 转引自俞可平《全球化时代的“马克思主义”》，中央编译出版社 1998 年版，第 1 页。

第六章

结语：一种新人本主义现象学生活愿景的新描绘及未来走向

我思考着现今时代和过去时代的空虚和苦痛，思考着白天的谈话和晚间的活动，脑子里产生了一个涉及存在之最终规律的问题。我想从这位哲人那里得到回答。在人们沉默下来的时候，我竭力搜索枯肠寻求最佳措词，后来我用下面这样一个大问题打断了这位革命家和科学家的沉默：

"什么是存在？"

他眼望着我们面前的咆哮的大海和岸上喧闹的人群，一瞬间好像陷入了沉思。对我问的"什么是存在？"这个问题他严肃而郑重地回答说：

"斗争！"

开始我以为我听到的是绝望之声，然而也许这就是生活的规律。

——卡尔·马克思同《太阳报》通讯员约翰·斯温顿谈话记

20世纪，人本主义在西方世界得以复兴。弗洛姆曾对此种现象这样写道："这是对日益增长着的对人的威胁的反应。这种威胁是双重的。首先是存在着来源于工业社会的那种对人的精神存在的威胁，在这种社会里，人日益异化，变成了只知道追求消费品的人，变成了物中的物，人从属于国家的利益，从属于经济生产。其次，存在着由于日益增长的核军备竞赛而构成的对人的肉体存在的威胁。这种威胁已经唤起了很多男男女女、哲学家和神学家以及普通人，使他们深刻而强烈地希望通过把对人的关心作为他们思想和行为的中心来为摆脱这种威胁而斗争。"因此可以说，人本主义理论的泛滥在根本上说就是西方社会历史条件内在危机的一种表现，是资本主义的日益发展以及内在矛盾不断突出的反映。在直接意义上，西方人本主义理论在总体上反映了二战后主要资本主义国家人民对于社会的失望，以及带来的危机感与幻灭感。承载着捷克斯洛伐克甚至东欧诸多历史重负的哲学家科西克，正是在这一背景下延续了西方马克思主义人道主义的理论话语的。

亚里士多德在其《形而上学》第七卷中指出，存在之为存在，这个永远令人迷惑的问题，自古被追问，今日还在追问，将来还会永远追问下去。19 世纪末，尼采（Friedrich Nietzsche，1844—1900）曾欢呼“上帝死了”，随之而来的应该是人的自我挺立。可是当下，“上帝死亡的时代”正在被“人的死亡的时代”① 所代替，甚至人“已死”。② 无疑，这是对人类的警告，是对陶醉于现代化的成就从而对不断加剧的人类“急难”无动于衷的人的警告。“哪里有危险，哪里也就有拯救的力量生长。”海德格尔曾多次引用诗人荷尔德林（Hlderlin Friedrich，1770—1843）的诗歌说明人类的前景。人类绝非“走向死亡”，而应该从“死亡”意识中获得对存在意义的领悟，在“困境”与“美景”矛盾斗争中以人所特有的能动性创造新的存在，摆脱困境进入新的生存境域。平心而论，科西克的日常生活批判理论并不是最深刻的，但它对于我们的意义不仅在于它提供了一个新的视角、基点、论域，从而重新展示了马克思主义的哲学魅力；更重要的还在于它给予我们这样的启示：马克思主义哲学的立足点始终没有远离人的存在和生存问题，并将人的存在与生存问题纳入历史唯物主义的高度来认识；同时，由于人的真正存在总是与某种对于当下现成状态的超越相关联，这就提醒我们，在任何情况下都不应丢弃那超越之维。这是哲学之本。

海德格尔指出：“现象学的基本态度唯有作为生命本身的生活态度方能达到。”③ 梅洛-庞蒂认为，现象学是这样一种哲学：“在它看来，在进行反省之前，世界作为一种不可剥夺的呈现始终‘已经存在’，所有的反省努力都在于重新找回这种与世界自然的联系，以便最后给予世界一个哲学地位。”④ 阿尔都塞（Louis Pierre Althusser，1918—1990）有

---

① ［美］弗洛姆：《健全的社会》，孙恺祥译，贵州人民出版社 1994 年版，第 291 页。

② ［法］福柯：《词与物》，莫伟民译，上海三联书店 2001 年版，第 430 页。

③ ［德］海德格尔：《形式显示的现象学》，孙周兴译，同济大学出版社 2004 年版，第 15 页。

④ ［法］梅洛-庞蒂：《知觉现象学》，姜志辉译，商务印书馆 2001 年版，第 1 页。

一个生动的比喻，“闪电的光只能眩目，而不能照明；对于划破夜空的闪光，再没有比确定它的位置更困难的事情了”①。近年来，学界围绕着“马克思是否存在人文关怀意识”、“马克思是不是人道主义者”等话题进行过深入的争论与探讨。纵观当代马克思主义发展史，这些争论和探讨似乎未曾停止过。历史现象学的诠释学坚持认为，要科学认识和完整把握马克思的精神，必须坚持以历史的、具体的、现实的研究视角，将马克思置于历史的情境中，也置于现代性的视域下。当“存在”、“斗争”这两个硕大的字眼嵌入马克思的哲学当中去的时候，我们似乎可以在“马克思具有人文关怀意识”、“马克思始终关注人的存在、人的解放”等结论上获得更加坚实的理论支撑了：马克思一位伟大的革命家，一位斗士，一个搅浑了资本主义世界的大写的“幽灵”。他深刻、尖锐而又一针见血地指出，在资本主义社会制度下，人的异化命运具有一定的必然性与现实性，这主要表现为作为主体的人在物化的社会现实中自身地位的丧失，表征和维系人与人之间的社会关系的东西被大写的“资本”所淹没了，因此，人无可避免地陷入了异化的境地当中。然而，人却不甘于这种异化与沉沦，总是同其生存的外在环境进行着各种各样的抗争，继而产生着各种各样的社会关系，以独特的方式诠释着自我在世界上的位置和作用，并最终能够消除异化而获得自我的自由与解放。因此可以说，马克思哲学从根本上就是关于无产阶级解放的人的学说，就是一种关于人的异化、人的存在的理论关照学说，是一种奠基在辩证唯物主义与历史唯物主义根基上的历史现象学。这种历史现象学强调实践之于日常生活的基础性地位，生活世界是奠基于实践之上的现实世界也即物质世界与精神世界：“人不仅像在意识中那样在精神上使自己二重化，而且能动地、现实地使自己二重化，从而在他所创造的世界中直观自身。”② 也就是说，以实践为根基的现实世界是一个物质生产与精神生产共同组成的世界，只是精神世界需要以物质世界为前提，“这个自由王国只有建立在必然王国的基础上，才能繁荣起来。工作日的缩短是根本条件”③。现实与理想虽然是一种矛盾，但现实与理想的自身存在却是

① ［法］阿尔都塞：《保卫马克思》，顾良译，商务印书馆 1984 年版，第 17 页。

② 《马克思恩格斯文集》第 1 卷，人民出版社 2009 年版，第 163 页。

③ 《马克思恩格斯文集》第 7 卷，人民出版社 2009 年版，第 929 页。

客观的。马克思没有使用过“日常生活”与“非日常生活”的词语，但并不能说马克思遗忘或忽视了人的现实的日常生活世界，只是在马克思这里，人的现实的日常生活世界是基于社会物质生产的基始性地位来看待的：“人们为了能够‘创造历史’，必须能够生活。但是为了生活，首先就需要吃喝住穿以及其他一些东西。因此第一个历史活动就是生产满足这些需要的资料，即生产物质生活本身……”①在马克思这里，人的日常生活与非日常生活的划分是非刻意的。无论是日常生活还是非日常生活，都是处于一个完整的社会有机体的变化当中，且都是重要的不可或缺的组成内容。因此，“生活世界”是一个内容极其宽广的存在，它不仅包括日常生活世界，也包括非日常生活世界；不仅包括物质世界，也包括精神世界，人的生活世界就是一个内容丰富、形式多样的复杂存在。与科西克等西方日常生活批判理论所张扬的主题不同，马克思将人的生活世界定义为一个以实践为根基的、既包括日常生活世界也包括非日常生活世界、既涵盖人的物质生活也涵盖人的精神生活的现实世界，从根本上看，人的日常生活与非日常生活都内在地统一于现实的“生活世界”当中。“劳动是人在外化范围之内的或者作为外化的人的自为的生成。”② 人的异化劳动其实也是人的自我的生成过程，人在这一过程中生产着劳动产品，也确证着自我的力量和价值。

在整个西方马克思主义发展史上，人本主义者往往依靠对于人与人性的价值悬设来规定人的本真性的生存状态，也即以人的“应该”来解读人性与人的本质。他们惯用的做法是，拿一把“历史之外的尺子”（马克思语）来度量人的客观的现实存在历史，发现“是”与“应该”的逻辑错位也即人的本真状态被遮蔽时，对异化范畴的批判与反思就会成为他们理论的重点观照点。科西克也不例外。

20世纪最伟大的日常生活批判哲学家列斐伏尔认为：“为了认识现代世界，我们不仅需要保留马克思的一些基本概念，而且也还需要增加一些崭新的概念，如日常生活、城市、社会的时间与空间、国家主导生产方式的趋向等……在我看来，马克思主义就是一种研究和发现的工具，其价值

① 《马克思恩格斯文集》第1卷，人民出版社2009年版，第531页。
② 同上书，第205页。

就在于运用。我们必须运用它去揭示世界的新变化。"[①] 日常生活是一个"不可能在哲学之外得到理解的哲学概念"，它"为了哲学并通过哲学而为那些非哲学的东西"命名。[②] "研究作为对生活的间接批判的哲学，就是体察作为对哲学进行直接批判的日常生活。"[③] 易言之，哲学就是对生活的间接批判，生活则是对哲学的直接批判；日常生活必然是一个哲学问题，而哲学真正的现实表现就是日常生活批判。张汝伦教授认为："理解一个哲学家，尤其是有原创性的哲学家的适当途径，是看他对哲学的理解。一般而言，原创性哲学家之所以为原创，就是因为他们首先对现有的哲学不满，而想另辟新径。哲学上要另辟新径，必然以重新理解哲学为前提。没有对哲学的重新理解，哲学的突破或创新实际是不可能的。从柏拉图到海德格尔，哲学史上里程碑式的人物之所以是里程碑，就因为他们根本改变了哲学的面貌，带给世界一种新的哲学。他们对哲学的独特理解，决定了他们哲学的内容、方法和方向。"[④] 西方马克思主义研究的逻辑其实就是把马克思的批判精神、革命性的方法论意义与西方现当代哲学、文学、美学等思潮有效嫁接。他们往往展现自己的理论对资本主义社会现实批判性的价值倾向，反抗社会幻象性的文化对人的压抑，关注社会平等，并试图为了获取人生价值而充分宣泄主体个性。鲍德里亚、拉康、齐泽克等均对资本主义社会现实进行了深刻的批判与反思。齐泽克借用列维·施特劳斯平面图的隐喻指出："社会现实本身的结构物化了一种应付对立性之真实的企图。'现实'本身，只要受到象征虚构的规范，就会掩盖一种对立的真实——而且正是这种真实，它被排除在象征虚构之外，却披着幽灵鬼怪的伪装回来了。"电影《黑客帝国》中所蕴含的哲学隐喻是，我们所生活的世界其实只是机器母体所制造的幻象，它为人输入信息与能量，人类充其量只能是母体之"蛋"，它并非人类的真实的生存状态，而是文化制造出的社会幻境。

作为一种关于现代性批判理论的文化批判哲学，在全球化不断发展的

---

① Henri Lefebvre, "Toward a Leftist Cultural Politics: Remarks Occasioned by the Centenary of Marx's Death", in Cary Nelson and Lawrence Grossberg, *Marxism and the Interpretation of Culture*, University of Illinois Press, 1988, p. 77.

② ［法］居伊·德波：《景观社会》，王昭凤译，南京大学出版社 2006 年版，第 13 页。

③ ［匈牙利］卢卡奇：《历史与阶级意识》，杜章智等，商务印书馆 1992 年版，第 252 页。

④ 张汝伦：《论海德格尔哲学的起点》，《复旦学报》2005 年第 2 期。

今天，已然在客观上获得了更大的发展空间。法国著名哲学家鲍德里亚将消费社会视为一个“文化化”（culturalized）或“审美化”的社会，纵观当今人类面临的现实问题，经济政治问题更加尖锐和复杂的同时，“文化冲突”、“文化控制”以及“文化转向”等文化问题也纷纷凸显出来，成为一个颇具前沿性的时代性课题而存在着，等候着马克思主义去回答与面对。德里达早就断言，作为一个永远不会缺席的“在场性”的“幽灵”，马克思主义的重要价值在于它对于人类社会现实问题的有效回应。在当今的各种形式的批判理论中，文化哲学之所以具有较大的生存空间和挑战性，就在于今天的人们在很大程度上，似乎已经将人类的救赎之路寄希望在文化批判的视域上。正是在这一意义上，马克思主义之于我们进一步推进文化批判哲学的重大意义是毋庸置疑的：“只有在涉及经济问题方面，我们仍然可以这样说，马克思给我们留下了一整套比较思考周密阐发详尽的学说。至于他全部学说中最有价值的部分，即辩证唯物史观，就我们所知，它不过还是一种调查研究的方法和一些卓有见地的思想而已。这种思想使我们约略见出一个崭新的世界，给我们展示出了进行独立活动的远景，激励我们勇敢地跃入那尚未探明的天地……历史唯物主义理论仍像它的创始人最初提出时那样的简单而粗略。所以不能说，由于马克思主义大厦的坚固和完备，马克思的后继者们无法对这座建筑物有所增建添修。”① 更深一层来说，资本主义生产方式及其所缔结的布尔乔亚王国——现代资产阶级社会为什么必然要被超越，实际上不仅仅是因为它在社会生产关系上使雇佣劳动处在资本的剥削与压迫之中，而且还是因为它同时也是一种对自然生态环境的不可逆转的破坏与掠夺。实际上，这种对人和自然的双重压迫与剥削的生产方式，如同生态马克思主义者福斯特（John Bellamy Foster，1953— ）所说的，需要一种“社会正义和环境正义的联盟”，才有可能建构起一种新的生产方式，从而从资本主义社会中突围出来。卢卡奇认为，马克思根本超越黑格尔哲学的整体观的地方就在于马克思整体性地关照了“人类社会的自我认识”②。萨特也认为，“马克思主义的力量和宝贵之处，在于它曾是整体性阐述历史过程的最激进的尝试”，“在马

① ［美］梅·所罗门：《马克思主义与艺术》，杜章智等译，文化艺术出版社1989年版，第156页。

② 李鹏程：《卢卡奇文选》，人民出版社2008年版，第17页。

克思那儿，永远找不到实体：那些整体……是活的：它们在研究的范围内通过它们自己来自我确定”①。马克思的现代性思想不是历史陈列品，而是依然具有鲜活的生命力，原因就在于，“产生它的情势还没有被超越”②，它是当今中国现代性建构的重要理论资源。

鲍德里亚在《消费社会》一书中这样写道：“今天，在我们的周围，存在着一种由不断增长的物、服务和物质财富所构成的惊人的消费和丰盛现象。它构成了人类自然环境中的一种根本变化。恰当地说，富裕的人们不再像过去那样受到人的包围，而是受到物的包围。”③ 面对现实的物化境遇，科西克从抽象的理论价值悬设出发，在客观上将“是”与“应该”对立起来，也即将异化或物化的现实与本真的本质对立起来，表现出一种典型的人本主义（anthropology）伦理批判特征。科西克利用“总体性”概念来解读马克思主义哲学，力图打破当时也即20世纪60年代初期在东欧各国极为盛行的对马克思主义的庸俗化、机械化解读模式，体现了一种极为可贵的理论勇气。他将“具体总体”置于本体论的哲学语境中去审视，希望打破那种将马克思主义教条化地解读的模式，主张以现象学的进入方式，以“回到事物自身”的立场来解读日常生活现象。然而，作为一种“海德格尔式的马克思主义”，科西克的哲学在理论上试图以人道主义的立场和人本主义的逻辑实现马克思与海德格尔的调和，最终在人学现象学的层面上，虚构出了一幅摆脱现代性物象化日常生活世界的奴役的具体图景。这一理论重点分析了人的日常生活世界的“自在性”和“伪具体性”特征。在他看来，日常生活是人的盲目的未分化的“黑夜”，是为人们所熟知的、不断重复进行的世界，是由人们的无意识的、不自觉的活动而构成的现实生活。由于日常生活的自在性特征，人们通常无法达到对事物和实在的真实理解，从而陷入盲目、异化、必然性、拜物教并失去总体性，这使日常生活成为“伪具体性”的虚假的世界。从总体上说，科西克的日常生活批判哲学思想的核心内容是：人的日常生活的异化是现代性的一种特征和表现，虽然异化给人的本真存在带来了困扰，但是它所提

① ［法］萨特：《辩证理性批判》，林骧华等译，安徽文艺出版社1998年版，第25页。

② 同上书，第28页。

③ ［法］鲍德里亚：《消费社会》，刘成富、全志刚译，南京大学出版社2000年版，第1页。

供的批判力量也为异化状态之祛除提供了动力。通过辩证的思维与革命的实践，人的本真性的存在才可能得以恢复和还原，人的文化危机甚至现代性危机才可能得以克服。然而，从根本上说，虽然科西克提出了消除异化的途径，但他又认为只能消除异化的某种形式，而异化本身是无法消除的。科西克的异化观具有抽象性、思辨性和内在矛盾性。这是一种从人的某种先验本质出发的唯心史观，是理性思辨的形而上学的产物。

我们将科西克的日常生活批判理论定义为一种介入现实生活的、具有深厚人本主义气息的文化批判哲学的“乌托邦”，但却不能否认这种批判哲学自身的价值。作为一种人学逻辑，作为一种乌托邦，新马克思主义以及形形色色的后马克思主义企图以一种“现实”意义上的“同一性”逻辑来削平、规导“可能”意义的差异性。这样一来，“可能”的生活与想象的世界被强大的“现实”所推翻，成为一种“现实”语境下的散落的“乌托邦实践”。在这一意义上，科西克的日常生活批判哲学只是西方现代哲学特别是东欧新马克思主义哲学 20 世纪六七十年代发展的一个典型的“标本”，它开启了一种新的关于人学研究的窗口和视野，预示着 21 世纪文化批判哲学的新走向，那就是，在各种异质性的、不确定性的“乌托邦”下，一种关于“他者”的想象逻辑正在现实与虚幻的交错中不断建构着，“星丛”话语散布开来，“人”继续不断重构着“沙滩上的脸”（福柯语）的形象。马克思曾经指出，我们认识和区分一个历史时代的标准，应该看这个时代是“用什么进行生产”的，而不是看它在“生产什么”。市场经济的实质就是一种“以物的依赖性为基础的人的独立性”为基本特征的社会生产模式，因此，揭露市场经济体制下人的自我异化的存在状况，就应当成为现代哲学义不容辞的责任与任务。将马克思与一种现代西方文化嫁接起来，是历来西方马克思主义的主要理论逻辑样式，科西克也没有例外。科西克依托马克思的思想和马克思主义的生活世界理论，参照并汲取了众多现代性理论流派的精华，形成自己独特的日常生活批判思想，为 20 世纪的现代性研究做出了重要贡献。在深入解读马克思哲学的基础上，科西克操持了一种新的理论话语。他从抽象的人本主义出发，将现代人的异化境遇进行了时代性的阐释和说明，并给出了超越这一境遇的具体方案，架构起了新人本主义逻辑现象学。但是，我们必须看到，与马克思不同，科西克更倾向于把异化和物化视作人的生存结构中不可扬弃的根本要素，把异化同人的存在结构联系起来，并且对人最终超越物化，扬弃异化，并作为自由自觉的主体而生成的前景往往怀有相对乐观的信念。从整体上看，科西克的日常生活理论继承马克思的生活实践观，师承卢卡奇的批判物化的主体历史辩证法的日常生活本体理论，形成了独特价值取向的日常生活理论。他把日常生活世界看作一个由自在现象构成的伪具体世界加以批判和超越，把人的日常生活异化提升到本体论的地位，主张对异化了的日常生活进行剖析和变革，从而使人超越伪具体的现象世界，成为具体的生成的实在。科西克理论的独创性在于，他在经济现象、日常生活现象及理性文化现象的背后指认出实在的本质，以实现一种真正面对历史具体的批判的辩证法，以海德格尔的存在现象学来直面生活现象。从根本上说，科西克对日常生活世界结构的解读和日常生活的现象学批判，对现代性批判理论做出了独特的贡献，从深度和内涵上深化了日常生活批判理论的研究。伪具体世界虽然是一种客观的存在真实，但它不是不可以改变的，摧毁这个伪具体世界的武器就是辩证法。它取决于辩证的思维和革命的实践，即以辩证的思维溶解拜物教化的形相世界，以透视实在和“物自体”，通过人类的革命—批判实践使本真意义上的人类社会实践创新显露出来。每个人都占有自己的文化，在真理实现的道路上成为实在的存在，实现主体与客体的双重解放。通过构建具体总体的现实生活世界，使现代生活世界成为具体的生成，消除人的异化存在，拯救现代性的危机，这是科西克对异化的现代生活世界开出的药方。科西克通过对作为现象世界的平日的解读，把其理论批判之剑指向了资本主义的异化了的平日世界，理性的现代个人因此永远是烦神、操持和挂牵的。科西克认为，只要以他的方式来实施对“异化了的平日世界的伪具体”的摧毁，就能得到一个“本真”的实在，达到主客体的双重解放。但事实证明，这只能是一种学者式的理论革命。正如恩格斯所说：“蔑视辩证法是不能不受惩罚的。……根据一个老早就为大家所熟知的辩证法规律，错误的思维一旦贯彻到底，就必然走到和它的出发点恰恰相反的地方去。”[①] 衣俊卿在评判布洛赫（Ernst Bloch，1885—1977）希望哲学时指出：“布洛赫研究德国古典哲学的最主要目的是为了在主—客体的辩证统一中合理地建构起人的主体性，这也正是他的乌托邦精神论和希望哲学的主题与核心。”[②]

① 《马克思恩格斯全集》第20卷，人民出版社1971年版，第399页。

② 衣俊卿等：《20世纪的新马克思主义》，中央编译出版社2001年版，第141页。

这个评论同样也适用于科西克。从整个西方马克思主义者所延续的传统来看，“意志上的乐观主义者，理智上的悲观主义者”① 应该是他们的主要基调。因而，在对一种“好生活”（good life）的执着追求中，当代语境中的日常生活批判理论并没有展示出太多的“合理期待”（布坎南语，James Buchanan，1791—1868），而表现出一种与现实严重脱节的、软弱无力的理论反抗。从整体上看，这种宿命感与无力感与形形色色的后现代文化理论批判家的理论效果如出一辙。因为从根本上说，“人们的一切法律、政治、哲学、宗教等等观念归根结底都是从他们的经济生活条件、从他们的生产方式和产品交换方式中引导出来的”②，而不是相反。在马克思那里，人们自由与解放的获得只有通过现实历史的真实进步，而并不是仅仅依赖于对现实经济变迁的文化效应的批判。

西方著名后现代主义文化批判家和马克思主义理论家詹姆逊（Fredric Jameson，1934—　）针对西方马克思主义的“乌托邦”走向做出了这样的判断：“我认为这也是建造马克思主义的乌托邦特色。其目的是从狭窄的经济决定论中解脱出来，去寻求一种存在论的、诗意的景观，去探讨世界存在及人类生活的各种可能。”这一走向之所以应该得到肯定，是因为从根本上看，“在目前环境下，人类生活业已被急剧地压缩为理性化、技术和市场这类事物，因而重新伸张改变这个世界的乌托邦要求变得越发刻不容缓了”③。也就是说，将马克思主义解读成一种“救赎”现代性危机的文化精神，以具有浓重诗意的、思辨色彩的“弥赛亚”（Messiah）意味的，并兼具理想性的文化批判理论来阐释马克思主义的现代性批判理论，应该成为当前西方马克思主义的一种普遍性走向。“目之所及，我还看不到其他的能够替代马克思主义的乌托邦形式。”④ 然而，这种带有浓厚的浪漫色彩的异化逻辑是对人的真实的生存状态的错误理解所导致的。正如科西克所明确指出的那样：“卢梭的《人心的历程》（爱弥尔或论教育）……黑格尔的《精神现象学》、马克思的《资本论》，在文化创造的

① Bud Burkhard, *French Marxism between the Wars, Henri Lefebvre and the "Philophies"*, Humanity Books, 2000, p. 223.

② 《马克思恩格斯全集》第21卷，人民出版社1965年版，第548页。

③ ［美］詹明信：《晚期资本主义的文化逻辑》，陈清侨译，生活·读书·新知三联书店1997年版，第34—35页。

④ 同上书，第32页。

不同领域都运用了‘奥德赛’的基调。”① 虽然科西克明确表达出了对现代工业社会中人的存在与占有的二元分裂状态的不满，但这种带有明显人本主义倾向的解决方案终究是一种苍白无力的理论，或者是黑格尔所谓的“优美的灵魂”。因为“社会生活在本质上是实践的。凡是把理论引向神秘主义的神秘东西，都能在人的实践中以及对这个实践的理解中得到合理的解决”②。与从观念出发来解释实践的做法相反，历史唯物主义坚持“从物质实践出发来解释各种观念形态”③。在这一意义上，列宁在《唯物主义和经验批判主义》中的那个断言仍然掷地有声：“沿着马克思的理论的道路前进，我们将愈来愈接近客观真理（但决不会穷尽它）；而沿着任何其他的道路前进，除了混乱和谬误之外，我们什么也得不到。”④ 因此，我们可以接受科西克等西方马克思主义思想家们在解读马克思主义时所提出的学术问题，但却不能接受他们在提出问题时所运用的学术思路，也即他们的方法论基础归根到底是有问题的。脱离了对社会经济过程的分析，所谓的文化批判最终一定会超出其应有的理论边界，文化批判的理论效应就会被不适当地夸大了。相反，立足于社会经济矛盾运动的视角来思考文化等上层建筑的问题，则是历史唯物主义所坚守的理论分析方法。

---

① ［捷克斯洛伐克］科西克：《具体的辩证法》，傅小平译，社会科学文献出版社 1989 年版，第 138 页。

② 《马克思恩格斯选集》第 1 卷，人民出版社 1995 年版，第 506 页。

③ 同上书，第 544 页。

④ 《列宁专题文集 论辩证唯物主义和历史唯物主义》，人民出版社 2009 年版，第 50 页。

主要参考文献

一　中文文献

1.《马克思恩格斯文集》第1—10卷，人民出版社2009年版。

2.《马克思恩格斯选集》第1—4卷，人民出版社1995年版。

3.《马克思恩格斯全集》第3卷，人民出版社2002年版。

4.《马克思恩格斯全集》第30卷，人民出版社1995年版。

5.《马克思恩格斯全集》第44卷，人民出版社2001年版。

6.《马克思恩格斯全集》第46卷，人民出版社2003年版。

7.［捷克斯洛伐克］科西克：《具体的辩证法》，社会科学文献出版社1989年版。

8.［英］戴维·麦克莱伦：《马克思传》，中国人民大学出版社2005年版。

9.［美］乔恩·埃尔斯特：《理解马克思》，中国人民大学出版社2008年版。

10.［南斯拉夫］弗兰尼茨基：《马克思主义史》，人民出版社1992年版。

11.［英］戴维·麦克莱伦：《马克思以后的马克思主义》，中国人民大学出版社2004年版。

12.［英］佩里·安德森：《西方马克思主义探讨》，人民出版社1981年版。

13.［美］马·拉科夫斯基：《东欧的马克思主义》，生活·读书·新知三联书店1984年版。

14.［美］斯蒂芬·贝斯特、道格拉斯·科尔纳：《后现代转向》，南京大学出版社2002年版。

15.［英］麦克尔·卡里瑟斯：《我们为什么有文化》，辽宁教育出版社1998年版。

16. ［美］兹·布热津斯基：《大失控与大混乱》，中国社会科学出版社1994年版。
17. ［美］阿尔文·托夫勒：《第三次浪潮》，新华出版社1996年版。
18. ［美］塞缪尔·亨廷顿：《文明的冲突与世界秩序的重建》，新华出版社2002年版。
19. ［澳］安德鲁·文森特：《现代政治意识形态》，江苏人民出版社2005年版。
20. ［德］施太格缪勒：《当代哲学主流》，商务印书馆2000年版。
21. ［德］黑格尔：《精神现象学》，商务印书馆1979年版。
22. ［德］费尔曼：《生命哲学》，华夏出版社2000年版。
23. ［奥］维特根斯坦：《哲学研究》，商务印书馆2004年版。
24. ［德］伽达默尔：《哲学解释学》，上海译文出版社1994年版。
25. ［德］卡尔·曼海姆：《意识形态与乌托邦》，商务印书馆2000年版。
26. ［美］保罗·蒂利希：《存在的勇气》，贵州人民出版社2009年版。
27. ［德］恩斯特·卡西尔：《人论》，上海译文出版社2004年版。
28. ［美］大卫·艾尔金斯：《超越宗教：在传统宗教之外构建个人精神生活》，上海人民出版社2007年版。
29. ［美］理查德·罗蒂：《后形而上学希望》，上海译文出版社2003年版。
30. ［美］查尔斯·库利：《人类本性与社会秩序》，华夏出版社2003年版。
31. ［法］阿贝尔·加缪：《置身于苦难与阳光之间》，上海三联书店1997年版。
32. ［英］约翰·B. 汤普森：《意识形态与现代文化》，译林出版社2005年版。
33. ［美］马尔库塞：《单向度的人》，上海译文出版社2008年版。
34. ［美］弗洛姆：《健全的社会》，贵州人民出版社1994年版。
35. ［美］塞缪尔·亨廷顿、劳伦斯·哈里森：《文化的重要作用》，新华出版社2010年版。
36. ［美］丹尼尔·贝尔：《资本主义文化矛盾》，生活·读书·新知三联书店1989年版。
37. ［德］雅斯贝尔斯：《时代的精神状况》，上海译文出版社1997年版。

38. ［德］雅斯贝尔斯：《生存哲学》，上海译文出版社 2005 年版。
39. ［德］奥伊肯：《生活的意义与价值》，上海译文出版社 2005 年版。
40. ［德］康德：《道德形而上学基础》，上海人民出版社 2005 年版。
41. ［美］福山：《历史的终结及最后之人》，中国社会科学出版社 2003 年版。
42. ［匈牙利］卢卡奇：《历史与阶级意识》，商务印书馆 1992 年版。
43. ［匈牙利］卢卡奇：《社会存在本体论》，重庆出版社 1993 年版。
44. ［德］霍克海默：《批判理论》，重庆出版社 1989 年版。
45. ［德］霍克海默、阿多诺：《启蒙辩证法》，重庆出版社 1993 年版。
46. ［英］雷蒙德·威廉斯：《文化与社会》，北京大学出版社 1991 年版。
47. ［德］马丁·布伯：《我与你》，生活·读书·新知三联书店 2002 年版。
48. ［法］居伊·德波：《景观社会》，南京大学出版社 2006 年版。
49. ［日］广松涉：《物象化论的构图》，南京大学出版社 2002 年版。
50. ［法］福柯：《规训与惩罚》，生活·读书·新知三联书店 2007 年版。
51. ［法］萨特：《存在主义是一种人道主义》，上海译文出版社 2005 年版。
52. ［德］海德格尔：《现象学之基本问题》，上海译文出版社 2008 年版。
53. ［德］海德格尔：《存在与时间》，生活·读书·新知三联书店 1987 年版。
54. ［德］海德格尔：《林中路》，上海译文出版社 2004 年版。
55. ［德］哈贝马斯：《现代性的哲学话语》，译林出版社 2008 年版。
56. ［英］吉登斯：《现代性的后果》，译林出版社 2000 年版。
57. ［美］马歇尔·伯曼：《一切坚固的东西都烟消云散了》，商务印书馆 2003 年版。
58. ［英］齐格蒙特·鲍曼：《流动的现代性》，上海三联书店 2002 年版。
59. ［英］齐格蒙特·鲍曼：《生活在碎片之中》，学林出版社 2002 年版。
60. ［英］齐格蒙特·鲍曼：《作为实践的文化》，北京大学出版社 2009 年版。
61. ［美］丹尼尔·贝尔：《资本主义文化矛盾》，江苏人民出版社 2007 年版。
62. ［美］丹尼尔·贝尔：《后工业社会的来临》，新华出版社 1997 年版。

63. ［法］安托瓦纳·贡巴尼翁：《现代性的五个悖论》，商务印书馆2005年版。
64. ［美］马泰·卡林内斯库：《现代性的五副面孔》，商务印书馆2002年版。
65. ［法］罗兰·巴尔特：《写作的零度》，中国人民大学出版社2008年版。
66. ［法］鲍德里亚：《消费社会》，南京大学出版社2000年版。
67. ［美］詹姆逊：《单一的现代性》，中国人民大学出版社2009年版。
68. ［美］詹明信：《晚期资本主义的文化逻辑》，生活·读书·新知三联书店1997年版。
69. ［美］詹姆逊：《后现代主义与文化理论》，陕西师范大学出版社1987年版。
70. ［美］杰姆逊：《文化转向》，中国社会科学出版社2000年版。
71. ［法］福柯：《权力的眼睛——福柯访谈录》，上海人民出版社1997年版。
72. ［英］迈克·费瑟斯通：《消费文化与后现代主义》，译林出版社2002年版。
73. ［德］胡塞尔：《欧洲科学危机和超验现象学》，上海译文出版社1988年版。
74. ［德］胡塞尔：《生活世界现象学》，上海译文出版社2002年版。
75. ［英］戴维·英格利斯：《文化与日常生活》，中央编译出版社2010年版。
76. ［英］本·海默尔：《日常生活与文化理论导论》，商务印书馆2008年版。
77. ［美］迈克尔·施瓦布：《生活的暗面：日常生活的社会学透视》，北京大学出版社2008年版。
78. ［匈牙利］阿格妮丝·赫勒：《日常生活》，黑龙江大学出版社2010年版。
79. ［匈牙利］阿格妮丝·赫勒：《现代性理论》，商务印书馆2005年版。
80. ［德］阿尔弗雷德·许茨：《社会实在问题》，华夏出版社2001年版。
81. ［法］鲁尔·瓦纳格姆：《日常生活的革命》，南京大学出版社2008年版。

82. [新] K. T. 斯托曼：《情绪心理学——从日常生活到理论》，中国轻工业出版社 2006 年版。
83. [法] 米歇尔·德·塞托：《日常生活实践》，南京大学出版社 2009 年版。
84. [美] 阿瑟·伯格：《通俗文化、媒介和日常生活中的叙事》，南京大学出版社 2006 年版。
85. [波] 莱泽克·科拉科夫斯基：《自由、名誉、欺骗和背叛——日常生活札记》，黑龙江大学出版社 2011 年版。
86. [南] 米哈伊洛·马尔科维奇、加约·彼得洛维：《实践》，黑龙江大学出版社 2010 年版。
87. [美] 迈克尔·帕伦蒂：《少数人的民主》，北京大学出版社 2009 年版。
88. [俄] 谢·弗兰克：《社会的精神基础》，生活·读书·新知三联书店 2003 年版。
89. [美] 约翰·费斯克：《理解大众文化》，中央编译出版社 2001 年版。
90. [英] 特瑞·伊格尔顿：《文化的观念》，南京大学出版社 2003 年版。
91. [美] 克利福德·格尔兹：《文化的解释》，上海人民出版社 1999 年版。
92. [德] 马克斯·舍勒：《价值的颠覆》，生活·读书·新知三联书店 1997 年版。
93. [德] 柯尔施：《马克思主义和哲学》，重庆出版社 1993 年版。
94. [法] 阿尔都塞：《读〈资本论〉》，中央编译出版社 2000 年版。
95. [美] 理查德·沃林：《文化批评的观念》，商务印书馆 2000 年版。
96. 孙正聿：《哲学基础理论探究》，中国社会科学出版社 2008 年版。
97. 张世英：《哲学导论》，北京大学出版社 2002 年版。
98. 萧灼基：《马克思传》，中国社会科学出版社 2008 年版。
99. 张一兵：《回到马克思》，江苏人民出版社 2005 年版。
100. 张一兵：《回到列宁》，江苏人民出版社 2008 年版。
101. 张一兵：《马克思历史辩证法的主体向度》，河南人民出版社 1995 年版。
102. 张一兵：《走进马克思》，江苏人民出版社 2001 年版。
103. 陈先达：《历史唯物主义新探》，中国人民大学出版社 1990 年版。

104. 孙伯鍨：《探索者道路的探索》，南京大学出版社 2002 年版。
105. 陈学明：《永远的马克思》，人民出版社 2006 年版。
106. 张立波：《后现代境遇中的马克思》，民族出版社 2002 年版。
107. 张一兵：《文本学解读语境的历史在场——当代马克思哲学研究的一种立场》，北京师范大学出版社 2004 年版。
108. 张一兵：《马克思哲学的历史原像》，人民出版社 2009 年版。
109. 张一兵、蒙木桂：《神会马克思——马克思哲学原生态的当代阐释》，中国人民大学出版社 2004 年版。
110. 韩庆祥：《马克思人学思想研究》，河南人民出版社 1996 年版。
111. 余达淮：《马克思经济伦理思想研究》，江苏人民出版社 2006 年版。
112. 罗骞：《论马克思的现代性批判及其当代意义》，上海人民出版社 2007 年版。
113. 张曙光：《人的世界和世界的人：马克思的思想里程追踪》，河南人民出版社 1994 年版。
114. 郭艳君：《历史与人的生成：马克思历史观的人学阐释》，社会科学文献出版社 2005 年版。
115. 杨楹等：《马克思生活哲学引论：生活世界的哲学审视》，人民出版社 2008 年版。
116. 吴晓明：《超感性世界的神话学及其末路》，中国人民大学出版社 2011 年版。
117. 张一兵：《资本主义理解史》第 1 卷，江苏人民出版社 2009 年版。
118. 衣俊卿：《现代性的维度》，黑龙江大学出版社 2011 年版。
119. 衣俊卿：《社会历史领域的微观视域》，黑龙江大学出版社 2011 年版。
120. 张曙光：《生存哲学——走向本真的存在》，云南人民出版社 2001 年版。
121. 张曙光：《个体生命和现代历史》，山东人民出版社 2007 年版。
122. 俞吾金、陈学明：《当代国外马克思主义哲学流派新编》，复旦大学出版社 2002 年版。
123. 陈学明：《“西方马克思主义”命题辞典》，东方出版社 2004 年版。
124. 李宝文：《具体辩证法与现代性批判——科西克哲学思想研究》，黑龙江大学出版社 2011 年版。

125. 衣俊卿：《回归生活世界的文化哲学》，黑龙江大学出版社 2000 年版。
126. 衣俊卿：《文化哲学十五讲》，北京大学出版社 2005 年版。
127. 衣俊卿：《现代化与日常生活批判》，人民出版社 2005 年版。
128. 衣俊卿：《现代化与文化阻滞力》，人民出版社 2005 年版。
129. 衣俊卿：《现代性焦虑与文化批判》，黑龙江大学出版社 2007 年版。
130. 衣俊卿：《文化哲学——理论理性和实践理性交汇处的文化批判》，云南人民出版社 2005 年版。
131. 罗钢：《文化研究读本》，中国社会科学出版社 2000 年版。
132. 郑一明：《“西方马克思主义”的文化哲学思想研究》，重庆出版社 1998 年版。
133. 张一兵：《折断的理性翅膀——西方马克思主义哲学批判》，南京出版社 1990 年版。
134. 张一兵：《文本的深度耕犁》第 1 卷，中国人民大学出版社 2004 年版。
135. 张一兵：《文本的深度耕犁》第 2 卷，中国人民大学出版社 2008 年版。
136. 张一兵：《无调式的辩证想象》，生活·读书·新知三联书店 2001 年版。
137. 张一兵：《西方人学第五代：科学人本主义》，学林出版社 1991 年版。
138. 张一兵：《不可能的存在之真——拉康哲学映像》，商务印书馆 2006 年版。
139. 张一兵：《反鲍德里亚——一个后现代学术神话的解构》，商务印书馆 2009 年版。
140. 张一兵：《问题式、症候阅读与意识形态——关于阿尔都塞的一种文本学解读》，中央编译出版社 2003 年版。
141. 张一兵：《启蒙的自反与幽灵式的在场》，黑龙江大学出版社 2008 年版。
142. 张一兵、胡大平：《西方马克思主义哲学的历史逻辑》，南京大学出版社 2003 年版。
143. 仰海峰：《西方马克思主义的逻辑》，北京大学出版社 2010 年版。

144. 周穗明：《20 世纪西方新马克思主义发展史》，学习出版社 2004 年版。
145. 冯俊等：《后现代主义哲学讲演录》，商务印书馆 2003 年版。
146. 吴仁彰：《东欧剧变与马克思主义》，世界知识出版社 1998 年版。
147. 陈学明：《苏联东欧剧变后国外马克思主义趋向》，中国人民大学出版社 2000 年版。
148. 黄继峰：《东欧新马克思主义》，中央编译出版社 2002 年版。
149. 王恒：《时间性：自身与他者》，江苏人民出版社 2006 年版。
150. 衣俊卿：《20 世纪的新马克思主义》，中央编译出版社 2001 年版。
151. 衣俊卿等：《20 世纪的文化批判：西方马克思主义的深层解读》，中央编译出版社 2003 年版。
152. 衣俊卿：《人道主义批判理论——东欧新马克思主义述评》，中国人民大学出版社 2005 年版。
153. 黄克剑：《人韵——一种对马克思的解读》，东方出版社 1996 年版。
154. 于文秀：《“文化研究”思潮导论》，人民出版社 2002 年版。
155. 孟繁华：《众神狂欢：世纪之交的中国文化现象》，中央编译出版社 2003 年版。
156. 刘小枫：《人类困境中的审美精神》，知识出版社 1994 年版。
157. 丁立群：《哲学、实践与终极关怀》，黑龙江人民出版社 2001 年版。
158. 邹诗鹏：《生存论研究》，上海人民出版社 2005 年版。
159. 邹诗鹏：《人学的生存论基础》，华中科技大学出版社 2001 年版。
160. 李文阁：《生活价值论》，云南人民出版社 2005 年版。
161. 车玉玲：《总体性与人的存在》，黑龙江人民出版社 2003 年版。
162. 贺来：《边界意识和人的解放》，上海人民出版社 2007 年版。
163. 朱松峰：《理解生活：基于现象学和生命哲学的视角》，中国社会科学出版社 2010 年版。
164. 隽鸿飞：《发展：人之生存方式的变迁》，社会科学文献出版社 2004 年版。
165. 万光侠：《市场经济与人的存在方式》，中国人民公安大学出版社 2002 年版。
166. 孙建茵：《文化悖论与现代性批判》，黑龙江大学出版社 2010 年版。
167. 李文阁：《回归现实生活世界》，中国社会科学出版社 2002 年版。

168. 尹树广、黄慧珍：《生活世界理论：现象学、日常生活批判与实践哲学》，黑龙江人民出版社 2004 年版。
169. 周宪：《日常生活与文化理论导论》，商务印书馆 2005 年版。
170. 谢立中：《日常生活的现象学社会学分析》，社会科学文献出版社 2010 年版。
171. 赵司空：《中介与日常生活批判：卢卡奇文化哲学研究》，上海社会科学院出版社 2010 年版。
172. 刘怀玉：《现代性的平庸与神奇》，中央编译出版社 2006 年版。
173. 吴宁：《日常生活批判——列斐伏尔哲学思想研究》，人民出版社 2007 年版。
174. 周宪：《文化现代性精粹读本》，中国人民大学出版社 2006 年版。
175. 李小娟：《走向中国的日常生活批判》，人民出版社 2005 年版。
176. 杨威：《中国传统日常生活的文化透视》，人民出版社 2005 年版。
177. 张贞：《日常生活与中国大众文化研究》，华中师范大学出版社 2008 年版。
178. 梁漱溟：《东西文化及其哲学》，商务印书馆 1999 年版。
179. 潘宇鹏：《科西克〈具体的辩证法〉研究》，博士学位论文，吉林大学，2007 年。
180. 许大平：《日常生活批判及其当代意义》，博士学位论文，复旦大学，2003 年。
181. 周立秋：《异化的生存论阐释》，博士学位论文，吉林大学，2009 年。
182. 张贞：《中国大众文化之“日常生活”研究》，博士学位论文，华东师范大学，2006 年。
183. 衣俊卿：《马克思思想：人之存在的文化精神》，《中国社会科学》2001 年第 3 期。
184. 张一兵：《经济人与日常性生存的形而上学批判》，《学术月刊》2000 年第 8 期。
185. 张一兵：《科西克的哲学逻辑构架》，《学术研究》2001 年第 4 期。
186. 张一兵：《科西克的具体总体观探析》，《唯实》2000 年第 7 期。
187. 张一兵：《人如何认识真实的实在世界》，《新视野》2000 年第 6 期。
188. 张一兵：《科西克的人本主义社会现象学》，《上海行政学院学报》

2001 年第 1 期。
189. 任平：《论马克思主义哲学研究的出场学视域》，《中国社会科学》2008 年第 4 期。
190. 贺来：《马克思哲学与“存在论”范式转换》，《中国社会科学》2002 年第 5 期。
191. 王南湜：《回归生活世界意味着什么》，《学术研究》2001 年第 10 期。
192. 胡军：《回归生活世界与人的自我生成》，《清华大学学报》2005 年第 6 期。
193. 余达淮：《马克思货币拜物教的基本观点及对和谐社会建设的几点启示》，《马克思主义研究》2007 年第 4 期。
194. 邹诗鹏：《生存论研究的论域与限度问题》，《哲学动态》2007 年第 12 期。
195. 张曙光：《人的存在的历史性及其现代境遇》，《学术研究》2005 年第 1 期。
196. 胡大平：《穿越西方“马克思学”神话，走向马克思主义哲学的深处》，《福建论坛》2006 年第 4 期。
197. 杨魁森：《生活世界转向与现代哲学革命》，《吉林大学学报》2007 年第 5 期。
198. 刘怀玉：《马克思哲学范式革命》，《哲学动态》2003 年第 9 期。
199. 吴晓明：《当代哲学的生存论路向》，《哲学研究》2001 年第 12 期。
200. 胡大平：《日常生活的时间意识与历史意识的时间性》，《江海学刊》2000 年第 2 期。
201. 马拥军：《生活哲学的对象和方法》，《哲学研究》2004 年第 5 期。
202. 尹树广：《生活世界的现实及其价值维度》，《哲学研究》2003 年第 1 期。
203. 衣俊卿：《新马克思主义的文化批判理论及其启示》，《中国社会科学》1997 年第 6 期。
204. 衣俊卿：《日常生活批判：一种真正根植于生活世界的文化哲学》，《学术月刊》2006 年第 1 期。
205. 刘怀玉：《日常生活批判：走向微观具体存在论的哲学》，《吉林大学学报》2007 年第 5 期。

206. 衣俊卿：《西方马克思主义的哲学范式转换及其启示》，《江苏社会科学》2006 年第 2 期。
207. 衣俊卿：《日常生活批判与深层启蒙》，《求是学刊》1996 年第 5 期。
208. 衣俊卿：《“具体的总体”与辩证法》，《学海》1992 年第 1 期。
209. 仰海峰：《伪具体世界的建构：两种不同的经济哲学分析》，《学术研究》2001 年第 4 期。
210. 刘怀玉：《建构现代生活界“具体乌托邦”图景的新人本主义历史观》，《学术研究》2001 年第 4 期。
211. 张亮：《〈具体辩证法〉与西方马克思主义：一个比较》，《学术研究》2001 年第 4 期。
212. 胡大平：《伪具体与伪世界历史》，《学术研究》2001 年第 4 期。
213. 薛晓源：《简论科西克的具体辩证法》，《安徽大学学报》1995 年第 3 期。
214. 王恒：《辩证法的生存论暨存在论旨趣》，《南京大学学报》2006 年第 6 期。
215. 杜以芬：《科西克真理观评析》，《南开学报》2003 年第 3 期。
216. 李宝文：《论科西克的“具体总体”观》，《学术交流》2008 年第 11 期。
217. 李宝文：《现代性的危机与人道社会主义的诉求》，《求是学刊》2010 年第 1 期。
218. 李宝文：《科西克的实在概念及其批判效应——从海德格尔出发》，《学术交流》2006 年第 11 期。
219. 刘力永：《科西克的“拜物教化实践”概念及其局限》，《福建论坛》2006 年第 6 期。
220. 张金鹏：《具体总体：世界的本真之维》，《学术交流》2006 年第 4 期。
221. 张文喜：《科西克的海德格尔马克思主义批判》，《山东社会科学》2002 年第 3 期。
222. 方向红：《现象学对科西克〈具体辩证法〉认知模式的功能性建构作用》，《学术研究》2001 年第 4 期。
223. 潘宇鹏、王林平：《论科西克对伪具体世界观念层面的批判》，《学习与探索》2009 年第 3 期。
224. 潘宇鹏、曹丽：《论科西克的日常生活批判》，《西南大学学报》

2009 年第 3 期。
225. 刘怀玉:《列斐伏尔与 20 世纪西方的几种日常生活批判倾向》,《求是学刊》2003 年第 5 期。
226. 衣俊卿:《现代化进程中的日常生活批判》,《天津社会科学》1991 年第 3 期。
227. 张曙光:《当代中国语境中的生存哲学》,《天津社会科学》2000 年第 3 期。
228. 衣俊卿:《日常生活批判与深层文化启蒙》,《求是学刊》1996 年第 5 期。
229. 赵司空:《重新思考新中国前三十年日常生活政治化——兼谈马克思主义中国化与大众化》,《马克思主义研究》2010 年第 10 期。
230. 杨耕:《胡塞尔:从先验自我转向生活世界——从马克思的观点看》,《吉林大学学报》2004 年第 5 期。
231. 刘怀玉、海悟:《论列斐伏尔日常生活批判理论的“后马克思哲学”转向》,《南京大学学报》2004 年第 1 期。
232. 仰海峰:《列斐伏尔与现代世界的日常生活批判》,《现代哲学》2003 年第 1 期。

二　外文文献

1. Marx, K., 1867, *Capital* Vol Ⅰ, London: Penguin Books, 1976.
2. David McLellan, *Karl Marx – A Biography*, Third edition, MacMillan Ltd., London, 1995.
3. Morishima, M., *Marx's Economics*, Cambridge University Bess, 1973.
4. Karel Kosik, *The Crisis of Modernity*, Edited by James H. Satterwhite, Boston and London: Rowman & Littlefied Publishers, 1995.
5. Karel Kosik, *Dialectics of the Concrete: A Study on Problems of Man and World*, Dordrecht and Boston: D. Reidel Publishing Company, 1976.
6. H. Lefebvre, *Everyday Life in the Modern World*, New Brunswick andLondon: Transaction Publishers, 1984.
7. H. Lefebvre, *Critique of Everyday Life*, Volume I, London andNew York: Verso, 1991.
8. Henri Lefebvre, *Critique of Everyday Life*, Volume Ⅱ, London and New

York: Verso, 2002.

9. Michael Gardiner, *Critique of Everyday Life*, London: Routledge, 2000.

10. Mark Posrer, *Existential Marxism in Postwar France*, Princeton: Princeton University Press, 1975.

11. Agnes Heller, *A Theory of History*, London Boston and Henley: Routledge & Kegan Pau, 1982.

12. Agnes Heller, *Radical Philosophy*, Oxford and New York: Basil Blackwel, 1984.

13. Simon Tormey, Agnes Heller, *Socialism, Autonomy and the Postmodern*, New York: Manchester University Press, 2001.

14. John Grumley, Agnes Heller, *A Moralist in the Vortex of History*, London: Pluto Press, 2005.

15. Kant, Immanuel, Critique of Pure Reason, translated by NormanKemp Smith, Beijing: China Social Sciences Publishing House, 1999.

16. Heidegger, Martin, *Being and Time*, translated by John Macquarrie and Edward Robinson, Oxford: Basil Blackwell, 1985.

17. Adorno, *Negative Dialectics*, Translation by E. B. Ashton, The Seabury Press, New York, 1973.

18. C. J. Arthur, *Dialectics of Labour: Marx and His Relation to Hegel*, Basil Blackwell Ltd., London, 1986.

19. Wittgenstein, *Philosophical Investigation*, New York, Macmillatik, 1953.

20. Rorty Richard, *Philosophy and the Mirror of Nature*, Princeton: Princeton-University Press, 1979.

21. Karl, Jaspers, *Man in the Modern Age*, London: George Routledge & Sons, Ltd., 1933, introdueton 2.

22. Agnes Helle, *Questions Conerning the Normative Scepticism of Gyorgy Markus*, Culture and Enlightment: Essays for Gyorgy Markus, Aldershot: Ashgate, 2002.

23. F. Feher, A. Heller, G Markus, *Dictatorship over Needs*, *An Analysis of Soviet Societies*, Oxford, Blackwell, 1983. forword.

24. Jameson, *Postmodernism, or the Cultural Logic of Late Capitalism*, Duke University Press, 1991.

后　记

距今差不多200 年前（1816 年），黑格尔在海得堡大学所作的《哲学史讲演录》开讲辞中曾经感叹道：“时代的艰苦使人对于日常生活中平凡的琐屑兴趣予以太大的重视，现实上很高的利益和为了这些利益而作的斗争，曾经大大地占据了精神上一切的能力和力量以及外在的手段，因而使得人们没有自由的心情去理会那较高的内心生活和较纯洁的精神活动，以致许多较优秀的人才都为这种艰苦环境所束缚，并且部分地被牺牲在里面。因为世界精神太忙碌于现实，所以它不能转向内心，回复到自身。”与黑格尔时代相比，“时代的艰苦”在今日体现的愈加明显，人们醉心于物欲的悲苦现实，并没有使他们获得心仪的幸福生活。“人的目光是过于执著于世俗事物了，以至于必须花费同样大的气力来使它高举于尘世之上。人的精神已显示出它的极端贫乏，就如同沙漠旅行者渴望获得一口饮水那样在急切盼望能对一般的神圣事物获得一点点感受”。我之所以选择“科西克日常生活批判理论”作为研究对象，是源于我对日常生活批判理论的兴趣，以及对科西克这个身处“东欧社会主义国家”之一的捷克斯洛伐克的哲学家的遭遇的同情，以及对他处于那种境地之下的深刻思考的深深崇仰。因而，我就这样带着兴趣、同情与崇仰的复杂心境与冲动开始“走近”他。一开始“走进”他的时候，导师就提醒和叮嘱我一定要“走出来”。于是我下决心，在理论自觉上应当遵循这样一条线路：先“走进”他的理论世界，看看他竟然说了什么；然后再竭力“走近”他，看看他究竟想要表达什么。然而，让我深感愧疚的是，花了好长的一段时间，做了大量的理论准备和前提铺垫，我才发现“走进”他绝非易事。单是读他的两本重要著作，那抽象晦涩的表达都让我费心伤神。经过了一段时间的痛苦与折磨，我自认为对他的思想有了一定的认识之后，当我鼓足勇气和导师交谈我的想法时，却被导师认定为“还没有跳出来”，回去后仔细打量我已写出来的东西时，才发现我确实如他所说的那样：他清晰的时候我也相对清晰，他晦涩不清的地方我也就晦涩不清……经历了这样一个过程后，我开始尝试着对科西克“冷寂”一阵子，潜心再次读张一兵、胡大平老师的《西方马克思主义哲学的历史逻辑》，虽然这本书在2010年刚刚入学的时候已经读过两遍，因它是和张一兵老师的两本《文本的深度耕犁》一起被导师列在博士“必读数目”之中的。接着读衣俊卿老师2012年主编的两本厚厚的“新马克思主义研究丛书”即《当代国外马克思主义思潮研究》与《20世纪新马克思主义》。之后，我获得了一些新的启示，对科西克的日常生活批判理论也有了一些新的认识。于是，回过头来再次进入他的话语体系的时候，感觉似乎上了一个台阶，内心也轻松了许多。

对于这本捧在手中的浅陋之作，我是备加珍爱的。说其浅陋，是因为它距离我自身的期望还有些距离，它还不够厚重，也远未达致深入。但即便这样，我仍然对它感概万千，疼爱有加。无疑，它凝聚着我的劳作和汗水，凝结着许多许多人的关爱与付出。自选题开始，导师对我的这篇论文倾注了太多的心血：一次次无私提供参考资料、一遍遍耳提面命地批评指导、一回回认真细心地规导纠偏……在他悉心耐心的提携与教诲下，我的知识得到了提升，我的理论得到了成长，我的内心更是得到了洗礼。因此，单薄的“感谢”二字是无法承载我对导师余达淮教授的深深敬意的。从论文的确定题目到架构思路，从动笔写作到中期检查，从初稿到不断地修改打磨，余老师为此付出了大量的时间和精力。其中特别是余老师多次严正批评我的滋蔓的、混乱的、不够清晰的思路，以及我经常惯用的兼备“散文”特色（甚至是散文味道较为浓厚）的、“长句”式表达及其“因文害意”的不良后果。几年来，余老师正是以他严谨求实的治学态度、精益求精的工作作风、宽容豁达的处世风格深深地感染和熏陶着我的。特别是他时时处处对我的肯定、宽慰、信任与鼓励，无疑给予了我莫大的信心和动力。此外，北京大学的仰海峰老师、南京大学的唐正东老师、张亮老师、刘怀玉老师对我整篇论文的构思进行了热心指导与耐心关照。在整篇论文的思考与架构中，金林南老师、吴静老师对我的启迪与引导也是极为重要的。在此，向他们致以深深的敬意与谢意！向为我的论文倾注了许多精力、给我耐心指导、批评斧正的吴远老师、刘爱莲老师、丁长青老师、黄明理老师献上我最诚挚的感谢；向几年来精心传授我知识和哲理的孙其昂老师、戴锐老师、毕霞老师、韩凤鸣老师等表达我深深的敬意；向所有我曾谋面和未曾谋面的那些我写作过程中汲取其营养成分的思想家们和学者们致以深深的敬礼！感谢几年博士学习和生活中一起学习一起生活一起成长的同专业的同学们！三年多来，我们共享了许多个难以忘怀的日子，这是我们人生中一段不可多得的、宝贵的因而也无法忘记的美好岁月。

本书是在我的博士论文《科西克日常生活批判理论研究》的基础上修订而成的，感谢浙江省哲学社会科学规划后期资助（14HQZZ035）的鼎力支持，感谢相关评审专家对本书所提出的修改意见，感谢本书责任编辑朱华彬老师在文字规范方面的辛苦工作。

理论是灰色的，而生活之树长青。对于每一个在世俗生活里奔波忙碌的“常人”来说，生命中能够用“刻骨铭心”来形容的时日应该不会太多。因而对于我来说，这三年多的“平日”时光，其实就是科西克所称谓的“历史”，是在我生命中写下了太多值得纪念和感怀的被“历史”所打破了的“平日”。在对未来的展望里，我愿以此为新的起点，渴望看到一个较为满意的自己。

是为记。

程广丽

2016 年 2 月